幼儿保育专业系列教材

美工基础

MEIGONG JICHU

主　编　曾惕惕　黄　威

副主编　肖庆玲

编　委（按章节顺序）

宛明珠　黄　杏　吴楚菁　张文杰　戈婷婷

贺子玲　肖庆玲　苏明娥　黄　威　曾惕惕

复旦大学出版社

内容简介

　　本教材突出职业能力导向，以学生为中心，贴合岗位特点融入课程思政和党的二十大精神，选取幼儿保育工作美工基础的典型案例，教学内容对接岗位需求，帮助学生掌握保教人员必备的美术素养和美术技能。本教材是在三教改革背景下设计的活页式教材，以幼儿园实际工作任务为主，按照工作过程的顺序和学生自主学习的要求，根据"课前自主学、课中导学、课后拓展学"的环节进行教学设计和教学活动，实现理论与实践教学融通合一，能力培养与工作岗位对接合一，实习实训与定岗工作学做合一。内页可随学生实际增减内容，以学定教。教材注重过程性评价和增值评价，设计了相应表格关注学生成长的过程和差异性。本书搭配了丰富的教学资源，包括优秀实例、微课和课件等，可扫码获取。课件资源等可登录复旦学前云平台（www.fudanxueqian.com）查看、获取。

　　本书可作为幼儿保育专业、学前教育专业教材，也可作为幼教从业人员在职培训及自学教材。

复旦学前云平台
数字化教学支持说明

为提高教学服务水平，促进课程立体化建设，复旦大学出版社学前教育分社建设了"复旦学前云平台"，为师生提供丰富的课程配套资源，可通过"电脑端"和"手机端"查看、获取。

【电脑端】

电脑端资源包括 PPT 课件、电子教案、习题答案、课程大纲、音频、视频等内容。可登录"复旦学前云平台"www.fudanxueqian.com 浏览、下载。

Step 1 登录网站"复旦学前云平台"www.fudanxueqian.com，点击右上角"登录／注册"，使用手机号注册。

Step 2 在"搜索"栏输入相关书名，找到该书，点击进入。

Step 3 点击【配套资源】中的"下载"（首次使用需输入教师信息），即可下载。音频、视频内容可通过搜索该书【视听包】在线浏览。

【手机端】

PPT课件、音视频、阅读材料：用微信扫描书中二维码即可浏览。

  扫码浏览

【更多相关资源】

更多资源，如专家文章、活动设计案例、绘本阅读、环境创设、图书信息等，可关注"幼师宝"微信公众号，搜索、查阅。

平台技术支持热线：029-68518879。

"幼师宝"微信公众号

前言
FOREWORD

"美工基础"是中等职业学校幼儿保育专业的必修课程，美工是该专业学生必备的基本技能。本教材突出以培养职业能力为导向、以学习者为中心的教育理念，选取幼儿保育工作中美工基础的典型案例，教学内容对接幼儿园岗位需求，以科学、实用的教育观念为主线，帮助学生掌握保教人员必备的美术素养和美术技能，使学生能够根据幼儿学习美术及手工的特点，选用适当的方法和途径，辅助幼儿教师进行美术教学和环境创设等活动。

本书的编写特点有以下六个方面。

1. 融入课程思政，立德树人，心怀"国之大者"，将党的二十大精神有机融入课程。坚持为党育人，坚持党的方针政策，将价值塑造、知识传授和能力培养融为一体，使学生习得专业知识并树立正确、崇高的理想信念，突出培养具备良好品质和职业素养的幼儿保育人才，做好文化传承，锻造人才底色，从而全面提高幼儿保育人才培养质量，做"四有"好老师。

2. 以职业为导向，贴合岗位特点，体现职业性。本教材基于职业能力，架构"幼儿美术教育"课程四大模块和内容，是一本根据典型项目任务和工作过程设计模块化学习任务的活页式教材，旨在全方位带领学生快速掌握保教人员必备的美术基本技能。

3. 体现任务导向，每个项目以幼儿园实际工作任务为主，以任务发布、任务实施、任务小结等教学环节的形式来编写。语言通俗易懂，任务过程描述详尽、细致，力图为学生呈现最真实的职业情境，提供最实用的美工基础相关知识和技能，使学生能够通过学习案例和完成任务达到学以致用的目的。

4. 本书是在三教改革背景下设计的活页式教材，按照工作过程的顺序和学生自主学习的要求进行教学设计并安排教学活动，实现理论与实践教学融通合一，能力培养与工作岗位对接合一，实习实训与定岗工作学做合一。教材是活页形式，内页可以随着工作过程和需求及时抽出或者加入新的教学内容，体现了教材使用的灵活性，充分以学生为中心，教师可以精准对接学情"以学定教"。

5. 注重过程性评价，分别在课前、课中、课后都设计了评价表格，对学生在课前、课中、课后进行多元、多维度的增值评价，以学生为本位，关注学生成长的过程和差异性。

6. 本书搭配丰富的教学资源，有大量学生和教师制作的作品、实例范例，以及教师示范小视频、微课和教学课件。

本教材教学内容包含美术素养、美术基础和专业技能3个篇章，12个模块，37个子任务，共108课时，分3个学期完成。其中幼儿保育专业的基本美术素养和通用技能可以通过第一篇和第二篇的学习（36个学时）在第一学期完成，幼儿保育实践岗位技能可以通过第三篇专业技能的学习（各36个学时）分别在第二学期、第三学期完成。

本教材系统介绍了幼儿保育专业学生所要掌握的美术素养和基础知识以及对接岗位的美术手工等技能，针对幼儿保育专业学生的特点还设置了大量的拓展内容，满足不同学生的需求，也留给学生拓展和创造的广阔空间，培养会学、会做、会用、会创新的新型幼儿保育人才。

本书由曾惕惕、黄威担任主编，肖庆玲任副主编。曾惕惕编写了综合材料造型，共2课时；肖庆玲编写了创意素描、儿童水墨画创作、布艺、综合材料造型，共18课时；宛明珠编写了美术素养，共4课时；戈婷婷编写了装饰图案，共8课时；张文杰编写了色彩，共14课时；苏明娥编写了纸艺，共14课时，吴楚菁编写了线描画和简笔画，共14课时；黄杏编写了素描，共14课时；贺子玲编写了儿童版画，共4课时；黄威编写了综合材料绘画创作、泥工，共12课时。感谢江门幼儿师范学校林凯胜老师，中山市中等专业学校张广洋、王景浩老师，中山市石岐杨仙逸小学苏丽老师的支持。同时本教材的编写得到了中山市中等专业学校、潮州市职业技术学校、中山市港口中心幼儿园的大力支持，在此一并表示感谢。

由于时间仓促、水平有限，难免存在疏漏之处，敬请广大读者不吝赐教！

编者

目 录 CONTENTS

第一篇　美术素养　001

模块一　美术常识与美术鉴赏　003
PPT　本模块课件　003
任务一　美术常识　004
任务二　美术鉴赏　010

模块二　幼儿美术　020
PPT　本模块课件　020
任务一　幼儿美术及其阶段特点　021
知识拓展：《金鱼》赏析　023
任务二　幼儿美术创作指导与评价　027

第二篇　美术基础　035

模块三　素描　037
PPT　本模块课件　037
任务一　素描基础知识　038
圆弧排列　043
任务二　几何体的画法　044
石膏体的组合素描画法　047
圆柱画法　049
圆锥画法　049
知识拓展：静物的画法　049
静物单体画法——苹果　049
静物组合画法　049
任务三　创意素描　050
知识拓展：创意设计素描　051

模块四　线描画　056
PPT　本模块课件　056
任务一　线描的基本知识　056
任务二　线描图案创作　061
微课：线描画　064
任务三　线描主题装饰画　066

模块五　简笔画　071
PPT　本模块课件　071
任务一　静物简笔画　072

任务二	动、植物简笔画	076		
任务三	人物简笔画	081		
任务四	主题简笔画	086		

模块六 色彩 091

- 任务一 色彩基础知识 092
- 任务二 色彩的性质 097
- 任务三 色彩静物 103
- 任务四 色彩的应用之油画棒 107
- 任务五 色彩的应用之水粉画 112

PPT 本模块课件 091
知识拓展：十二色相环图步骤组图 094

模块七 装饰图案 119

- 任务一 装饰图案的基础知识 120
- 任务二 图案的造型及表现 126
- 任务三 图案的色彩表现 131
- 任务四 图案创作 136

PPT 本模块课件 119
微课：四方连续纹样 123
微课：《快乐的猫》 129

第三篇 专业技能 143

模块八 儿童美术创作 145

- 任务一 儿童版画创作 146

PPT 本模块课件 145
微课：吹塑纸版画 148
知识拓展：橡皮章版画 150
微课：橡皮章版画 150

- 任务二 儿童水墨画创作之水墨画的工具材料与表现技法 151

微课：水墨画表现技法 153

- 任务三 儿童水墨画创作之水墨画果蔬画法 157

微课：樱桃示例 159
微课：丝瓜示例 159
微课：白菜示例 159
知识拓展：水墨画花鸟 161
微课：水墨画花鸟 161

- 任务四 综合材料绘画创作 162

综合绘画制作案例导入 162
"蚂蚁的秘密"实例微课 165

模块九 纸艺 168

- 任务一 剪纸 168
- 任务二 折纸 173

PPT 本模块课件 168
知识拓展：套色剪纸法与复色剪纸法 171
微课：金鱼折纸示例 175
微课：鲸鱼折纸示例 175
微课：螃蟹折纸示例 175
知识拓展：染纸 177

| 任务三　纸雕 | 178 | 知识拓展：纸藤花 | 182 |
| 任务四　纸艺小品 | 183 | | |

模块十　泥工　191

任务一　超轻黏土立体画	191	本模块课件	191
		知识拓展：泥艺材料是什么	193
		微课：《春天的动物园》制作示例	193
任务二　超轻黏土立体场景	197	微课：《飞天梦——探索太空》制作示例	199

模块十一　布艺　202

		本模块课件	202
任务一　不织布剪贴画	202		
任务二　不织布教玩具	209	微课：不织布针法	210
		微课：布艺教玩具制作	212
		微课：不织布鲨鱼手偶创作	213
		知识拓展：不织布相框制作	214

模块十二　综合材料造型　216

		本模块课件	216
任务一　综合材料平面造型	217	微课：综合材料平面造型	218
任务二　综合材料立体造型	221	微课：综合材料立体造型	223

附录　227

第一篇
美术素养

引言

  美术活动是构建儿童美术教育系统、促进幼儿美术技能发展的重要途径之一，依据岗位需求，幼儿保育专业学生需具备良好的美术素养和美术技能。通过本篇内容的学习，可以使学生对美术知识领域形成完整的认知，从而提升美术素养，具备欣赏美、发掘美、创造美的能力；能掌握不同阶段幼儿对美术的认知特点，将美术及欣赏的知识传递给幼儿，成为一名合格的幼儿保育工作者。

第一篇　美术素养

知识技能准备

具备一定的美术欣赏能力；具备一定的幼儿教育学、心理学知识基础。

学生任务分组表

学习任务名称	美术素养		学时	4
典型任务描述	学会欣赏美术作品，为设计幼儿美术欣赏课程做准备 预习—材料准备—案例导入—新知讲解—任务实践—课后反思—课后拓展—思考与实践			
班　级		组　名	指导老师	
组　长		学　号		
分组情况	组　员		学　号	
	1			
	2			
	3			
	4			
	5			
	6			
分组说明				
班　级		教师签字	日　期	

学习总结表

模　块	美术常识	幼儿美术
学习效果	1. 掌握程度 ○了解　　○熟悉　　○掌握　　○精通 2. 疑点难点归纳 3. 收获与反思	1. 掌握程度 ○了解　　○熟悉　　○掌握　　○精通 2. 疑点难点归纳 3. 收获与反思

备注：此表由学生根据本模块学习内容进行自我总结及填写。

本篇学时安排表

模块任务	美术常识与美术鉴赏	幼儿美术
学时安排	2	2

模块一　美术常识与美术鉴赏

本模块课件

📖 模块导读

美术欣赏是幼儿艺术活动中的一个重要环节，保教人员要从美育的角度为幼儿提供欣赏素材，就要掌握全面的美术知识，了解作品不同的历史、文化背景，学会从专业的角度赏析作品。本模块精炼出美术常识和美术鉴赏两个基本内容，选取部分中外经典作品进行赏析。通过本模块的学习，学生可以增长美术知识，提升美术涵养，开启一扇通往美术殿堂的大门。

任务一"美术常识"从美术的定义和分类两方面展开，学生通过学习全面地了解美术这一艺术形态；任务二通过赏析中外经典美术作品，引导学生由表及里地欣赏美术作品丰富的内涵，学会从文化背景、表现形式等方面理解作品。

📄 思政要求

培养学生审美素养，在教学中注重德技并修。通过大量优秀的中国传统文化案例，培养学生对中国文化的热爱之情，增强文化自信。通过完成真实任务培养学生的实践能力与创新能力。完成任务的过程可以增强学生的岗位技能和工匠精神；小组探究合作学习可以培养学生解决问题的能力和团队协作意识。

📁 岗位能力

幼儿园的保育岗位，要求保育人员需具备良好的审美素养，能向幼儿传授美术知识，具备组织幼儿开展美术活动的能力，具备能够正确引导幼儿审美发展的能力，胜任幼儿园保育岗位美育方面和环境创设的工作。

📍 模块目标

1. 知识目标：熟练掌握美术基础知识，包括美术的概念和分类，学会赏析部分代表性的名作，即学会从作者、年代、主要风格、作品意义等进行鉴赏。
2. 技能目标：初步具备欣赏美术作品的能力，具备发掘美好事物的能力，具备自觉提高美术素养的终身学习的能力。
3. 素养目标：通过赏析优秀传统文化做好文化传承，树立文化自信；通过完成任务，具备良好的岗位能力和职业素养。

任务一　美术常识

为了培养幼儿的审美素养，使幼儿从小具有发现美、欣赏美的能力，幼儿园准备在3月份开展美术主题活动，园长请老师们设计出丰富多彩的活动向小朋友开展美术素养教育。请你根据美术常识与鉴赏的学习内容，设计一次幼儿美术知识普及课，课程时长在15～20分钟，内容难度适合幼儿园中、大班的幼儿学习，兼具知识性和趣味性。

请根据本任务学习内容进行自主规划并填写学习计划表（见表1-1-1）。

表 1-1-1　学生学习计划表

任务一		美术常识
课前预习	预习时间	
	预习结果	1. 难易程度 ◎偏易（即读即懂）　◎适中（需要思考）　◎偏难（需查资料）　◎难（不明白） 2. 问题总结
课后复习	复习时间	
	复习结果	1. 掌握程度 ◎了解　◎熟悉　◎掌握　◎精通 2. 疑点难点归纳

环节一　课　前

一、预习

请带着以下问题预习"新知讲解"部分：
（1）你喜欢哪种美术形式？为什么？（2）绘画的概念是什么？绘画分为哪些类型？（3）中国画创作的主要材料有哪些？

请完成课前评价表（见表1-1-2）。

二、材料准备

教师准备：多媒体课件、图片及资料。学生准备：以小组为单位，通过互联网和教学平台搜集相关资料。

表 1-1-2　课前评价表

内　容	分　值	小组评价	教师评价	备　注
信息收集	10			
材料准备	10			
知识掌握	60			
自主合作	15			
职业素养	5			

环节二 课 中

一、案例导入

小蓝周末跟家人去博物馆参观，看到一幅非常壮丽的国画（见图1-1-1），画面是山石和江河，非常有气势，她脱口而出："这幅风景画太壮观啦！"不料，却引来周围人的侧目，家人忙示意她，不懂不要乱说。小蓝非常委屈，不知道自己问题出在哪里？又怕尴尬，不好意思多问。于是她赶紧求助美术老师，并发来了这幅作品的图片。老师告诉她，不必难过，她只是犯了个无伤大雅的小错误，只要稍加学习就会快速提高自己的审美修养。

你觉得小蓝的问题是什么呢？

图1-1-1 《富春山居图》（局部）［元］ 黄公望

二、新知讲解

（一）美术的定义

美术，也称为造型艺术、视觉艺术、空间艺术，是用不同的物质材料，如画布、纸张、颜色、泥土、石头、木料、金属等，塑造可视的平面或立体的视觉形象来反映自然和社会生活，并且表达艺术家思想观念和感情的一种艺术活动。美术主要包括绘画、雕塑、工艺、书法篆刻、摄影、建筑等。

"美术"一词，最早源自古罗马的拉丁文"art"。欧洲17世纪开始使用"美术"这一名词时，泛指具有美学意义的活动及其产物，如绘画、雕塑、建筑、文学、音乐、舞蹈等。也有学者认为"美术"一词正式出现应在18世纪中叶。18世纪工业革命后，美术的范围有所变化，包含绘画、雕塑、工艺美术、建筑艺术等，在东方还涉及书法和篆刻艺术等。

"美术"一词在19世纪初传入中国，"五四"运动前后开始普遍应用。近代教育家蔡元培最初提及"美术"一词时，其中包括着诗歌和音乐，也是广义上的美术概念。后来逐渐地把"美术"从"艺术"的概念中分离出来，通常是指运用有形的物质材料创造出的、具有一定空间和审美价值、可以直接感觉到的视觉形象的艺术。因而美术又称造型艺术或视觉艺术。

美术可以和很多艺术门类相结合，创造出极其丰富的艺术作品，如美术和现代科技相结合，派生出三维动画、电脑美术等，美术形式与舞台表演相结合，丰富了音乐、舞蹈、舞台剧、戏剧艺术的表现作用。

（二）美术的分类

美术从广义来说是一种视觉艺术，涵盖丰富的人类艺术活动领域，范围非常广泛。由于分类的原则和角度不同，可以分为诸多类别。一般包括绘画、雕塑、书法、工艺美术、建筑、摄影等。随着时代的发展，这一大家族中也在不断地增加和丰富新的门类。

1. 绘画艺术

绘画指在二维空间塑造形象的艺术形式。按照使用的物质材料和工具的不同，又可分成素描、水彩、水粉、中国画、油画、版画、蛋彩画、丙烯画、漆画等画种。

我国主要传统绘画是中国画，也称水墨画。按照风格划分，中国画有工笔和写意两大类，按内容划分，有人物、花鸟和山水等（见图1-1-2）。

西方主要传统绘画是油画，按风格划分，有写实、抽象等风格，按内容划分，有人物、静物、风景等（见图1-1-3和图1-1-4）。

2. 雕塑艺术

雕塑是指用雕、刻、塑等技法塑造的三维立体形象的艺术形式。按材料划分，有石雕（见图1-1-5）、金属雕塑、木雕（见图1-1-6）、砖雕（见图1-1-7）等；按照艺术形式，可分为圆雕、浮雕、透雕等；按内容划分，有宗教雕塑、陵墓雕塑、纪念性雕塑等。

图1-1-2 中国画 《墨葡萄》［明］徐渭

图1-1-3 油画《煎饼磨坊的舞会》
[法]雷诺阿

图1-1-4 水彩画《远景》
[英]透纳

图1-1-5 宗教雕塑 龙门石窟（洛阳）

图1-1-6 潮州木雕组图

图1-1-7 婺源篁岭景区徽派建筑局部砖雕

3. 书法艺术

书法是文字符号的书写法则，是按照文字特点，以其书体笔法、章法和结构书写，使其拥有美感的艺术形式。汉字书法被誉为无图的画、无声的乐、无形的舞、无言的诗。书法是中国特有的艺术形式，按风格划分，有篆书、隶书、草书、行书、楷书（见图1-1-8和图1-1-9）。

4. 工艺美术

工艺美术是指美化生活用品和生活环境的造型艺术。它是物质生产与美的创造相结合，以实用为主要目的，并具有审美特性的造型艺术之一。它也指以美术技巧制成的各种与实用相结合并有欣赏价值的工艺品，通常具有双重性质，既是物质产品，又具有不同程度精神方面的审美性。

工艺美术在生活中运用广泛，从服装到生活用品，从商品形象到包装，从室内装修到室外环境，从商品标志到商业广告，都离不开工艺美术。可以说，工艺美术是与我们的生活联系最紧密的一种美术形式。

一般来说，工艺美术的分类较为广泛。按照功能价值可划分为实用工艺美术（如服装、器皿等）和观赏工艺美术（如牙雕、玉雕、景泰蓝等）两类；按照历史形态来划分，可分为传统工艺美术（如四大名绣、北京雕漆、宜兴紫砂陶、唐山皮影、天津泥人张、扬州玉器等）和现代工艺美术（如现代陶艺、广告设计、包装装潢、书籍装帧）；按照生产方式来划分，可分为手工艺美术和工业设计；按照制作工艺来划分，可以分为雕塑工艺（如牙骨、木竹、玉石、泥、面等材料的雕、刻或塑），锻冶工艺（如铜器、金银器、景泰蓝等）、烧造工艺（如陶瓷、玻璃料器等）、木作工艺（如漆器等）、饰工艺、染织工艺（如丝织、刺绣、提花、织毯、抽纱、绣织等）、编制工艺（如竹编、草编、棕编、麦秆编、绳编等）、绘画工艺（如年画、内画、羽毛画、麦秆画、贝壳画、烙画、丝绒画等）、剪刻工艺（如剪纸、皮影等），详见图1-1-10到图1-1-12。

中国工艺美术品大类包括陶瓷工艺品（见图1-1-13）、雕塑工艺品、玉器、织锦、刺绣、印染手工艺品、花边、编结工艺品、编织工艺品、地毯和壁毯、漆器、金属工艺品、工艺画、首饰、皮雕画等。

图1-1-8 楷书《颜勤礼碑》
[唐]颜真卿

图1-1-9 行书《沁园春·雪》毛泽东

图1-1-10 景泰蓝

图1-1-11　刺绣　　　　　　　　图1-1-12　皮影　　　　　　　　图1-1-13　陶瓷

5. 建筑艺术

建筑艺术是一种立体艺术形式，是通过建筑群体组织、建筑物的型体、平面布置、立面形式、内外空间组织、结构造型，即建筑的构图、比例、尺度、色彩、质感和空间感，以及建筑的装饰、绘画、雕刻、花纹、庭院、家具陈设等多方面的考虑和处理所形成的一种综合性艺术。

通常说建筑艺术都是功能、结构和艺术、审美的统一。以其功能性特点为标准，建筑艺术可分为纪念性建筑、宫殿陵墓建筑、宗教建筑、住宅建筑、园林建筑、生产建筑等类型。但有的艺术与功能产生了分离。比如在中国，最伟大的墙是蜿蜒于北方万里山野间的万里长城（见图1-1-14）。它最初修建的目的是出于防御和实战的需要，但防卫功能消失了，取而代之的是它成为了中国建筑乃至中华民族的思想文化和精神的象征，这恐怕是建造者在建造之初所没有料到的。另外，如九龙壁、影壁等，也已经完全脱离了墙本身的功能，而仅具有显示和象征的作用了（见图1-1-15）。

图1-1-14　长城　　　　　　　　　　　　　　图1-1-15　北海公园九龙壁

从使用的建筑材料来分类，有木结构建筑、砖石建筑、钢筋水泥建筑、钢木建筑等；从风格上来分类，建筑艺术有中国式、日本式、伊斯兰式、意大利式、英吉利式、俄罗斯式（见图1-1-16）等；从时代上来分类，建筑艺术可以分为古希腊式、古罗马式、哥特式（见图1-1-17）、文艺复兴式、古典主义式等。

一般来说，中国建筑艺术存在两种发展模式：一种是官式建筑（见图1-1-18），因其在思想、技术、物质和人力方面的绝对优势，因而反映了一定社会时期的最高艺术水平；一种是民间建筑，其设计建造灵活多样，与当地环境融合，具有浓郁的地方特色（见图1-1-19）。此外，还有一些不能简单归类的建筑物，如历代建造的佛塔、桥梁、城台，以及城市中心的鼓楼、钟楼、市楼等（见图1-1-20）。

图1-1-16　俄罗斯教堂　　　　　图1-1-17　米兰大教堂　　　　　图1-1-18　北京故宫博物院

图1-1-19　苏州博物馆　　　　　图1-1-20　西安大雁塔

6. 摄影艺术

摄影是指使用某种专门设备进行影像记录的过程。一般我们使用机械照相机或者数码照相机进行摄影。有时摄影也会被称为照相，指通过物体所反射的光线使感光介质曝光的过程。

早期，由于摄影器材的限制，新闻摄影只能纪录静态人像和场景，再由画家将其改为线稿，制成木刻版，才能刊登发表。《大火后的汉堡》就是在这样的情况下拍摄的（见图1-1-21），作者是德国人赫尔曼·比欧乌，他采用达盖尔银版法于1842年拍摄了火灾遗迹。迄今为止人们公认的世界上第一次新闻摄影活动就是这次拍摄，这张照片也成了第一张新闻照片。

图1-1-21 《大火后的汉堡》
赫尔曼·比欧乌

摄影技术的诞生是随着欧洲资本主义的发展应运而生的，150多年来，它经历了一个由简单到复杂、由低速向高速、由手工向自动化方向发展的过程，直至今日，数码摄影成为主流。

100多年来，人们一直在为一种新的感光材料和更为方便实用的摄影方法而苦苦追求，以取代复杂、陈旧、落后的传统摄影方式。20世纪末叶，伴随着计算机在各个领域的迅速普及，数字时代来临，给人们的工作和生活带来了新的冲击，应运而生的数码相机，开拓了数字影像丰富的世界。图片处理的电脑化、传递方式的通信卫星化、幅大量多的彩色化趋势的发展，为摄影带来新的繁荣和发展。

摄影按照感光材料和画面颜色来划分，可以分为黑白摄影和彩色摄影两大类；按照题材来划分，可以分为新闻摄影、风光摄影、肖像摄影、生活摄影、体育摄影、建筑摄影、舞台摄影等。按照摄影器材和技术来划分，又可以分为航空摄影、水下摄影、红外线摄影等种类（见图1-1-22至图1-1-24）。

图1-1-22 体育摄影

图1-1-23 风光摄影

图1-1-24 肖像摄影

三、任务实践

请说一说你对中国画的理解？举例说明，美术是怎样分类的？

请根据本次课情况填写课堂评价表和课中评价表（见表1-1-3和表1-1-4）。

表1-1-3 学生课堂评价表

评价内容	自评（分）	小组评（分）	教师评（分）	备注
主题突出（30分）				
内容选取合理（20分）				
重点突出（15分）				
语言表达清晰流畅（25分）				
整体效果（10分）				
总　　分				
备　　注				

表 1-1-4　课中评价表

评价项目	评价要点	自我评价 A 优秀（85—100 分） B 良好（75—84 分） C 合格（60—74 分）	小组评价 A 优秀（85—100 分） B 良好（75—84 分） C 合格（60—74 分）	教师评价 A 优秀（85—100 分） B 良好（75—84 分） C 合格（60—74 分）
职业素养 （10 分）	认真、主动完成任务，有克服困难的勇气和毅力			
	在活动中勤于动手、善于思考、勇于实践			
知识技能 （40 分）	在活动中掌握完成项目任务的基本方法和技巧			
	获得较多体验和感受，获得更多解决问题方法和实践知识			
能力 （20 分）	有分析整理信息数据和独立思考的能力			
	有动手实践和团结协作的能力，能清晰地表达个人观点			
情感 （20 分）	具有团队精神，善于沟通合作			
	乐于分享活动中的创意和作品			
综合 （10 分）	分组评比，评比过程中论据充分，有自己的观点			
组长评价	由组长完成			
小结				

环节三　课　后

一、课后反思

学习完本课后，请你反思学习的效果，列出不足之处，并思考改进的办法。

学习效果	不　足	改进办法

二、课后拓展

请每个学习小组在任务一中的美术种类中选择一个类别（绘画、书法、雕塑、建筑、摄影、工艺美术作品等），选取具有代表性的作品进行相关信息资料的收集整理，设计一个 20 分钟的幼儿园大班美术常识课程。

三、思考与实践

请你在学习小组内分享你在当地生活中见过的工艺美术作品，说明它的门类、功能、审美价值等。

任务小结

本次任务主要讲授了美术的概念及分类，请根据课程内容制作美术分类的思维导图。并根据本任务的教学目标达成情况，结合岗位需求进行拓展总结。

☆ 请运用书后评价表进行任务评价。

任务二　美术鉴赏

任务发布

下个月，省美术馆将迎来一次盛大的名家美术作品展，展览汇集了国内外多位艺术家的名作，具有非常高的艺术价值。幼儿园为了给孩子们开阔眼界，培养审美情趣，决定组织中班、大班的幼儿去参观美术馆。请选择一件作品进行讲解，要清楚地阐述美术作品的名称、年代背景、作品的表现形式、意义等，引导幼儿学会观察并描述作品的特色。

请根据本任务学习内容进行自主规划并填写学习计划表（见表1-2-1）。

表1-2-1　学生学习计划表

任务二		美术鉴赏
课前预习	预习时间	
	预习结果	1. 难易程度 ◎偏易（即读即懂）　◎适中（需要思考）　◎偏难（需查资料）　◎难（不明白） 2. 问题总结
课后复习	复习时间	
	复习结果	1. 掌握程度 ◎了解　　◎熟悉　　◎掌握　　◎精通 2. 疑点难点归纳

环节一　课前

一、预习

请按组别收集中外名作，每组选择一幅你喜欢的名作，搜集作品相关资料、艺术评论等信息，对该画作进行深入的赏析。可围绕以下问题搜集信息：

（1）这幅作品属于哪一美术门类？

（2）它的作者是谁？作者所处的年代和流派是什么？

（3）作品的表现手法有什么特点？作品有何意义和社会价值？

请完成课前评价表（见表 1-2-2）。

二、材料准备

教师准备：多媒体课件、图片及资料。学生准备：（1）预习本任务中中国美术史和西方美术史相关的教学内容；（2）以小组为单位，通过互联网和教学平台搜集相关资料。

表 1-2-2　课前评价表

内　　容	分　　值	小组评价	教师评价	备　　注
信息收集	10			
材料准备	10			
知识掌握	60			
自主合作	15			
职业素养	5			

环节二　课中

一、案例导入

继 2021 年河南卫视春晚以唐代陶俑为灵感的舞蹈《唐宫夜宴》火出圈后，2022 年中央电视台春晚又以一支《只此青绿》带动国风舞蹈的热潮，以传世名画《千里江山图》（见图 1-2-1）为灵感的舞蹈诗剧《只此青绿》，成为整台春晚最亮眼的节目。舞蹈采用时空交错式的叙事方式，回顾名画《千里江山图》，重现大宋美学，让观众开启沉浸式"赏画"体验。一群女孩身着青绿长裙，头梳高耸入云的发髻，以曼妙舞姿勾勒出如诗如画的山河，每一帧都仿佛行走的山水画卷！从服饰妆容、舞台布景到灯光处理都是精美绝伦的国风元素。这一场中式审美的盛宴，惊艳了所有人！

图 1-2-1　《千里江山图》［北宋］王希孟

新时代我们越来越强调文化自信，也有越来越多的人在积极发掘传统文化的闪光点，结合现代技术和理念，让中国五千年文明星河中的星星再次熠熠生辉。你了解中国传统美术的知识吗？

二、新知讲解

（一）中国美术的发展及代表作

中国美术是华夏民族所创造的古老的艺术形式，从史前文明时期就已经存在，在漫长的历史进程中，演化出丰富多彩的门类。与风格不断变化的欧洲艺术不同，中国美术几个世纪以来保持了令人惊奇的延续性，并且对整个东亚文化圈都有着质的影响。

1. 原始社会时期

这时期的美术作品尚没有划分明确门类，作品具有实用价值。陶器的发明标志着人类进入新石器时代，为了装饰，人类开始在器皿表面描绘上图案，标志着人们有了自觉的审美意识。代表作有陕西省西安市浐河东岸半坡文化的鱼纹彩陶盆、人面鱼纹盆和甘肃西部马家窑文化的舞蹈彩纹彩陶盆。原始时期的美术，颜料取材于天然矿物质，一般采用动物骨头、石头等来进行创作。

2. 先秦美术

此时期人类进入了文明社会，冶金技术的出现，代表人们进入了新的阶段——青铜时代。这时期的人们把青铜器主要用于铸造礼器和祭器，蕴含着大量的宗教色彩和政治象征。代表作有出土于河南省安阳市武官村的商朝后母戊鼎（见图 1-2-2），其呈长方体腹部和圆柱形四柱足，有浮雕饕餮纹做装饰。

第一篇　美术素养

图 1-2-2　后母戊鼎

图 1-2-3　长沙马王堆帛画

3. 秦汉时期

现今能够看到的秦汉时期的艺术作品，大多来自宫殿寺观壁画、墓室壁画、帛画等。这一时期的艺术作品表现上技法古拙、风格鲜明。多数作品的写实手法不高，缺乏深入精致的表达能力，但能结合情节气氛，力求抓大貌大势，同时运用夸张的手法，着力于神情的刻画，使表现力发挥到最大限度。

长沙马王堆帛画（见图 1-2-3）是这个时期代表作，T 形帛画是一种招魂幡。此画是墓主人的随葬品，分上中下三个部分，画的下面是地狱，中间是女主人及其随从，反映出其身份显赫，画的上面是天堂。帛画设计的空间与图像组合，描绘了通向天国的仪式与途径，体现了汉代的宇宙观和生命观。画面充满神秘意味。该帛画构形布局完美、图像造型生动、色彩鲜艳和谐，具有很高的艺术价值，说明在汉代初期，无论从画技、着色和布局方面都已达到了高超的水平，在中国绘画史上具有里程碑意义。

图 1-2-4　《洛神赋图》[东晋] 顾恺之

4. 魏晋南北朝时期

这时期佛教的兴盛带动了宗教雕塑和壁画发展。石窟艺术中最具代表性的有麦积山石窟、敦煌莫高窟等。人物画也在这个时期得到蓬勃发展，如"画圣"顾恺之的《洛神赋图》用绢帛叙述了曹植的爱情故事，但由于年代久远，我们现在只能看到后人的临本（见图 1-2-4）。

图 1-2-5　《兰亭序》[晋] 王羲之

在书法方面，出现了晋朝时任会稽内史的王羲之写出被誉为"天下第一行书"的《兰亭序》（见图 1-2-5）。

5. 隋唐时期

这个时期随着国家统一，社会稳定，经济繁荣，以及中外交流的日益频繁，文化艺术也迎来了一个前所未有的高峰。隋代立国时间虽短，但绘画成就显著，名家巨匠辈出，如杨子华、展子虔、董伯仁、郑法士、孙尚子、阎毗等人，云集京洛，得以相互借鉴和交流。到了唐代，出现了丰富多彩、百花齐放的局面，其画派和题材扩大，涌现出了阎立本、尉迟乙僧、吴道子、张萱、李思训、郑虔、薛稷、姜皎等一大批代表人物。同时，在绘画的理论方面也有彦悰《后画录》、李嗣真《画品》、张怀瓘《画断》、顾恺之《论画》、朱景玄《唐朝名画录》、张彦远《历代名画记》、王维《山水诀》与《山水论》、荆浩《笔法记》等论著。其中唐代张彦远所著的《历代名画记》被称为当时绘画的"百科全书"，该书分为对绘画历史发展的评述与绘画理论的阐述、有关鉴识收藏方面的叙述和 370 余名画家传记，对当时和后世的美术理论都有深远的影响。

隋代展子虔的山水画《游春图》（见图 1-2-6），是迄今为止存世最早的山水画。唐代的人物画呈现世俗化的趋势，宫廷画家阎立本的《步辇图》记录了松赞干布的使者向唐太宗提亲的历史故事（见图 1-2-7）。唐代的仕女画具有鲜明的特色，古人记载为"衣裳劲简"，"彩色柔丽"，仕女人物展现唐代丰腴华贵之美，以仕女画见长的张萱、周昉是最具代表性的画家（见图 1-2-8 和图 1-2-9）。

随着佛教传入中国，佛教美术逐渐兴起，今存于麦积山石窟与敦煌莫高窟的壁画是中国美术史中辉煌的一笔。敦煌莫高窟有唐代壁画与彩塑的洞窟 207 个，都存有辉煌灿烂的作品，可谓是唐代佛教美术的代表。这些洞窟壁画，虽出于无名画家之手，但通过研究它的作画风格，应该是与吴道子、阎立本诸大家的作品是一致的。例如壁画中的《维摩诘经变》，在座前的听众，有诸王贵官，与现存的阎立本的帝王图相似，可以推知这些图像的画法，应有共同的渊源，为当时的作画规范，所谓"曹衣出水，吴带当风"（见图 1-2-10 和图 1-2-11）。

在西方净土变中，以富丽的物质现象，描绘幻想的境界。其中的佛、菩萨、诸天、力士等，都是健美的化身。这和唐代的社会生活、人民的爱好完全一致。有些佛画还呈现了许多人们社会生活的小景，乐观、明朗，富有情趣（见图1-2-12）。

图1-2-6 《游春图》［隋］展子虔

图1-2-7 《步辇图》［唐］阎立本

图1-2-8 《虢国夫人游春图》［唐］张萱

图1-2-9 《簪花仕女图》［唐］周昉

图1-2-10 《维摩诘经变》 莫高窟壁画

图1-2-11 《维摩诘经变》（局部） 莫高窟壁画

图1-2-12 《西方净土变》（局部） 莫高窟壁画

唐代工艺美术逐步发展出清新自由、华丽丰满，富有情趣的、独具时代特色的风格特点。其中最具代表性的要数"唐三彩"。它是一种低温烧制的彩釉陶器，因色釉彩色斑斓而得名，唐代陶工们独特的工艺技法使釉色滴流扩散成白、褐、黄、吕等斑纹，形成了唐三彩斑驳淋漓、大气奔放的艺术效果（见图1-2-13和图1-2-14）。

6. 五代两宋时期

这时期社会重文轻武，加上统治阶级对绘画的重视，宫廷画院极其繁荣，宫廷画昌盛，创作出大量优秀的花鸟、风俗、人物和山水画，还临摹了前人一些优秀的古画，现存宋前的卷轴画大多出自于此。例如王希孟的绢本设色画《千里江山图》、张择端的风俗画《清明上河图》（见图1-2-15）。《清明上河图》画面手法严

图1-2-13 唐三彩陶仕女俑

图1-2-14 三彩胡人牵骆驼俑

图1-2-15 《清明上河图》（局部）［北宋］张择端

谨，描绘了北宋首都汴梁人们的生活景象，局部记录了人们在想尽办法阻止一艘大船要撞到虹桥的场景，反映出繁华的表面暗藏危机。这幅画完成不久后，汴梁就被金国攻破，北宋灭亡。此画对了解当时社会状况和人们的生活具有一定的历史价值。

7. 元明清时期

由于元朝不重视科举，文人士大夫无法通过考试实现自己的人生抱负，一部分文人开始从事绘画创作，掀起了文人画的风潮，手法更为写意。如元代黄公望的《富春山居图》（见图1-2-16），描绘浙江富春江两岸的景色，此画于清初被焚为两段，前段称《剩山图》，现藏于浙江省博物馆，后段较长称《无用师卷》，现藏于台北故宫博物院。2011年6月1日"山水合璧——黄公望与《富春山居图》特展"开幕式在台北故宫博物院举行，分藏海峡两岸的书画珍品360年后"合璧"展出。

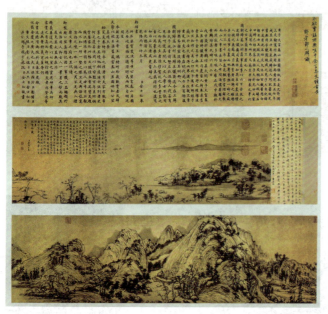
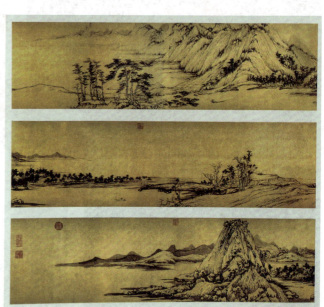

图1-2-16 《富春山居图》（局部） [元] 黄公望

我国的明清时代，同时也是世界范围内的历史和艺术发生巨大变革的时期，与西方的文艺复兴、地理大发现、启蒙运动和工业革命处于同一时期，这一时期的文化艺术在"西学东渐"的碰撞与融合中产生了异彩纷呈的创造力。绘画领域出现许多富有特色的流派与个性鲜明的画家，如明朝的"浙派"、董其昌、陈洪绶、脍炙人口的"吴门四家"，清初的"四王""四僧""扬州八怪"等。他们各领风骚，独步画坛。

如朱耷是"清初四僧"中一位极具代表性的人物，也是明朝宗室。他的花鸟画奇特而雄健，常以画中景物寄托国破家亡、身世飘零的悲愤之情。他的《荷石水鸟图》（见图1-2-17）中荷叶下一只水鸟栖于孤石之上。孤石峭立，根基稳。水鸟瑟缩，孤立无援，荷叶却仿佛黑云压顶。笔墨凝练，形象奇特。其诗写道："墨点无多泪点多，山河仍是旧山河。"最可见其心事。

郑燮（郑板桥）是"扬州八怪"重要的人物之一，他生活在清朝鼎盛时期，为官政绩显著。郑板桥以花鸟见长，善画兰、竹、松、菊，且文学修养高，后世称其诗书画"三绝"，他笔下的竹子挺劲孤直，寄托了关切"民间疾苦的忧思"，被人称为"一枝一叶总关情"（见图1-2-18）。

8. 近现当代美术

20世纪中前期，由于中国社会动荡剧烈，美术出现三大特点：一是一批学子留学西方后，把西洋美术带回中国，如李铁夫、常玉、潘玉良等。二是用西洋绘画改良中国水墨画，利用西洋画法的光影和结构与中国水墨画相结合，如徐悲鸿、林风眠、刘海粟等（见图1-2-19）；三是一些人继承并发展了中国水墨画，如齐白石、黄宾虹等。

中华人民共和国成立后，各种美术门类都得到长足发展，出现了一批记录新中国重要时刻的历史画。改革开放后新思想的涌入，让我们打开国门，眼界也变得更加开阔，中外频繁的交流，让美术出现了百花齐放、百家争鸣的局面，绘画风格呈现多样化。中国画、油画、水彩、艺术设计等都得到了发展。

（二）西方美术发展及代表作

外国美术主要指西方美术，按时代划分可以分为原始美术、古典美术和现代美术。按种类划分包括绘画、雕塑、建筑、设计。

图1-2-17
《荷石水鸟图》
[清]朱耷

图1-2-18 《荆棘丛兰图卷》(局部)[清]郑燮

图1-2-19 《奔马图》 徐悲鸿

1. 原始美术

这时期的美术有洞窟壁画，代表作有西班牙阿尔塔米拉洞窟壁画（见图1-2-20）和法国拉斯科洞窟壁画。壁画中人们用质朴的手法描绘各类动物，如野牛、驯鹿、野马等，并尝试捕获它们。新石器时期的欧洲，兴起以巨石垒成的宗教纪念物，其中最典型的代表是"斯通亨治"巨石阵，位于英格兰南部，以石柱、石台、石栏等形式，围合成环形结构，庄严雄伟、引人注目（见图1-2-21）。

2. 古典美术

古希腊时期的雕塑无论在塑造神或人都追求理想化的体态，这个时期的代表作有掷铁饼者（见图1-2-22）、萨莫色雷斯的胜利女神（见图1-2-23）。古罗马时期，雕塑呈现了世俗化的倾向。代表作有奥古斯都像（见图1-2-24）。

这个时期留下的绘画作品不多，代表作有庞贝城湿壁画《年轻的情侣》（见图1-2-25），其位于意大利那不勒斯旁边的庞贝城遗址，是古罗马时期的湿壁画，由于公元79年意大利维苏威火山爆发，使山脚下的庞贝城被掩埋在火山灰之下。这些艺术作品真实地反映了庞贝古城人们的生活状态，同时可以看到当时的艺术水平已经达到了相当高的造诣。

中世纪时期，由于欧洲基督教的兴起，宗教题材的教堂建造达到新的高度，哥特式教堂就是这个时期的产物。法国的

图1-2-20 西班牙阿尔塔米拉洞窟壁画

图1-2-21 英格兰"斯通亨治"巨石阵

图1-2-22 掷铁饼者

图1-2-23 萨莫色雷斯的胜利女神

图1-2-24 奥古斯都像

图1-2-25 《年轻的情侣》庞贝城湿壁画

巴黎圣母院（见图1-2-26）、德国科隆大教堂都是其代表。

文艺复兴时期，也是欧洲资本主义的萌芽时期，人文主义的兴起，出现了文艺复兴美术三杰：达·芬奇、米开朗基罗和拉斐尔。图1-2-27是拉斐尔的壁画《雅典学院》，拉斐尔是文艺复兴时期的代表人物之一，体现了人文主义思想的觉醒，《雅典学院》把古希腊以来的哲学家和思想家聚于一堂，包括柏拉图、亚里士多德、苏格拉底等。

巴洛克艺术兴盛于1600年至1750年间，最基本特点是打破文艺复兴时期的严肃、含蓄和均衡，崇尚豪华和气派，注重强烈情感的表现，追求作品的动感美。

巴洛克艺术一改前人的严谨和均衡性，追求作品的动感美，代表画家有鲁本斯（见图1-2-28）。此外，娇艳、奢靡的洛可可艺术被大量用于装饰各类宫殿。另外这个时期还涌现了新古典主义、浪漫主义、现实主义等。

图1-2-26 巴黎圣母院

图1-2-27 《雅典学院》拉斐尔

图1-2-28 《法厄同坠落》 鲁本斯

3. 现代美术

由于社会的变革、战争等因素对人们思想的改变，现代美术充满了对传统的颠覆，也发展出了许多各具特色的流派。

（1）印象派。印象派的诞生，标志着现代美术的开端，这一时期西方工业快速发展，化学工艺生产出的颜料呈现前所未有的丰富、艳丽，这给当时的先锋画家们带来巨大的冲击，他们摒弃传统绘画中沉闷的色彩和僵化的造型，开始追求表现大自然阳光底下色彩斑斓的世界，他们用油画颜料直接写生，记录了瞬间的色彩变化。这其中的代表就有莫奈（见图1-2-29）。一次，莫奈和

图1-2-29 《日出印象》莫奈

他的伙伴们举行美术展览，一幅描绘雾中码头的作品被当时的守旧派美术评论家嘲讽为凭印象画出来的画，后来莫奈这群艺术家便自称自己为印象派，以此表达他们的艺术追求。印象派的先驱有莫奈、雷诺阿、毕沙罗、西斯莱、德加、塞尚和莫里索等31位画家。

和以前的画家在工作室创作不同，印象派的画家喜欢在大自然中写生，表现不同光线下的大自然，这是一次色彩的重大革命。如莫奈的《干草垛》系列作品，画中的干草垛由于受阳光的影响，亮部呈现暖色调，暗部受蓝天的影响而偏向冷色调，物体的轮廓在斑驳的光线影响下模糊不清（见图1-2-30）。

图1-2-30 《干草垛》系列作品部分 莫奈

（2）后印象派。到了19世纪80年代，法国的一群美术家逐步放弃了只追求色彩的目标，强调将作者的主观情感融入创作，后来的美术家为了将他们与印象主义区别开来，冠之以"后印象主义"。代表人物有保罗·塞尚、保罗·高更及文森特·梵高等。他们的理论和实践颠覆了欧洲文艺复兴以来的传统观念，20世纪西方现代派艺术就此得以萌芽。

后印象派画家保罗·塞尚提出："以前的人注重画什么，现在人注重怎么画。"要求绘画要追求个人独特语言和形式感。塞尚凭借丰富厚重的色块和独特的绘画方式（见图1-2-31），对后期的许多画家产生重要影响，因此被誉为现代美术之父。他的作品《苹果与饼干》还被印在了1997版法国100法郎的背面（见图1-2-32）。

（3）现代绘画。受到塞尚的影响，现代绘画出现了众多画派（包括野兽派、立体派、未来派、达达派、表现派、超现实主义、抽象艺术、波普艺术等），他们风格各异，形式偏抽象表现。其中西班牙画家毕加索是立体主义的代表人物，他的代表作品《格尔尼卡》《威亚农少女》《梦》（见图1-2-33至图1-2-35）体现了多角度的立体风格。此外，野兽派画家马蒂斯的代表作《红色的和谐》（见图1-2-36）、表现主义画家蒙克的代表作《呐喊》（见图1-2-37），都是造型夸张，用单纯的线描和强烈的色块组合形成装饰感的画风，追求情感的表达。

图1-2-31 《圣维克多山》塞尚

图1-2-32 塞尚的《苹果与饼干》被印在了1997版100法郎的背面

图1-2-33 《格尔尼卡》

图1-2-34 《威亚农少女》

图1-2-35 《梦》

图1-2-36 《红色的和谐》马蒂斯

图1-2-37 《呐喊》蒙克

（4）包豪斯。包豪斯，原指20世纪初在德国建立的"公立包豪斯学校"，后指以该学院为基地形成和发展起来的建筑和设计学派。它提倡艺术要与技术结合，设计目的是人而不是产品，设计必须遵循自然规律和客观法则，要追求实用性。包豪斯中涌现出一大批画家、设计师和建筑师，康定斯基为其中的代表人物之一。他是这所学校的教师，利用包豪斯的理念，创立了热抽象风格，其代表作为《构成之八》（见图1-2-38）。

第二次世界大战后，世界的美术中心从欧洲转向美国，这时出现大量的流派用抽象的形式表现人们的情感，追求创作中潜意识的发泄的抽象表现主义、流行和消费文化的波普艺术等。比如安迪·沃霍尔的丝网版画《金宝汤罐头》，代表着人们物质生活的丰富，是商业文化的一种反应。

图1-2-38 《构成之八》康定斯基

三、任务实践

请说一说你最喜欢的一幅作品及其原因。举例说明，时代变化对美术作品的影响。

请根据本次课情况填写课堂评价表和课中评价表（见表1-2-3和表1-2-4）。

表1-2-3　学生课堂评价表

评价内容	自评（分）	小组评（分）	教师评（分）	备注
主题突出（30分）				
内容选取合理（20分）				
重点突出（15分）				
语言表达清晰流畅（25分）				
整体效果（10分）				
总　分				
备　注				

表1-2-4　课中评价表

评价项目	评价要点	自我评价 A 优秀（85—100分） B 良好（75—84分） C 合格（60—74分）	小组评价 A 优秀（85—100分） B 良好（75—84分） C 合格（60—74分）	教师评价 A 优秀（85—100分） B 良好（75—84分） C 合格（60—74分）
职业素养（10分）	认真、主动完成任务，有克服困难的勇气和毅力			
	在活动中勤于动手、善于思考、勇于实践			
知识技能（40分）	在活动中掌握完成项目任务的基本方法和技巧			
	获得较多体验和感受，获得了更多解决问题方法和实践知识			
能力（20分）	有分析整理信息数据和独立思考的能力			
	有动手实践和团结协作的能力，能清晰地表达个人观点			
情感（20分）	具有团队精神，善于沟通合作			
	乐于分享活动中的创意和作品			
综合（10分）	分组评比，评比过程中论据充分，有自己的观点			
组长评价	由组长完成			
小结				

环节三　课　后

一、课后反思

学习完本课后，请你反思学习的效果，列出不足之处，并思考改进的办法。

学习效果	不　　足	改进办法

二、课后拓展

请每个学习小组选择不同时期、不同流派的一幅具有代表性的美术作品，收集并整理这一作品的相关信息，将作品的作者、年代、形式、特点等讲授给全班同学。时长为 15～20 分钟。

三、思考与实践

请你思考，针对不同年龄段的幼儿，怎样引导他们欣赏并喜爱名作，深入了解作品呢？

任务小结

请根据本次任务的教学目标达成情况，结合岗位需求进行拓展总结。

☆ 请运用书后评价表进行任务评价。

模块小结

欣赏美术作品要结合作者经历、作品的时代背景、文化土壤去全面理解。美术鉴赏能力的高低通常与人的综合人文素养有着密切的关系。以美术鉴赏为基础的审美教育可以开阔人的艺术视野，丰富审美心理，优化情感结构，提高审美能力，提升人文素养，对培养学生健全的人格与全面发展有着不可替代的作用。

模块二　幼儿美术

本模块课件

模块导读

对幼儿进行美术教育、开展艺术活动时，保教人员不仅要掌握美术知识，更要了解不同阶段幼儿对美术的认知特点，学会正确评价幼儿的美术作品，给予积极有效的引导，才能达到促进幼儿审美发展的作用。

本模块内容包括幼儿美术及其阶段特点和幼儿美术创作指导与评价两方面，结合不同年龄段幼儿的认知规律来讲授幼儿美术特点，正确积极地评价幼儿美术作品对发展幼儿审美素养的积极作用。

思政要求

在项目教学中融入思政，德技并修。通过在教学中融入优秀的传统文化、本土文化，培养学生对传统文化的热爱之情，增强文化自信。以小组探究合作学习培养学生解决问题的能力，增强团队协作意识。

岗位能力

幼儿保育专业学生需遵循幼儿身心发展规律，掌握幼儿美术的分类和特点，具备根据幼儿特点组织美术活动的能力，胜任幼儿园保育岗位美育方面的工作。

模块目标

1. 知识目标：了解幼儿美术的种类，掌握幼儿各阶段审美认知和相关能力的特点，能欣赏、评价幼儿美术作品。
2. 技能目标：通过对本模块的学习，能够具有组织开展幼儿美术活动的能力，能对幼儿的美术作品进行正确积极的评价，能够正确引导幼儿审美发展。
3. 素养目标：通过完成真实任务，培养岗位能力；融合传统文化与本土文化，做好文化传承，树立文化自信。

任务一　幼儿美术及其阶段特点

任务发布

在幼儿园的课程中，美术课程的主要目的是全面提高幼儿的审美水平，让幼儿掌握一定的美术技能，培养幼儿的创造性思维和善于观察的能力。美术教育是素质教育的重要组成部分。保教人员要充分了解幼儿，并按照幼儿的特点与身心规律开展教学，这是实施美术教育的基础。

请根据本任务学习内容进行自主规划并填写学习计划表（见表 2-1-1）。

表 2-1-1　学生学习计划表

任务一		幼儿美术及其阶段特点
课前预习	预习时间	
	预习结果	1. 难易程度 ◎偏易（即读即懂）　◎适中（需要思考）　◎偏难（需查资料）　◎难（不明白） 2. 问题总结
课后复习	复习时间	
	复习结果	1. 掌握程度 ◎了解　　◎熟悉　　◎掌握　　◎精通 2. 疑点难点归纳

任务实施

环节一　课前

一、预习

（1）请通过线上或线下的方式了解幼儿各年龄阶段的认知特点，并在小组内分享。
（2）请预习本任务"新知讲解"的内容。
请完成课前评价表（见表 2-1-2）。

二、材料准备

教师准备：（1）多媒体课件、图片及资料。（2）幼儿绘画作品。
学生准备：铅笔、彩笔、水彩颜料（国画颜料）、蜡笔、图画纸、胶水等工具材料。

表 2-1-2　课前评价表

内　容	分　值	小组评价	教师评价	备　注
信息收集	10			
材料准备	10			
知识掌握	60			
自主合作	15			
职业素养	5			

环节二 课 中

一、案例导入

小黎是某幼儿园大一班的实习老师，也是美术课助教，小朋友们都非常喜欢这个心灵手巧的"鸭梨姐姐"。她和老师们历时两周时间，共同完成了以孩子们绘画手工作品为主体的环境创设，并在这学期的亲子活动日展示出来。看到孩子们丰富多彩的作品和创意赢来家长们啧啧的赞叹声，小朋友们也露出自豪的神情，小黎心里比蜜还要甜，她和老师们的辛苦付出都是值得的。可是，也有家长不理解，有家长提出："大班的小朋友面临升入小学，没有必要再开美术课浪费时间，应该多教孩子认字、计算。"小黎听了心里非常着急，艺术课程对于幼儿身心发展的作用长远，在幼儿阶段，它和认字、计算具有同样重要的意义。于是，小黎大胆地向园长提出，希望开办一次宣讲幼儿学习艺术重要性的讲座。她的提议得到了大家的支持，老师们纷纷帮她搜集讲座素材……

你认为幼儿学习美术有什么意义呢？如果讲座交给你准备，你想要说些什么？

二、新知讲解

（一）幼儿美术和幼儿美术教育

幼儿园的教育内容分为健康、语言、社会、科学、艺术五个领域，各领域的内容相互渗透，从不同的角度促进儿童情感、态度、能力、知识、技能等方面的发展。

1. 幼儿美术和幼儿美术教育的定义

幼儿美术是艺术领域中重要的组成部分，它反映着幼儿认知世界的方式，是幼儿表达情感与交流的工具，也是他们整体智慧发展的体现；它的形式和内容与成人美术有很多不同，幼儿美术作品有独特的天真、质朴的气质，具有独特的艺术魅力。

幼儿美术教育是指教育者遵循学前教育总体要求，根据幼儿身心发展的规律，有目的、有计划地通过美术欣赏和美术创作活动，培养幼儿审美能力、创作能力，促进其人格和谐发展的一种审美教育。美术欣赏让幼儿从小与经典、与大师接触，开阔眼界，增加了形象经验的积累，认识生活，提高审美意识。欣赏既可以单独出现，也可以潜移默化地融入美术创作活动及其他领域的课程中，让幼儿作为学习的范例。美术创作通常以适合幼儿知识技能发展水平的绘画和手工的形式出现，绘画是只在二维平面上进行形象的涂写，如蜡笔画、水彩画、手印画等。手工则是用双手借助简单的工具，对各种形态、具有可塑性的材料进行加工、改造制作出艺术形象的活动，如超轻黏土、折纸、综合材料等。这些内容相辅相成，共同提高幼儿动手能力与促进审美观念的形成，对幼儿一生的精神品质和文化素养都具有重要的作用。

2. 幼儿美术教育的意义

（1）促进幼儿观察、想象、创造能力的提升。例如当幼儿进行"秋天"绘画主题创造时，通过启发幼儿在已有的经验基础上认真观察、寻找秋天的痕迹，从而喜爱这个季节，激发幼儿创作热情，再用笔画出所感知到的秋天具体的形象特征，这是认识、操作、情感、创造相统一的一种文化教育，培养了幼儿眼、脑、手相协调，让他们在创作的过程中充分发挥想象力和创造力。

（2）幼儿阶段是人类学习的重要时期，也是大脑发育最为迅速的成长关键期。美术教育通过新奇有趣的内容、丰富多样的工具等激发、引导幼儿感知事物的特征，激活右脑形象思维的发展，促进幼儿智力发育。

（3）美术教育中的活动过程可以帮助幼儿建立健全人格。德国心理学家赫伯特·李特说过，艺术教育不是为了训练儿童的服从性，而是为了儿童生长自然秩序的陶冶。美术教育通过丰富多样的教学活动，让幼儿发现美、创造美，培养幼儿健康快乐学习的心理；通过幼儿普遍喜爱的形式建立他们的自信心，通过活动过程中对工具材料的整理以及对创作过程的安排，促进幼儿责任心的建立，形成专注、细致的品格；通过协作活动促进幼儿形成集体意识；从而培养艺术情操，形成健全人格。

（二）幼儿美术的阶段特点

幼儿各方面的能力随着年龄的增长循序渐进地发展，每一个孩子的天赋是不一样的，生活的环境也不同，这使他们所表现出的能力有显著区别，但这些区别并不能否认幼儿美术各阶段存在的基本规律。虽然没有截然分明的过程阶段，但是在幼儿进行欣赏、绘画和手工等美术活动中，不同阶段的确会表现出各种特征，这些特征与其心理发展、年龄有一定的关联性。保教人员应根据这些特点采取对应的教学策略。

1. 幼儿美术欣赏的阶段特点

幼儿处在心智发展的关键时期，将美术欣赏品鉴融入幼儿的艺术教学当中，能够提高幼儿的审美素养，拓展他们的知识面，增强幼儿的色彩感知力和逻辑思维能力，在培养艺术情趣的同时，提升幼儿的品德、智力等水平。幼儿美术欣赏有独有的特点，不能采用拿来主义，需要根据幼儿的年龄特征、欣赏水平、思维特点等，因材施教。

《金鱼》赏析

（1）小班。相对于抽象表现的作品，小班的幼儿对具象表现的作品更容易接受。灰色调与明亮的色调相比，后者更容易受到幼儿的喜爱。所以保教人员选择作品时要挑选形象较为写实，色彩纯度较高，明暗对比强烈的作品。很多大师从幼儿作品中得到启发，采用了多视点构图、夸张变形、立体物平面化、色彩对比强烈等手法。这类名画与幼儿的审美倾向接近，容易获得幼儿在审美上的认同。所以，在现代流派许多画家的作品中，都带有一些儿童绘画的审美倾向，如：米罗、毕加索、马蒂斯、波洛克的作品。这些绘画作品很好地贴近了幼儿，成为幼儿美术欣赏活动的最佳选择。

法国野兽派画家马蒂斯（见图2-1-1）、西班牙超现实主义的画家米罗就从幼儿绘画中吸取灵感。我国著名的国画艺术大师齐白石晚年的作品也逐步趋向于幼儿绘画的形式，追求"妙在似与不似之间"的境界。

保教人员在教学中可根据小班幼儿爱做游戏、活泼好动的特点，通过寓教于乐的教学方式，让幼儿在玩的过程中习得知识。具体的方法可以有角色扮演、游戏竞技、看图讲故事等。

图2-1-1 《金鱼》马蒂斯　　图2-1-2 《向日葵》 文森特·梵高

（2）中班。中班幼儿欣赏作品的表现内容需是贴近幼儿生活、为幼儿所熟悉或理解的事物，这样能够引起幼儿共鸣，激发他们的兴趣，促进联想与对比，进而产生自发式讨论，找出答案的同时丰富认知，提高了思维能力。以梵高的《向日葵》（见图2-1-2）为例：画面的构图合理且比较常见，用色饱和度高，色彩变化细腻丰富，描绘的主体形象是孩子们喜欢的向日葵。这些都符合他们的审美特点，非常适合用于幼儿园开展欣赏教学。

以梵高、莫奈为代表的法国印象派画家善于描绘光影，尤其是莫奈，很多作品都是同一场景的多次刻画。他的《睡莲》（见图2-1-3）、《教堂》（见图2-1-4）、《稻草垛》等作品，都描绘了不同天气、不同光线条件下的同一场景。这些作品可以引导幼儿在现实生活中观察记录，从而更好地理解作品，培养幼儿观察和思考的能力。

图2-1-3 《睡莲》组图　莫奈

（3）大班。对于大班年龄段、认知能力强的幼儿，选择的作品范围要广泛且具有代表性，可以从时代划分，如古代、近代、现代、当代，也可以从画种、画派上区分，选择极具代表性的作品来赏析。例如：中国的水墨丹青、欧洲的油画、俄罗斯的素描等。要拓展幼儿的视野，应让他们了解艺术形式的多样性，而代表性的作品往往能够体现出一个时代、一个地域、一个画派、一种表现手法的特点。以点概面，可以呈现出作品最丰富的内涵。保教人员在引导幼儿欣赏的同时可以名画为切入点，了解其背后广博的背景知识。

图2-1-4 《教堂》组图　莫奈

甚至可以将学习的内容融会贯通，结合不同的表现形式（撕纸、剪纸、折纸）、不同的材料（水彩、线描、油画棒）、不同的学科（数学、音乐、自然常识）等。保教人员可以根据幼儿的不同特点灵活把握名画欣赏的教学内容。

不是所有名画都适用于幼儿欣赏课程，在选择的作品时应避免那些呈现较为负面情感的作品。例如：挪威表现主义画家爱德华·蒙克，由于受到社会环境、生活经历的影响，绘画作品中带有强烈的苦闷、悲伤压抑的情绪，代表作为《呐喊》；毕加索表达战争残暴、反对战争情绪的作品《格尔尼卡》等。保教人员可以通过故事等形式引导幼儿，与作者共情，体会画作的深层内涵，感受维护和平的呐喊。带有暴力等不适宜的内容不应作为幼儿美术欣赏的对象。

2. 幼儿美术创作的阶段特点

（1）幼儿绘画。幼儿绘画在其实质上反映的是幼儿认知的过程，随着语言能力发展而表现，是一种游戏方式，其基本功能在于启迪儿童的心智和情感。所以说，当儿童有了表现自身生活的欲望时，就会产生真正属于自己的绘画。幼儿园的小朋友大多喜欢绘画，都能从中找到乐趣，但随着年龄的增长，到了青少年期后热衷于绘画的人会减少。幼儿的绘画不可能画出很写实的造型，作品一般比较主观和随意。

幼儿绘画一般有三个发展阶段：1～3岁为涂鸦期，3～5岁为象征期，5～7岁为形象期，各个阶段都有其各自的特点。

涂鸦期的幼儿会用笔无规则地乱涂乱画，这是感知觉探索的肌肉运动，表现出在画纸上重复地摆动手臂，是一种本能的无意识的活动（见图2-1-5）。

象征期的幼儿动作能够受到视觉的控制，手、眼、脑的协调能力增强，开始注意色彩、线条和形状的概念。这一时期的绘画造型粗略，经常会遗漏部分形态，或者着重表现那些幼儿感兴趣的细节。幼儿也会根据认知和观察创造符号来表现实物特征（见图2-1-6）。

形象期幼儿由于大脑和身体肌肉的发展，开始组合线条、色彩和形状，能够画出轮廓清晰、色彩鲜明的形象，对物体的固有色敏感，会用图形描绘故事，会用简单几何图形将符号融入场景，但缺乏正确的比例和空间关系（见图2-1-7）。

图2-1-5　涂鸦期幼儿习作组图

图2-1-6　象征期幼儿习作组图

图2-1-7　形象期幼儿习作组图

在教学实践中，保教人员会发现，即使在同一年龄阶段的儿童也存在个体差异。总的来说，幼儿随着年龄的增长，能逐渐掌握复杂的绘画，有时还能创作出极富创意的作品。

（2）幼儿手工。与绘画活动一样，手工也是幼儿美术创作的一个重要组成部分，通过手工活动幼儿可以逐步学会使用工具材料，运用贴、撕、剪、折塑等方法制作出物体形象，锻炼审美能力、造型能力和动手能力。手工创作也和绘画一样，随着幼儿年龄的增长和能力的提升，经历大致相同的发展过程。但由于手工创作是基于三维的创作，不同于绘画在二维平面的创作，因此，幼儿手工的发展，也有其独特的阶段特点。

幼儿2～4岁是无目的活动期，这一时期幼儿手部小肌肉还没有发育成熟，对事物的认知有限，不能理解工具材料的性质，在进行手工活动时往往没有明确的目标，只是单纯地玩耍。例如，泥工创作中，幼儿只会揉搓、掰开等简单动作，创作过程也是材料的堆放、叠高等，不能创作具体的形象。这与绘画涂鸦期来回摆动手臂或者用圆圈涂鸦是一致的。

4～5岁是基本形状期，这个时期幼儿的创作开始从无意识向有意识转变，在创作开始前或过程中会说出自己要完成什么内容。这个过程也是幼儿逐步建立三维空间感的过渡过程，在这一时期幼儿会将两个空间维度的内容同时表达出来，当然这时候是没有比例和空间关系的概念（见图2-1-8）。

5～7岁是样式化期，这一时期幼儿的手眼协调能力增强，手部参与精细动作的肌肉群发育，幼儿可以完成多种形状的制作，包括细小的细节，并采用相对复杂的方式连接。例如，剪纸中不仅能剪直线，还能剪曲线，剪出自己想要的形状；泥工制作时能够给主干添加树枝，或者用泥挖出人物的眼睛和嘴巴。幼儿对于工具材料的性质、使用方法都有进一步认知，因此，他们喜欢尝试用不同的工具和材料进行创作（见图2-1-9）。

图2-1-8　基本形状期幼儿作品《两棵树》

图2-1-9　样式化期幼儿作品《小狗》

三、任务实践

小组讨论幼儿美术在各发展阶段的还有哪些具体表现？请联系实际说明。

请根据本次课情况填写课堂评价表和课中评价表（见表2-1-3和表2-1-4）。

表 2-1-3　学生课堂评价表

评价内容	自评（分）	小组评（分）	教师评（分）	备 注
主题突出（30分）				
内容选取合理（20分）				
重点突出（15分）				
语言表达清晰流畅（25分）				
整体效果（10分）				
总　　分				
备　　注				

表 2-1-4　课中评价表

评价项目	评价要点	自我评价 A 优秀（85—100 分） B 良好（75—84 分） C 合格（60—74 分）	小组评价 A 优秀（85—100 分） B 良好（75—84 分） C 合格（60—74 分）	教师评价 A 优秀（85—100 分） B 良好（75—84 分） C 合格（60—74 分）
职业素养 （10 分）	认真、主动完成任务，有克服困难的勇气和毅力			
	在活动中勤于动手、善于思考、勇于实践			
知识技能 （40 分）	在活动中掌握完成项目任务的基本方法和技巧			
	获得较多体验和感受，获得更多解决问题方法和实践知识			
能力 （20 分）	有分析整理信息数据和独立思考的能力			
	有动手实践和团结协作的能力，能清晰地表达个人观点			
情感 （20 分）	具有团队精神，善于沟通合作			
	乐于分享活动中的创意和作品			
综合 （10 分）	分组评比，评比过程中论据充分，有自己的观点			
组长评价	由组长完成			
小结				

环节三　课　后

一、课后反思

学习完本课后，请你反思学习的效果，列出不足之处，并思考改进的办法。

学习效果	不　足	改进办法

二、课后拓展

请每个学习小组协作完成一堂幼儿美术课的设计，课程时长在 15～20 分钟，内容难度适合幼儿园中班的幼儿学习，兼具知识性和趣味性。

三、思考与实践

当代画家徐悲鸿擅长画马，代表作品是人人熟悉的《奔马图》(图 2-1-10)，画中的骏马结构严谨又意气风发，集西方油画的形似与中国水墨的神似于一身，充分表现出马的精神意境：积极进取、坚韧不拔。请以小组为单位，开展观察活动，从熟识的马的形象开始，将生活中的马与名画中的马对比，讨论有什么地方相同，什么地方不同，原因是什么。

图 2-1-10 《奔马图》 徐悲鸿

任务小结

请根据本次任务的教学目标达成情况，结合岗位需求进行拓展总结。

☆ 请运用书后评价表进行任务评价。

任务二　幼儿美术创作指导与评价

任务发布

丹桂幼儿园进入美术主题活动月，要举办一次"我是小小艺术家"幼儿美术展。本周你实习班级的小朋友参观了岭南民间工艺美术展，小朋友们通过参观、听讲解以及美术馆精心设计的各种互动体验活动，对民间艺术作品产生了浓厚的兴趣。请你以此为契机，带领小朋友们以"岭南民间工艺品"为创作元素，开展美术创作活动。根据幼儿的能力特点，可采用线描、涂色、拼贴、立体手工等形式完成，并选取优秀作品参加幼儿园的汇报展览。

请根据本任务学习内容进行自主规划并填写学习计划表（见表2-2-1）。

表 2-2-1　学生学习计划表

任务二		幼儿美术创作指导与评价
课前预习	预习时间	
	预习结果	1. 难易程度 ◎偏易（即读即懂）　◎适中（需要思考）　◎偏难（需查资料）　◎难（不明白） 2. 问题总结
课后复习	复习时间	
	复习结果	1. 掌握程度 ◎了解　　◎熟悉　　◎掌握　　◎精通 2. 疑点难点归纳

任务实施

环节一　课　前

一、预习

（1）请复习幼儿各年龄阶段的认知特点。（2）预习"新知讲解"的内容。
请完成课前评价表（见表2-2-2）。

二、材料准备

教师准备：多媒体课件、图片及资料。
学生准备：铅笔、彩笔、水彩颜料（国画颜料）、蜡笔、图画纸、胶水等工具材料。

表2-2-2　课前评价表

内　容	分　值	小组评价	教师评价	备　注
信息收集	10			
材料准备	10			
知识掌握	60			
自主合作	15			
职业素养	5			

环节二　课　中

一、案例导入

中班的馨馨今天非常开心，因为她在美术课上画了一个全班最漂亮的苹果，画上的苹果从地里长出来，五颜六色的，小松鼠和小猫都住在苹果叶子上。小朋友都羡慕地围着她的画看，老师也把这幅作品高高地贴在墙上，馨馨觉得自己是最了不起的画家，心里美极了！她这一天都盼着快点放学，可以给来接她的妈妈展示她的大作。终于等到妈妈来了，馨馨立刻把妈妈带到作品前，妈妈看看作品，温柔地对馨馨说："馨馨乖，苹果不是从地里长出来的，应该是结在树枝上，苹果也不会五颜六色，下次咱们画个红红的，你看，你这苹果也不够圆呢……"妈妈话还没说完，馨馨的眼泪已经含在眼眶里了。老师见状赶紧拉住馨馨妈，跟她说了一会儿悄悄话……

如果你是馨馨的老师，你会跟馨馨妈说什么呢？

二、新知讲解

（一）幼儿美术创作过程指导和原则

幼儿美术创作活动主要有绘画和手工两种形式，选取儿童喜爱的动手活动，对儿童手脑协调，智力发展，想象力、创造力的培养，以及善于观察、勇于实践的品格形成都有非常重要的作用。各幼儿园在环境、工具等存在差异，幼儿能力也各不相同，保教人员的指导手段和方法应"因才""因材""因境"灵活开展。在幼儿绘画创作中，有命题画和自由画的创作方式；在手工创作中有创作的意图、构思设计、制作与装饰三个阶段过程。但是创作方法和原则依然有规律可循。保教人员可根据活动特点和幼儿发展规律，从以下9个方面开展指导。

1. 鼓励幼儿学习知识、技能，发挥想象，激发学习兴趣

例如，保教人员可以引导幼儿学会使用蜡笔、水彩笔等工具；让幼儿认识自然、认识动植物等，掌握作画对象特点；启发幼儿掌握构思的技巧；通过观察、亲身体验、实践来激发幼儿学习的兴趣；将美术创作与游戏活动结合起来，通过寓教于乐的教学形式激发幼儿学习的兴趣。

2. 从生活中挖掘素材

身边熟悉的人和事物都可以成为创作素材。例如，保教人员可以布置命题绘画《我的妈妈》《刷牙》等；让幼儿通过观察挖掘素材，看叶子变色、开花结果等；通过童话故事、儿歌，载人航天等实事，还有国庆节、端午节、新年等节日活动，在文学作品、实事中发掘素材。培养幼儿感悟生活，热爱生活的情感。

3. 重视幼儿感官经验

例如，让幼儿说说听到声音是尖锐的还是优美的，触摸到的物体是光滑的还是粗糙的。这类嗅觉、味觉的体验都能激发他们的表达能力。

4. 遵循根据创作主题选材和根据材料特性合理创意的原则

例如，要制作篱笆的造型，可选择干树枝、秸秆等颜色造型相似的材料，给造型安上眼睛可以选用纽扣、豆子等，也可以根据材料特性形状等进行合理创意。又如，树叶的形状让我们联想到小船，就可以用它制作小船的树叶贴画（见图2-2-1）；竹子的根须让人联想到杂乱的胡须，就可以利用这个天然的造型稍加修饰塑造成一个老爷爷的形象。

5. 培养幼儿生动的构思能力和创作能力

保教人员可以在特定的主题下创设情境，提供各种与主题相关的资料，启迪幼儿开拓思路，将现有的资源与经验结合，形成独特的构想。例如：《小蚂蚁吃西瓜》的主题创作，会考虑到生活中蚂蚁很小，西瓜相对蚂蚁来说非常大，那么，蚂蚁要怎样才能吃到西瓜呢？围绕这样的设定，小朋友可以充分展开想象，讨论怎么搬走西瓜：蚂蚁可以团结一心集体把西瓜抬走；可以像建筑工人一样用铁锹把西瓜挖成小块，用运输车运走；蚂蚁可以用吸管像喝果汁一样喝西瓜汁等。充分引导他们发挥想象力，培养创新精神（见图2-2-2）。

图2-2-1 手工作品　　　　　　　　　　图2-2-2 《蚂蚁吃西瓜》幼儿习作

6. 提供练习的机会

美术创作是一种手、眼、脑并用，主动、自我建构的实践活动，可以锻炼幼儿动作的灵活性，有助于幼儿技能技巧的形成以及视觉记忆与视觉思维的发展。练习的过程要循序渐进，可先进行分步练习，帮助幼儿掌握单个动作要领，再进行整体练习，帮助幼儿掌握系列动作之间的联系与协调。例如：剪纸活动中，幼儿需要分别练习剪短直线、长直线、曲线和各种形状，还要分别练习目测剪、沿轮廓剪和折叠剪。在此基础上，他们才能随心所欲地运用自己所掌握的技能技巧来实现自己的构思。同时保教人员还应提醒幼儿注意练习时间的合理分配。

7. 指导幼儿临摹、模仿和创作结合

临摹是按照原作原样地完成制作，它可以帮助幼儿很快地掌握美术创作的方法和技巧。创作是创造全新的形象，但对幼儿来说完全的独立创作有一定难度，模仿就是一个折衷方法。但是，过多的临摹会扼杀幼儿的创造力。我们可以引导幼儿在原作的基础上加以改编和发挥，把临摹、模仿与创作结合起来。鼓励幼儿在掌握基本技法的基础上大胆创新，既有临摹的痕迹，又有独创的成分，从而制作出与众不同的形象，促进创造力的发展（见图2-2-3至图2-2-6）。

8. 引导幼儿将绘画与手工制作相结合

将绘画与手工结合起来，无论对幼儿的绘画能力还是手工制作能力的发展都有重要作用。例如：制作立体纸艺作品时，可以引导幼儿用彩色笔在作品上画上美丽的花纹，为作品修饰增色。还可以引导幼儿在绘画作品中加入立体元素，帮助幼儿深入理解形象的结构、空间关系，使幼儿的平面绘画更富有表现力。这有助于充分培养幼儿的绘画表达与空间建构能力。

图2-2-3 《星空》梵高

图 2-2-4 《星空》幼儿临摹作品　　　　图 2-2-5 《九色鹿》莫高窟洞窟壁画　　　　图 2-2-6 《九色鹿》幼儿作品

9. 在美术创作活动中注意培养幼儿秩序意识和良好的卫生习惯

在美术创作过程中可以引导幼儿学习工作的步骤。例如，绘画时先构思草图后上色，先涂浅色部分再涂深色部分，在制作黏土活动中每次取出适当的用量后及时盖好盒盖保持水分，及时清理工作台避免颜色混淆变脏变灰等。强调工具材料的安全使用和使用顺序，用过的工具放回原位等。使幼儿在潜移默化中养成好习惯。

（二）幼儿的美术作品评价

幼儿美术是人类从事艺术活动的一个特殊阶段，它在伴随儿童的成长，反映儿童的天性，表现儿童思维活动上有重要意义。幼儿在制作中倾注了满腔情感，因而每个作品都是不同的，是幼儿表达思想感情的特殊视觉语言。幼儿美术作品也因其个性特征鲜明：天真、大胆、夸张、浪漫、率真，无拘无束，没有任何条条框框的阻碍，形成了区别于成人的独有的稚拙、梦幻的特点。所以，我们在观赏他们的作品时，能强烈地感受到画中体现的童真以及稚趣美，这也是我们在成人绘画中所感受不到的。同时，由于学前儿童的手部肌肉发育不成熟，年龄、阅历限制，因而他们的作品不可能像成人作品那样技术精湛。评价幼儿作品时，要看到其不完美之处，更要看到幼儿美术作品中的创意和创造力。只要达到意趣天成、率真自然，就应该算是佳作。

1. 对幼儿绘画的评价

幼儿绘画作品中所表达的内容应该是符合幼儿年龄特点的，是幼儿对生活、学习、游戏的体现。不能用是否写实，或者说"像与不像"来简单地判断，水平的高低并不完全是看谁临摹得像。一味临摹成人作品，有碍于幼儿独立观察、独立思考能力的发展。

保教人员对幼儿学习绘画过程中的习作也应该用欣赏的眼光来看待，看看是否完成了学习的要求，是否大胆地尝试，是否有求异、求新的好习惯。发现好的地方给予积极的评价，好的部分也应说得具体；不足部分应建议幼儿重新观察、思考和尝试，而不应笼统地给予消极的批评。正确欣赏、评价幼儿绘画，对幼儿审美能力、创造能力的发展会有很大的帮助。

应当给予幼儿表达自己绘画作品想法的机会，即谈一谈自己的画。保教人员可以及时肯定和引导，用启发对话的方式，和孩子们一起讨论一些造型要素，鼓励幼儿对美的感知觉，促进潜能的发展。

讨论非具象的画时，可以寻找幼儿画中的一二种造型要素，如图画中线的长短、曲直，色彩的深浅、鲜浊等。可以对幼儿说："你用了许多线条和形状，把画画满了""在你的画里，我看到了一条又细又长的线（同时，手指着那条线，沿着线移动）""你是用红色、绿色、粉红色和一些橙色画这张画的"等。

讨论具象画时，可以寻找幼儿画中的具象表现、主题和情节等，把他们的注意力转移到造型要素的特质或构成特色方面，适当关注细节的特征处理，鼓励幼儿的审美感觉，而不是一直停留在概念符号，例如画天空就一定会有太阳、云朵和小鸟，画老师一定是戴着眼镜等。幼儿在绘画时，保教人员要及时提示幼儿描绘自己生活中观察到的、具有特色的地方。画自己观察到的事物，表达自己的感受，通过绘画活动逐渐养成观察生活的好习惯，同时也能使绘画内容更加充实、饱满。可以对幼儿说："这幅画真漂亮啊！有房子、树和鲜艳的花朵。花有大、有小，还有不同的颜色。""这画看起来好像太阳躲在黑云里偷看。"

对孩子的失败之处，也可以和孩子讨论。例如评价孩子的贴画，当纸上的浆糊涂得太多，纸破了时，保教人员可以这样说："纸破了，令人难过，你愿意用比较厚的纸再试试吗？"或者说："你很认真做贴画，不小心撕破一小块，下次你怎样做才可以不撕破薄薄的纸呢？"

2. 对幼儿手工的评价

不能以制作技能及技巧水平的高低，或以与事物"像"为标准来衡量学前儿童的手工作品水平。保教人员应打破教育要求的统一性，在达到目标的程度上，灵活对待材料的使用方法，尽可能地进行正面评价。鼓励、表扬等正面评价可以带给幼儿成功的体验，感受到手工活动的乐趣，这种乐趣本身又会增加幼儿创作的自信。同时保教人员应注意，鼓励应该是具体、确实存在的，而不是泛泛的表扬。嘲笑、责备只会给幼儿带来挫败感，产生自卑心理，最终对手工活动不感兴趣。对其不足之处可以建议的方式、商量的口吻提出改进意见。改进的意见也应该是具体的、儿童可以理解和执行的。

三、任务实践

请尝试对以下幼儿美术作品（见图 2-2-7 至图 2-2-9）进行点评。

图 2-2-7 《火龙果》幼儿作品

图 2-2-8 《新年赶虚》幼儿作品

图 2-2-9 《超级植树车》幼儿作品

请根据本次课情况填写课堂评价表和课中评价表（见表 2-2-3 和表 2-2-4）。

表 2-2-3　学生课堂评价表

评价内容	自评（分）	小组评（分）	教师评（分）	备注
主题突出（30分）				
内容选取合理（20分）				
重点突出（15分）				
语言表达清晰流畅（25分）				
整体效果（10分）				
总　　分				
备　　注				

表 2-2-4　课中评价表

评价项目	评价要点	自我评价 A 优秀（85—100分） B 良好（75—84分） C 合格（60—74分）	小组评价 A 优秀（85—100分） B 良好（75—84分） C 合格（60—74分）	教师评价 A 优秀（85—100分） B 良好（75—84分） C 合格（60—74分）
职业素养（10分）	认真、主动完成任务，有克服困难的勇气和毅力			
	在活动中勤于动手、善于思考、勇于实践			
知识技能（40分）	在活动中掌握完成项目任务的基本方法和技巧			
	获得较多体验和感受，获得更多解决问题方法和实践知识			

（续表）

评价项目	评价要点	自我评价 A 优秀（85—100分） B 良好（75—84分） C 合格（60—74分）	小组评价 A 优秀（85—100分） B 良好（75—84分） C 合格（60—74分）	教师评价 A 优秀（85—100分） B 良好（75—84分） C 合格（60—74分）
能力 （20分）	有分析整理信息数据和独立思考的能力			
	有动手实践和团结协作的能力，能清晰地表达个人观点			
情感 （20分）	具有团队精神，善于沟通合作			
	乐于分享活动中的创意和作品			
综合 （10分）	分组评比，评比过程中论据充分，有自己的观点			
组长评价	由组长完成			
小结				

 课　　后

一、课后反思

学习完本课后，请你反思学习的效果，列出不足之处，并思考改进的办法。

学习效果	不　足	改进办法

二、课后拓展

请模仿幼儿的绘画语言，完成一幅星空主题的绘画创作（要求形式创新、运用多种材料）。

三、思考与实践

请你思考：如何正确评价幼儿的绘画作品？对课后拓展作业——命题画《星空》在小组内进行互评，记录评价过程。

任务小结

请根据本次任务的教学目标达成情况，结合岗位需求进行拓展总结。

☆ 请运用书后评价表进行任务评价。

学习幼儿美术时要遵循幼儿身心发展规律，结合幼儿各阶段特征，在实际应用中选择适合的内容和教学方法促进幼儿美育发展。应正确积极地评价幼儿美术作品，这对于幼儿知识技能的提升、身心发展、审美素养的建立具有促进作用。采用积极正面的评价时，要注意不能一味表扬，谈论缺点时应从具体的要点出发，同时给出修改建议。在实际应用中评价应起到引导作用。

第二篇 美术基础

引言

绘画是幼儿美术教育活动的重要组成部分,作为保教人员,需要辅助幼儿园美术教师开展绘画活动,引导幼儿通过线条、造型、色彩、构图等艺术语言创造视觉形象,表达作者思想、情感,从而促进幼儿形象思维发展,培养幼儿审美素养。因此绘画技能是幼儿保育专业学生必须掌握的一项本领。本篇内容包含素描、线描画、简笔画、色彩、装饰图案五个模块,通过绘画理论、任务实操训练等帮助学生认识各种绘画工具和材料,并掌握正确的使用方法,养成集中注意力完成作品的良好绘画习惯。训练学生的造型能力、色彩表现能力,学会通过作品表现来表达自己的生活感受和想象,从而促进学生想象力和创造力的发展,并将这些能力内化为自身素养,在未来的工作岗位中发挥作用。

知识技能准备

具有一定的美术基础知识；理解素描、线描画、简笔画、色彩、装饰图案的基本概念和作用。对绘画、雕塑等造型艺术感兴趣。

学生任务分组表

学习任务名称		专业技能		学　时	52
典型任务描述		完成素描、线描画、简笔画、色彩、装饰图案的模块任务 预习—材料准备—案例导入—新知讲解—任务实践—课后反思—课后拓展—思考与实践			
班　级			组　名	指导老师	
组　长			学　号		
分组情况	组　员			学　号	
	1				
	2				
	3				
	4				
	5				
	6				
分组说明					
班　级			教师签字	日　期	

学习总结表

模块	素描	线描画	简笔画	色彩	装饰图案
学习效果	1. 掌握程度 ◎了解　◎熟悉 ◎掌握　◎精通 2. 疑点难点归纳 3. 收获与反思	1. 掌握程度 ◎了解　◎熟悉 ◎掌握　◎精通 2. 疑点难点归纳 3. 收获与反思	1. 掌握程度 ◎了解　◎熟悉 ◎掌握　◎精通 2. 疑点难点归纳 3. 收获与反思	1. 掌握程度 ◎了解　◎熟悉 ◎掌握　◎精通 2. 疑点难点归纳 3. 收获与反思	1. 掌握程度 ◎了解　◎熟悉 ◎掌握　◎精通 2. 疑点难点归纳 3. 收获与反思

备注：此表由学生根据本篇学习内容进行自我总结及填写。

本篇学时安排表

模块任务	素描	线描画	简笔画	色彩	装饰图案
学时安排	16	6	8	14	8

模块三 素描

本模块课件

模块导读

素描作为一种艺术形式，有其独特的魅力，它可以用不同的形式通过单色来表现画家的情感和感知。西方的艺术大师们把素描作为不可或缺的创作手段，这从达·芬奇、鲁本斯、安格尔等艺术大师留下的大量创作手稿就不难看出。

素描也是绘画造型的基础。通过素描的练习，能够使绘画者更加深刻地观察事物，培养观察能力和分析能力；同时通过素描训练可以使手、眼、脑三者达到协调一致，提高绘画者的造型能力。素描在学习绘画过程中有很重要的意义，法国著名的古典主义大师安格尔指出："素描是艺术的法则"。即使是毕加索、马蒂斯这些极具个性的画家，从他们早期创作的作品中也可以看出他们深厚的素描造型功底。因此，学习素描对于造型能力的提高，起到了非常重要的作用。

思政要求

在项目教学中注重德技并修，通过在教学中融入优秀的名画案例和艺术家创作背景，培养学生精益求精的工匠精神。以小组探究合作的形式培养学生解决问题的能力，增强团队协作意识。

岗位能力

幼儿园的保育岗位，要求保育人员需具备一定的绘画水平，有一定的造型能力和创意绘画能力，有根据幼儿特点引导幼儿完成绘画创作的能力。

模块目标

1. 知识目标：掌握素描的基本概念、表现技巧、主要表现形式，掌握素描造型的一般规律和法则，正确认识素描造型中的形态和表现之间的关系，理解素描造型语言的运用。

2. 技能目标：具备一定的对客观物体的艺术观察力和表现能力。能运用造型语言表现物体的形态特征、立体感、空间关系，具备创意绘画的能力。能够根据幼儿特点引导幼儿完成绘画创作，关注幼儿的表现力和创造力发展。

3. 素养目标：树立素描作为视觉艺术基础训练的观念，提高艺术感知能力、鉴赏能力及创新能力。

任务一　素描基础知识

任务发布

幼儿保育专业的学生学习素描，目的是提升造型能力，掌握素描的基本技巧，学会观察和了解物体的结构，并描绘出来。可以先从学习结构素描开始，再运用调子素描进行绘画，掌握素描的基本技巧后进行创意绘画。

请完成一组线条的配线练习，并根据本任务学习内容进行自主规划并填写学习计划表（见表3-1-1）。

表3-1-1　学生学习计划表

任务一		素描基础知识
课前预习	预习时间	
	预习结果	1. 难易程度 ◎偏易（即读即懂）　◎适中（需要思考）　◎偏难（需查资料）　◎难（不明白） 2. 问题总结
课后复习	复习时间	
	复习结果	1. 掌握程度 ◎了解　　◎熟悉　　◎掌握　　◎精通 2. 疑点难点归纳

任务实施

环节一　课　前

一、预习

了解素描的相关知识，分组收集世界著名的素描作品，准备好相关材料进行汇报。

思考以下问题：素描的基本概念是什么？素描的分类有哪些？素描需要哪些工具和材料？线条有哪些表现手法？什么是透视原理？哪些作品是调子素描？哪些作品是结构素描？

请完成课前评价表（见表3-1-2）。

二、材料准备

教师准备：（1）多媒体课件、世界著名素描作品图片及资料。（2）素描的绘画工具和材料的实物。（3）画好的各种线条样图。

学生准备：（1）画板、画架、美工刀或者卷笔刀、夹子、素描纸、可塑橡皮、橡皮擦、各种型号铅笔等。（2）收集素描作品的相关资料。

表3-1-2　课前评价表

内　　容	分　　值	小组评价	教师评价	备　　注
信息收集	10			
材料准备	10			
知识掌握	60			
自主合作	15			
职业素养	5			

环节二 课　中

一、案例导入

素描课期间，同学们纷纷拿着自己准备的静物素描和人物素描的图片小组讨论着，他们认为这些素描作品就是印刷出来的，很怀疑画的真实性。其中有一位同学说，这些画太逼真了，不确定是不是画出来的，其他人很肯定地说，一定是画出来的。但是它是怎么画出来的，这个疑问写在所有同学的脸上。

素描如何画呢？

二、新知讲解

（一）素描的概述

广义的素描指单色画，即用单一颜色通过深浅虚实变化描绘物象的一种形式。狭义的素描专指用于学习美术技巧、探索造型规律、培养专业习惯的绘画训练过程。素描是一种十分重要的艺术形式，学习素描需要掌握透视、比例、结构、空间体积、色调等知识（见图 3-1-1 和图 3-1-2）。

图 3-1-1　素描作品 1
作者：叶子莜

图 3-1-2　素描作品 2
作者：余逸朗

（二）素描的分类

从目的和功能角度划分，素描一般可分为创作素描和习作素描两大类。从表现内容角度划分，素描可分为静物、动物、风景、人像及人体素描等。从绘画传统的角度划分，素描可分为中国写意传统的素描和西方写实传统的素描。从作画时间概念上划分，素描可分为长期素描、速写、默写等。从使用工具上划分，素描可分为铅笔、炭笔、钢笔、毛笔、水墨、粉笔、纸笔或两种工具穿插使用的素描。

幼儿保育专业学生学习素描，目的是提升造型能力，可以按照结构素描—调子素描—创意素描（见图 3-1-3 至图 3-1-5）循序渐进的方式，培养学生的造型能力和表现能力，可以根据幼儿的身心特点指导幼儿进行绘画创作。

图 3-1-3　结构素描
作者：陈栩晴

图 3-1-4　调子素描
作者：叶子莜

图 3-1-5　创意素描

（三）素描工具与材料

素描常用的工具与材料有：画板、画架、铅笔、美工刀、夹子、素描纸、橡皮。

（四）素描的作画姿势

学生进行素描写生训练时，一般作画姿势有两种：站立式和坐式。

1. 站立式

这个作画姿势要求画板放在画架上，高度适中，画板要有一定的倾斜度，不能接近 90°，画者一手拿笔，站在画架前即可作画，如图 3-1-6 所示。

2. 坐式

坐式为画者一手握住铅笔，将画板置于画架上。这一作画姿势要求画者上身要挺立，与画板保持50厘米距离，便于整体观察，如图3-1-7所示。画板与画者视线应呈90°，拿笔的手臂也要相应向前伸，并保持足够的活动范围，对腿和脚没有固定的要求，只要舒适自如即可。

（五）握笔的方式

在练习线条过程中，要注意用笔和握笔的方式，落笔时要体会手、腕、肘的运动对线条的影响，画出线条轻重、浓淡、疏密的关系，让线条在平稳、自然、有序、顺畅中得到轻松的展现。正确的握笔方式有两种：常规握笔方法和写字式握笔方法。

1. 常规握笔方法

常规握笔方法是指用拇指、食指和中指三指拿笔于手掌下，如图3-1-8所示，中指起到辅助作用。用拇指左右摆动，在画面形成规则的、接近平行的一排线。在用常规握笔方法的时候，笔和画面大约在35°、手和手腕不要接触画面，如果难掌握，可以用小指做支撑点，也可以用手腕自然地上下摆动画出线条。

2. 写字式握笔方法

写字式握笔方法就是平时的写字姿势，该握笔方法可以用在画面积小的暗面，或者对单体细节进行塑造的时候。写字式握笔方法用得很多，不像前一种方式辐射面积大，该方法很容易掌握，可以像写字一样画线条，如图3-1-9所示。

（六）线条的表现方法与运用

1. 平行线表现

平行线是线条练习的第一步，主要通过直线的练习，控制手腕的力度。在排列过程中，要尽量使线条均匀、颜色一致、方向相同，等熟练之后要尝试快速排线（见图3-1-10）。

2. 交叉线表现

在平行线练习完成之后，可以进行交叉线的练习，交叉线是绘画素描阴影色调的重点。要注意交叉线排列的角度和力度，色块颜色要均匀（见图3-1-11）。

图3-1-6 站立式

图3-1-7 坐式

图3-1-8 常规握笔方法

图3-1-9 写字式握笔方法

图3-1-10 平行线练习

图3-1-11 交叉线练习

3. 线条的层次感

素描主要利用长短不一、形态各异的铅笔线条表现形体变化、空间转折和光影效果（见图3-1-12和图3-1-13），所以铅笔线条是素描表现中最重要的一种方式，直接决定了素描的表现方法和艺术语言。

无论是哪一种排线方式，都要注意线条的层次感，也就是线条的颜色变化。进行单线条绘画时，可以通过力度大小改变颜色，如图3-1-14；进行交叉线排列时，可以运用多次叠加的方法，使色块具有深浅变化，但要注意线条的清晰，不要出现脏和腻的现象（见图3-1-15）。

（七）透视基础知识

"透视"一词来源于拉丁文"perspicere"，意思是通过透明的介质来看物象，把三维景物通过二维平面描绘得到近大远小、具有立体感图像的现象。综上所述，透视是一种视觉现象，是通过人的视觉器官所产生的一种视觉反应（见图3-1-16）。

根据透视现象的总结，总体的透视关系可以表述为：近大远小、近实远虚，而根据不同情况，所产生的透视变化各有不同。

透视可以分为平行透视和成角透视。

图 3-1-12　素描作品 1
作者：叶子莜

图 3-1-13　素描作品 2
作者：余逸朗

图 3-1-14　多次叠加

图 3-1-15　深浅变化

1. 平行透视

平行透视也称一点透视。以一个立方体为例，当立方体的正面与画面平行，其他面上的竖着的棱线都垂直于底面，那么在视平线的中间形成一个消失点，其他面上与地面平行的线条，无限延伸都向消失点汇聚，这种透视关系被称为平行透视（它只有一个消失点）(见图 3-1-17 和图 3-1-18）。

2. 成角透视

成角透视也称二点透视。以一个立方体为例，当这个立方体没有正面和画面平行，竖着的棱线都与底面垂直，其中有一条棱线正对着前面时，其他面上横看的棱线无限延长都向左右两边消失，在视平线上形成两个消失点，这种透视关系被称为成角透视（见图 3-1-19）。

图 3-1-16　教室外透视示意图

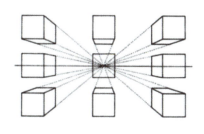
图 3-1-17　平行透视示意图 1
作者：余逸朗

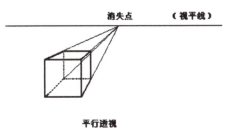
图 3-1-18　平行透视示意图 2
作者：余逸朗

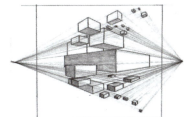
图 3-1-19　成角透视示意图
作者：余逸朗

三、任务实践

任务内容：线条表现练习。
任务要求：（1）握笔姿势正确。（2）排线均匀、细腻。（3）掌握交叉排线。
任务完成时间：1 课时。
优秀作品参考：见图 3-1-20。
示例：见图 3-1-21～图 3-1-24。

图 3-1-20　优秀作品

图 3-1-21　斜线画法

图 3-1-22 横线画法

图 3-1-23 竖线画法

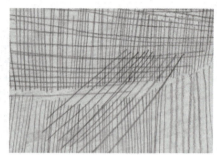
图 3-1-24 交叉线画法

请你根据本次课情况填写作品评价表和课中评价表（见表 3-1-3 和表 3-1-4）。

表 3-1-3　作品评价表

评价内容	自评（分）	小组评（分）	教师评（分）	备　注
主题突出（30 分）				
构图和谐（10 分）				
造型准确（10 分）				
色彩和谐（10 分）				
制作精细（20 分）				
创意新颖（10 分）				
整体效果（10 分）				
总　　分				
备　　注				

表 3-1-4　课中评价表

评价项目	评价要点	自我评价 A 优秀（85—100 分） B 良好（75—84 分） C 合格（60—74 分）	小组评价 A 优秀（85—100 分） B 良好（75—84 分） C 合格（60—74 分）	教师评价 A 优秀（85—100 分） B 良好（75—84 分） C 合格（60—74 分）
职业素养（10 分）	认真、主动完成任务，有克服困难的勇气和毅力			
	在活动中勤于动手、善于思考、勇于实践			
知识技能（40 分）	在活动中掌握完成项目任务的基本方法和技巧			
	获得较多体验和感受，获得更多解决问题方法和实践知识			
能力（20 分）	有分析整理信息数据和独立思考的能力			
	有动手实践和团结协作的能力，能清晰地表达个人观点			
情感（20 分）	具有团队精神，善于沟通合作			
	乐于分享活动中的创意和作品			

（续表）

评价项目	评价要点	自我评价 A 优秀（85—100分） B 良好（75—84分） C 合格（60—74分）	小组评价 A 优秀（85—100分） B 良好（75—84分） C 合格（60—74分）	教师评价 A 优秀（85—100分） B 良好（75—84分） C 合格（60—74分）
综合（10分）	分组评比，评比过程中论据充分，有自己的观点			
组长评价	由组长完成			
小结				

环节三　课　后

一、课后反思

学习完本课后，请你反思学习的效果，列出不足之处，并思考改进的办法。

学习效果	不　足	改进办法

二、课后拓展

请熟练掌握握笔姿势和各种线条的画法。可扫码观看课后拓展内容——圆弧排列。

圆弧排列

三、思考与实践

如何才能画出线条的美感？请尝试画物体的轮廓线。

任务小结

请根据本次任务完成的情况，结合岗位需求进行拓展总结。

☆ 请运用书后评价表进行任务评价。

任务二　几何体的画法

任务发布

石膏几何形体临摹与写生是素描入门的第一步,学习素描应循序渐进、由浅入深。各种各样复杂的形体均可以看作是由各种几何形体构成的,几何形体是构成一切形体的基本元素。所以画好几何形体在学习素描过程中起着重要的作用。请完成一幅几何形体的素描作品。

请根据本任务学习内容进行自主规划并填写学习计划表(见表3-2-1)。

表3-2-1　学生学习计划表

任务二		几何体的画法
课前预习	预习时间	
	预习结果	1. 难易程度 ◎偏易（即读即懂）　◎适中（需要思考）　◎偏难（需查资料）　◎难（不明白） 2. 问题总结
课后复习	复习时间	
	复习结果	1. 掌握程度 ◎了解　　◎熟悉　　◎掌握　　◎精通 2. 疑点难点归纳

任务实施

环节一　课　前

一、预习

收集正方体、球体的素描画法视频资料,包括正方体、球体结构的资料,准备好画素描的材料。要求掌握球的调子画法、组合体的调子画法、球和组合体的结构画法,并思考:什么是"三大面五大调"?明暗色调的规律是什么?

请完成课前评价表(见表3-2-2)。

二、材料准备

教师准备:(1)多媒体课件、球体、组合体的实物。(2)绘画的工具和材料。

学生准备:画板、画架、素描纸、铅笔数支、橡皮擦等。

表3-2-2　课前评价表

内　容	分　值	小组评价	教师评价	备　注
信息收集	10			
材料准备	10			
知识掌握	60			
自主合作	15			
职业素养	5			

环节二　课　中

一、案例导入

在美术课上，老师让同学们临摹正方体和球体，请同学们观察正方体的明暗面、透视线和结构线，观察球体与正方体组合的明暗面变化，并上台来讲述，正方体和球体明暗面有什么不同（见图3-2-1）。

你认为正方体和球体明暗面有什么不同？

二、新知讲解

（一）光源与物体的关系概述

物体的形象在光的照射下，产生了明暗变化。光源一般有自然光、阳光、灯光和人造光。光的照射角度不同，光源与物体的距离不同，物体的质地不同，都会产生不同的明暗色调。在学习素描中，掌握物体明暗调子的基本规律是非常重要的，物体明暗调子的规律可归纳为"三大面、五大调"。

（二）光影色调

光影色调也就是素描的明暗调子，是素描里重要的表现部分，物体受到光的照射会产生明暗的变化，对于素描来讲，这种形体的色调深浅变化和对比关系叫作明暗关系。在素描表现时色彩也被归纳为深浅颜色的阶梯变化，所以明暗关系在素描画面里表现了物体的固有色、空间、体积、质感等诸多因素，是真实再现物体的重要途径。

图3-2-1　石膏几何形体组合

1. 三大面

无论什么形体结构的物体，受到光线照射后会形成"三个面"，它们分别是：亮面、灰面和暗面。亮面，指的是物体直接接受光源的部分；灰面，是亮面到暗面的过渡面，颜色层次变化丰富；暗面是物体背光的部分，是三个面里颜色最重的一个面。对于转折明显的物体，"三大面"区分明显，会形成明确的交界线；对于转折不明确的物体，"三大面"的过渡较为柔和，层次丰富（见图3-2-2）。

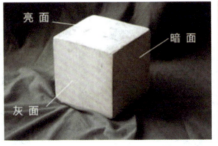

图3-2-2　三大面

2. 五大调

"五大调"是被归纳出的素描中的五种色调，在亮面、暗面、灰面的基础上还包括明暗交界线和反光（见图3-2-3）。明暗交界线位于物体亮面到暗面或者灰面到暗面的转折处，因为对比关系的影响，它是物体上色调颜色最重的部分。而反光存在于物体的暗面，反光是环境光线对物体色调的影响。反光的强弱会受到物体固有色、表面质感、周围环境等因素影响。表面越光滑，固有色越浅的物体，反光越明显；固有色越深，表面质感越粗糙的物体，反光越弱（见图3-2-4）。

这五种色调的深浅都是相对而言的，如果五种色调颜色过于接近，画面的色调关系就不够明确，缺少对比，使整体画面呈现"灰"的效果；如果五种色调对比之间过于明确，没有阶梯式变化，会使画面感觉"生硬"，缺乏层次。所以色调之间对比关系要保持柔和、统一。

3. 虚实空间

通过光影色调的变化，能够体现出空间的远近和虚实关系（见图3-2-5）。距离画面空间近的部分，可以通过着重描绘、增加层次关系、添加细节等方法，带给人视觉上清晰的感觉；反之，距离画面远的部分，可以通过拉近对比色调，虚化物体轮廓等方法，带给人视觉上朦胧的感觉。

对于幼儿美术教育中的绘画，素描中涉及的诸多内容是其他绘画应用的必要准备，掌握素描的基本知识，对于理解空间、再现表现、提高审美等具有重要作用。

三、任务实践

任务内容：石膏几何形组合素描。

图 3-2-3 五大调

图 3-2-4 静物素描
作者：叶子莜

图 3-2-5 虚实空间
作者：余逸朗

图 3-2-6 圆柱体
作者：叶子莜

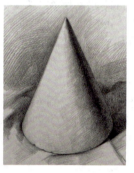
图 3-2-7 圆锥体
作者：叶子莜

图 3-2-8 单个几何形体素描
作者：叶子莜

任务要求：（1）构图和谐。（2）结构、比例准确。（3）塑造几何形体的体积感、空间感、质感。（4）画面层次感强，保持画面的协调统一。

任务完成时间：4课时。

优秀作品参考：见图3-2-6～图3-2-11。

实例一：球体的素描画法（见图3-2-12）

（1）步骤一：起稿。

动笔之前要进行形体结构分析。描绘球体的外在形象，首先要了解球体的内部构造及弄清内部结构对外部的影响，在此基础上分析物体的外部形体特征（见图3-2-13）。

（2）步骤二：画大关系（外形和明暗交界线，见图3-2-14）。

① 对球体进行全面的观察，做到动笔之前心中有数。

图 3-2-9 组合几何形体素描1
作者：叶子莜

图 3-2-10 组合几何形体素描2
作者：叶子莜

图 3-2-11 组合几何形体素描3
作者：叶子莜

图 3-2-12 球体

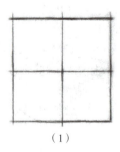
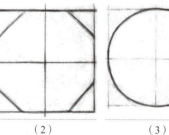
（1）　（2）　（3）
图 3-2-13 步骤一
作者：叶子莜

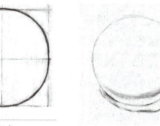
图 3-2-14 步骤二
作者：叶子莜

② 确定好构图后，按比例确定物体的位置。同时，注意画面的整体关系，保持均衡稳定又富有变化的效果。

（3）步骤三：形体塑造（黑白灰和阴影关系）。

① 在大的体面关系统一的基础上，加强对球体的认识。根据球体结构分析的结果，对球体进行体块的塑造，使球体具有较强的体积感（见图3-2-15）。

② 虚化调子，用纸笔或纸巾把浮在纸张上面的调子糅进去，注意物体的结构，稍微强调一下（见图3-2-16）。

（4）步骤四：刻画整理（深入完成）。

① 这一阶段的描绘，既要对球体进行深入细致的刻画，同时又要兼顾画面的整体关系（见图3-2-17）。

② 深入调子，进一步刻画球体的素描关系及色调，用小纸笔边画边蹭，明确具体色调等（见图3-2-18）。

图3-2-15 步骤三① 　　图3-2-16 步骤三② 　　图3-2-17 步骤四① 　　图3-2-18 步骤四②
作者：叶子莜　　　　　作者：叶子莜　　　　　作者：叶子莜　　　　　作者：叶子莜

实例二：石膏体的组合素描画法

（1）步骤一：起稿。

① 动笔之前要进行形体结构分析。描绘物体的外在形象，首先要了解物体的内部构造，弄清内部结构对外部的影响，在此基础上分析物体的外部形体特征。

② 了解了画面物体的形体构造后，就要考虑画面的构图。构图是静物写生中重要的一步，它决定作品的成败，初学者要特别注意（见图3-2-19）。

（2）步骤二：画大关系。

① 对被描绘对象进行全面的观察，做到动笔之前心中有数。起稿要从大处着眼，安排好画面构图，使画面主次关系明确，并注意黑、白、灰的布置，形成既有对比又有统一的整体。

② 确定好构图后，按比例确定物体的位置。同时，注意画面的整体关系，保持均衡稳定又富于变化的效果。大的位置确定后，根据物体的形体结构关系，画出每个物体的形象特征，并划分出大的体面关系（见图3-2-20）。

（3）步骤三：形体塑造。

① 在大的体面关系统一的基础上，加强对每个物体的认识。根据形体结构分析的结果，对物体进行体块的塑造，使每个物体都具有较强的体积感，着重表现大的形体关系。

② 虚化调子，用纸笔或纸巾把浮在纸张上面的调子糅进去，注意物体的结构，稍微强调一下（如图3-2-21）。

（4）步骤四：刻画整理。

① 这一阶段的描绘，既要对物体进行深入细致地刻画，同时又要兼顾画面的整体关系。

② 要把握整体，不要平均对待画面中的所有物体，要从整体出发去刻画局部物体，使其在整体中发挥各自的作用，把对整体有加强作用的局部保留或进一步强调，把对整体有破坏作用的局部进行大胆减弱甚至完全舍弃，使局部为整体服务。

③ 深入调子，进一步区别物体的素描关系及色调，用小纸笔边画边蹭，明确具体色调（见图3-2-22）。

石膏体的组合素描画法

图3-2-19 步骤一　　　图3-2-20 步骤二　　　图3-2-21 步骤三　　　图3-2-22 步骤四
作者：陈栩晴　　　　　作者：陈栩晴　　　　　作者：陈栩晴　　　　　作者：陈栩晴

请你根据本次课情况填写作品评价表和课中评价表（见表 3-2-3 和表 3-2-4）。

表 3-2-3　作品评价表

评价内容	自评（分）	小组评（分）	教师评（分）	备注
主题突出（30 分）				
构图和谐（10 分）				
造型准确（10 分）				
层次感强（10 分）				
空间感强（20 分）				
立体感强（10 分）				
整体效果（10 分）				
总　　分				
备　　注				

表 3-2-4　课中评价表

评价项目	评价要点	自我评价 A 优秀（85—100 分） B 良好（75—84 分） C 合格（60—74 分）	小组评价 A 优秀（85—100 分） B 良好（75—84 分） C 合格（60—74 分）	教师评价 A 优秀（85—100 分） B 良好（75—84 分） C 合格（60—74 分）
职业素养（10 分）	认真、主动完成任务，有克服困难的勇气和毅力			
	在活动中勤于动手、善于思考、勇于实践			
知识技能（40 分）	在活动中掌握完成项目任务的基本方法和技巧			
	获得较多体验和感受，获得更多解决问题方法和实践知识			
能力（20 分）	有分析整理信息数据和独立思考的能力			
	有动手实践和团结协作的能力，能清晰地表达个人观点			
情感（20 分）	具有团队精神，善于沟通合作			
	乐于分享活动中的创意和作品			
综合（10 分）	分组评比，评比过程中论据充分，有自己的观点			
组长评价	由组长完成			
小结				

环节三　课　后

一、课后反思

学习完本课后，请你反思学习的效果，列出不足之处，并思考改进的办法。

学习效果	不　足	改进办法

二、课后拓展

请完成正方体、圆柱体、圆锥体的结构素描作品并组合。可扫码观看视频并参考。

圆柱画法

三、思考与实践

你认为教师应如何提升学生画素描的兴趣，并让学生喜欢上素描呢？

圆锥画法

图 3-2-23　石膏体实物展示图

任务小结

请根据本次任务完成的情况，结合岗位需求进行拓展总结。

☆ 请运用书后评价表进行任务评价。

静物的画法

静物单体画法——苹果

静物组合画法

美工基础　049

任务三　创意素描

任务发布

儿童创意画不会限制孩子的思维，相反，可以让孩子充分表达自我内心所想，锻炼他们的创造能力。儿童绘画的最大价值在于创造而非技巧，创意素描的学习会使儿童绘画变得有童趣和艺术意味。作为保教人员，在自身掌握绘画创作技巧的基础上要学会引导孩子进行创意绘画。

请根据一种水果的外部特征创作一幅创意素描画，并根据本任务学习内容进行自主规划并填写学习计划表（见表 3-3-1）。

表 3-3-1　学生学习计划表

任务四		创意素描
课前预习	预习时间	
	预习结果	1. 难易程度 ◎偏易（即读即懂）　◎适中（需要思考）　◎偏难（需查资料）　◎难（不明白） 2. 问题总结
课后复习	复习时间	
	复习结果	1. 掌握程度 ◎了解　　◎熟悉　　◎掌握　　◎精通 2. 疑点难点归纳

任务实施

环节一　课前

一、预习

了解创意素描的意义和特点。收集创意素描的图片资料，欣赏优秀的创意素描作品。思考：创意素描与传统素描有哪些区别？

请完成课前评价表（见表 3-3-2）。

二、材料准备

教师准备：（1）多媒体课件、优秀创意素描的图片及资料。（2）绘画工具。
学生准备：画板、素描纸、各种型号绘画铅笔、绘画橡皮、擦笔等。

表 3-3-2　课前评价表

内　容	分　值	小组评价	教师评价	备　注
信息收集	10			
材料准备	10			
知识掌握	60			
自主合作	15			
职业素养	5			

环节二 课 中

一、案例导入

五岁的昊昊和睿睿在幼儿园的美术活动区拿了一些画笔和纸,坐下来开始画画,昊昊在白纸上画了一个苹果,接着又在苹果上画了一辆小汽车和小床,他一边画一边解释:"这是我的家,我住在苹果屋里,嘻嘻!"睿睿听到了,赶紧凑过来,又给昊昊的苹果屋添加了一对翅膀,"哇!你的苹果屋可以飞啦!"昊昊和睿睿将自己的想法用绘画的方式表现出来。幼儿园时期是人的智力快速发展的时期,想象力是发展幼儿智力的重要途径,通过绘画的表现形式可以帮助幼儿发展独特的创意和想象力。

知识拓展

创意设计素描

二、新知讲解

(一)什么是创意素描

1. 概念

创意素描不以写实再现为最终目的,它是对写生物象的再创作。创意素描的表现形式来自自然物形态的启示,将自然形态进行了提炼、重组,它可以打破物象的透视、色调及结构的限制。创意素描突出发散性思维意识,强调想象力和主观设计性。利用素描手段表现超越简单表现物的审美意识,可将装饰图案、具体物象、观影效果等因素叠加处理,形成一种新的表现样式。通过理性思维和创意想象,将常态物象转化成一种非常态,从而实现作者的创意表象。创意素描不仅要求作画者具有逆向思维、发散思维,而且还要求有很强的逻辑思维能力和空间思维能力,虽然创意素描有较大的随意性,但它仍然是来源于生活而高于生活的个人独特的创意感受。总之,创意素描是一种具有独特性、复杂思维性的思维活动。

2. 创意素描与传统素描的区别

前者探询主观性,而后者是重塑客观;前者探索"未知",后者是再现"所见";前者是通过对形体的变异、并置、错位、重叠、嫁接等方式以获得虚拟境界,也就是艺术境界,后者是对形体的比例、透视、体积、空间、光线等进行塑造。创意素描体现了现代绘画的表现形式和多元发展,可以充分调动作画者的想象力和创造力。

3. 创意素描的分类

创意素描分为很多类。最常见的分为三类,分别是:装饰设计素描、抽象设计素描和意向设计素描。

(二)创意素描的表现方法

1. 夸张

夸张是指为了突出和强调自然物象的本质特征,而对物象造型的某一部分进行夸张处理,使物象的个性特征更加鲜明,画面的重点更为突出。在对物象的夸张表现中,要把握物象的本质特征,夸张不是抽象,是强调、突出物象的形象特征,在夸张表现中要注意合理性,使物象造型特征更生动、画面的视觉效果更强烈(见图3-3-1)。

2. 联想

联想是将两个形状、功能、肌理等因素相仿或相似的形象构筑在一起,来表达某种设计意图或方案。这种不同形象的组合叫联想素描(见图3-3-2)。

图3-3-1 夸张表现手法

图3-3-2 联想表现手法

3. 重构

重构是把分解后的形体和形状,重新进行组合,形成一种新的形式或结构(见图3-3-3)。

4. 矛盾空间

矛盾空间又称"不合理空间"。矛盾空间在客观现实世界是不存在的，只是在构成形式中出现，空间利用多视点、多视角的原理，构成创意中的理想图形。矛盾空间的构成方式突出了几何体空间矛盾交叉、怪诞的想象空间，图形构成形态多变，内涵丰富，既矛盾又合理，能产生特殊的视觉效果（见图3-3-4）。

图3-3-3　重构表现手法　　　　　　　　　　　　　　　　图3-3-4　矛盾空间

5. 抽象

抽象设计素描源于抽象艺术的出现，它与具象素描相悖，为非客观性、描绘性素描，是从自然形象中抽离出来，符合人们心理感受、有规律的抽象图像。抽象设计作为现代主义艺术思潮中一种重要的艺术形态，正是以写实传统艺术精神为对立的表现形式。现代设计艺术发展到今天，视觉传达与表现已形成了多元化的局面，抽象设计的运用成为视觉设计不可缺少的重要创意手段，运用较为广泛，在视觉传达表现中起着重要的作用（见图3-3-5）。

图3-3-5　抽象表现手法

三、任务实践

任务内容：根据一种水果的外部特征创作一幅创意素描画。

任务要求：（1）抓住水果的基本特征进行创意想象。（2）构图和谐。（3）画面层次感强，保持画面的协调统一。

任务完成时间：2课时。

优秀作品参考：见图3-3-6参考作品组图和学生优秀作品展示（见图3-3-7）。

请你根据本次课情况填写作品评价表和课中评价表（见表3-3-3和表3-3-4）。

图3-3-6　参考作品组图

图 3-3-7　学生作品组图

表 3-3-3　作品评价表

评价内容	自评（分）	小组评（分）	教师评（分）	备注
主题突出（30分）				
构图和谐（10分）				
造型准确（10分）				
色彩和谐（10分）				
制作精细（20分）				
创意新颖（10分）				
整体效果（10分）				
总　　分				
备　　注				

表 3-3-4　课中评价表

评价项目	评价要点	自我评价 A 优秀（85—100分） B 良好（75—84分） C 合格（60—74分）	小组评价 A 优秀（85—100分） B 良好（75—84分） C 合格（60—74分）	教师评价 A 优秀（85—100分） B 良好（75—84分） C 合格（60—74分）
职业素养 （10分）	认真、主动完成任务，有克服困难的勇气和毅力			
	在活动中勤于动手、善于思考、勇于实践			
知识技能 （40分）	在活动中掌握完成项目任务的基本方法和技巧			
	获得较多体验和感受，获得更多解决问题方法和实践知识			
能力 （20分）	有分析整理信息数据和独立思考的能力			
	有动手实践和团结协作的能力，能清晰地表达个人观点			
情感 （20分）	具有团队精神，善于沟通合作			
	乐于分享活动中的创意和作品			
综合 （10分）	分组评比，评比过程中论据充分，有自己的观点			
组长评价	由组长完成			
小结				

环节三　课后

一、课后反思

学习完本课后，请你反思学习的效果，列出不足之处，并思考改进的办法。

学习效果	不足	改进办法

二、课后拓展

请调研并研究创意素描设计在幼儿园环境创设中的运用。

三、思考与实践

（1）创意素描与传统素描的区别有哪些？请举例说明。
（2）怎样指导幼儿的创意素描的美术活动？
（3）请为幼儿园的主题墙设计一幅装饰设计的素描作品。

任务小结

请根据本次任务完成的情况,结合岗位需求进行拓展总结。

☆ 请运用书后评价表进行任务评价。

模块小结

素描是绘画艺术中研究造型基础的学科,具有理性、客观的特点,同时涉及透视理论、构图、比例、空间等基础规律。因此,学习素描要抱有尊重科学的态度,通过理论学习与实践探索相结合才能掌握,学习者应在反复练习中增长技能,逐步提高眼、脑、手的协调性,提高造型的表现力。

模块四　线描画

本模块课件

📖 模块导读

　　幼儿线描画是以线条为主要表现手段，用线条去描绘物体进行绘画创作的一种艺术，有很强的装饰性及独特的视觉效果。与中国画中的白描一样，以线为最基本的表现手法，是儿童最基本、最容易掌握的一种绘画形式。本模块根据幼儿保育岗位的需求引入任务，从线描画的基本知识、工具材料及其表现手法帮助学生掌握线描技巧，引导学生根据幼儿从涂鸦期到图示期的身心特点开展相关的线描绘画教学和环境创设。

🔍 思政要求

　　在线描教学中导入我国传统国画的白描，增强文化自信。在任务完成中融入职业精神和精益求精的工匠精神。以小组探究学习培养学生解决问题的能力，增强团队协作意识。

📄 岗位能力

　　通过对本模块内容的学习，培养学生良好的线描绘画能力及创作能力，具备根据幼儿园需求进行环境创设的能力及根据幼儿身心特点辅助幼儿教师开展相关的线描绘画教学的能力。

📍 模块目标

1. 知识目标：掌握点线面的关系，熟练掌握线描画的创作方法。
2. 技能目标：能够通过点线面来创作装饰图案及创作的能力。
3. 素养目标：学会通过线描语言表达自己对事物的看法，提高审美能力。

任务一　线描的基本知识

任务发布

　　美术，是一种追求美的形式，幼儿美术教室是给小朋友进行美术活动的场所，需要营造一种艺术的氛围让幼儿更快进入美术活动的状态，同时培养幼儿的审美能力，潜移默化中提高幼儿对美的感知。幼儿园即将开学，请你用线描的表现手法，以树叶为基本形状，用线描中的点、线、面描绘出叶脉，完成一幅主题画

《美丽的树叶》。

请根据本任务学习内容进行自主规划并填写学习计划表（见表 4-1-1）。

表 4-1-1　学生学习计划表

任务一		线描的基本知识
课前预习	预习时间	
	预习结果	1. 难易程度 ◎偏易（即读即懂）　◎适中（需要思考）　◎偏难（需查资料）　◎难（不明白） 2. 问题总结
课后复习	复习时间	
	复习结果	1. 掌握程度 ◎了解　　◎熟悉　　◎掌握　　◎精通 2. 疑点难点归纳

任务实施

环节一　课前

一、预习

了解线描的基本要素，收集关于点线面的线描照片。思考以下问题：线描画的概念？线描画的特点是什么？学习线描画需要熟练掌握什么技能？

请完成课前评价表（见表 4-1-2）。

二、材料准备

教师准备：（1）多媒体课件、静物作品图鉴。（2）绘图、授课工具。

学生准备：（1）铅笔、勾线笔、速写纸。（2）收集点线面图例、白描作品和线描作品。

表 4-1-2　课前评价表

内　　容	分　　值	小组评价	教师评价	备　　注
信息收集	10			
材料准备	10			
知识掌握	60			
自主合作	15			
职业素养	5			

环节二　课中

一、案例导入

秋天到了，树叶纷纷变黄、飘落下来，成了小朋友们进行美术手工创作活动中既环保又方便收集的材料。今天，小班的小美老师带着小朋友们去花园采集了一些形状各异、比较大的树叶，准备进行美化树叶的美术活动。对于小班的小朋友来说，小手指的肌肉还不发达，控制笔的力量还不够强，最适合进行简单的点、线、面的图案创作，再加上小朋友手部的动作还不够精细，因此小美老师要求小朋友选择面积较大的叶子，让创作的面积更大。你觉得应该用什么方式来给树叶进行装饰呢？

二、新知讲解

（一）线描画的概念

线描画，源于中国画的白描，是指用单色线对物体进行勾勒，并对其进行装饰性的图案加工，即用线条作画，是一种使用线条说话的艺术。

线条是一种全世界通用的神奇的密码。从人类的早期壁画到欧洲的艺术，线条作为绘画语言起着重要的作用。中国古代的绘画和书法，更是与线条息息相关，展示着中华民族博大的文化底蕴，在中国传统绘画中，线描是具有独立艺术价值的画种（白描），是训练造型基本功的重要途径，线描除了勾画静态的轮廓，也可以表现动态的韵律。

线描画最大的优点就是使用最简单的工具就能画出具有表现力的画面，准备工作和材料相对简单，几乎是随手就能画，非常符合幼儿的发展特点，也是最适合幼儿园进行的美术活动之一。线描画没有既定的形式，可以让小朋友充分发挥想象力和创造力。

（二）儿童线描画的特征

第一，儿童线描画注重儿童的主观想象与感受，让儿童用夸张、联想的方法观察、分析，可以画出童趣、灵性和想象力，同时，儿童线描画巧妙运用黑、白、灰及线条的变化，让画面更富有节奏感。

第二，儿童的线描画以线为主。儿童最初的涂鸦也是从单一的线条开始的，通过线的运用，再到对基本形的了解，继而产生对物象的理解。儿童用朴实真挚的情感线条描绘他们眼中的真实，其大胆与自信的线条，塑造出充满童趣的图画，常令成年人惊叹不已。许多艺术家也是持特有的方式，去追求儿童画中的这份真挚，寻求儿童用线的灵动性，甚至在其中学习线条画的意义悟出"用儿童的眼睛看世界"的真谛，由此可见线条的魅力所在。

（三）学习线描画需要的工具

工具包括纸张和画笔。纸张：卡纸、素描纸、复印纸等。画笔：勾线笔、毛笔、钢笔、水彩画笔、马克笔、粗细记号笔等。

（四）线描画的基本要素

一切物体无论动物、植物或人工造物等这些具体的形态都有其外轮廓，所有轮廓都是由点、线、面交织而成，要表现它就要研究它的特征。点、线、面是平面艺术造型中的三种基本形态，这三种形态各有不同的视觉效果和艺术表现力。

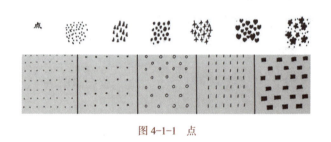

图 4-1-1　点

1. 点的概念

就几何学的意义而言，点是可见的最小单元形式，无所谓方向、大小和形状。点是相对而言的，可以无限大，也可以无限小；点可以是一个圆形，也可以是一个多边形；一个人可以看作是一个点，一堆人也可以看作是一个点；点可以是一粒沙子，也可以是一个地球。所以点没有大小、方向和形状的限制，是一个相对的概念。点是所有图形的基础，绘画中的点由于大小、形态、位置不同，会产生不同的视觉效果，如各种形状的点、各种位置的点、集中与分散的点（见图 4-1-1）。

2. 线的概念

线是由无数个点连接而成的，也可以理解为点移动的轨迹形成了线，线条不仅可以勾勒出物体的轮廓，描绘明暗的质感，还可以表现出不同的风格，传达作者微妙的情感。在艺术作品中，有的线短促激烈，有的线柔美舒展，有的线粗犷有力，有的线沉静迟缓，不同的工具画出的线也给人以不同的美感。儿童绘画的开始（即涂鸦期）也是从线条开始的。可见，儿童美术教学中线条的运用尤为重要。

线条的种类有横线、竖线、弧线、波浪线、螺旋线等，也有直、曲、弧、折、不规则的线条（见图 4-1-2）。

3. 面的概念

在造型艺术中，点、线、面是相对的，面是相对比点大、比线宽的形状，是线的连续移动至终结而形成的。面有长度、宽度，没有厚度，直线平行移动呈长方形；直线旋转移动呈圆形，自由直线移动构成有机形；直线和弧线结合运动形成不规则的形。

面与面的关系有以下三种：① 直线形的面：有安定、秩序感；② 曲线形的面：柔软、轻松、饱满。

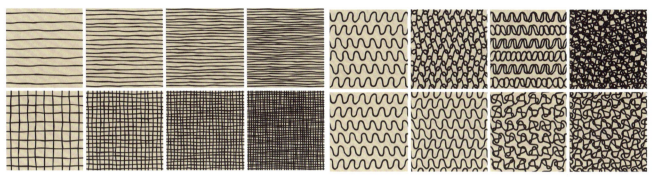

图 4-1-2 线

③ 不规则的面：比较自然生动，有人情味。

4. 点线面练习

练习时请注意以下五点：

（1）在练习过程中，注意行笔要沉稳，一笔中途不要犹豫、不要停留，画出来的线条才会更加流畅。

（2）练习的时候可以在不同基本形中进行线条排列练习，也可以在具体小画面中进行线条排列练习、通过比赛活动进行线条排列练习等，可以调动积极性。

图 4-1-3 点线面的练习示范 1

（3）注意线条的排列，用力要稳，线条之间距离相等，线条在画的时候要流畅，笔用力均匀，一气呵成，线与线要连接好，中间不能断线，线头连接的部分不能有空白。

画线条的时候要注意大与小、多与少、长线与短线、曲线与直线、重叠与遮挡的关系，还要用添加、留白、分割的方法来处理画面。

（4）点线面结合时要注意疏密表现。

（5）学生可以进行小幅练习。花草、树木、建筑是线描画基本构成，常用于线描画的背景；各种昆虫和常见的动物是线描画经常选用的题材；人物是线描画的主题。

点线面的练习示范可见图 4-1-3 和图 4-1-4。

图 4-1-4 点线面的练习示范 2

三、任务实践

任务内容：运用图 4-1-3、图 4-1-4 的表现方法创作线描画《美丽的树叶》，在树叶的基本形里创作美丽的叶脉。

任务要求：（1）点、线、面组合和谐。（2）线条表现流畅。（3）注意点线面之间的联系与变化。（4）抓住日常生活中的印象，抓住物体的外形特征，适当进行夸张、变形。

完成时间：2 课时。

优秀作品参考：可参考图 4-1-5 和图 4-1-6。

图 4-1-5 参考作品 1　　　　　　　　　　　图 4-1-6 参考作品 2

请你根据本次课情况填写作品评价表和课中评价表（见表 4-1-3 和表 4-1-4）。

表 4-1-3　作品评价表

评价内容	自评（分）	小组评（分）	教师评（分）	备　注
构图和谐（20分）				
制作精细（40分）				
创意新颖（20分）				
整体效果（20分）				
总　　分				
备　　注				

表 4-1-4　课中评价表

评价项目	评价要点	自我评价 A 优秀（85—100分） B 良好（75—84分） C 合格（60—74分）	小组评价 A 优秀（85—100分） B 良好（75—84分） C 合格（60—74分）	教师评价 A 优秀（85—100分） B 良好（75—84分） C 合格（60—74分）
职业素养（10分）	认真、主动完成任务，有克服困难的勇气和毅力			
	在活动中勤于动手、善于思考、勇于实践			
知识技能（40分）	在活动中掌握完成项目任务的基本方法和技巧			
	获得较多体验和感受，获得更多解决问题方法和实践知识			
能力（20分）	有分析整理信息数据和独立思考的能力			
	有动手实践和团结协作的能力，能清晰地表达个人观点			
情感（20分）	具有团队精神，善于沟通合作			
	乐于分享活动中的创意和作品			
综合（10分）	分组评比，评比过程中论据充分，有自己的观点			
组长评价	由组长完成			
小结				

环节三　课　后

一、课后反思

学习完本课后，请你反思学习的效果，列出不足之处，并思考改进的办法。

学习效果	不　足	改进办法

二、课后拓展

请思考线描画在幼儿园环境创设中的运用，也可到幼儿园进行实践调研。

三、思考与实践

请思考点线面的分布在线描画中的影响，尝试调整它们的分布规律，看看整体效果有什么变化。请根据幼儿年龄制订线描画的教学设计。

请根据本次任务完成的情况，结合岗位需求进行总结：

☆ 请运用书后评价表进行任务评价。

任务二　线描图案创作

任务发布

在线描学习中，我们常常会说到点、线、面，说到疏密、黑、白，说到夸张、变形、装饰、填充等，而实际上当我们不再局限于这些理性的、理论经验的束缚，我们完全可以把线描当作一种线条的游戏语言，我们和线条在做游戏，与线条对话，用线条表达我们的心情和意境。

请你用线描的表现手法，以花卉、植物为表现题材，装饰、美化美术室的白墙，创作线描作品《绚丽的春天》，迎接新学期的到来，并根据本任务学习内容进行自主规划并填写学习计划表（见表4-2-1）。

表4-2-1　学生学习计划表

任务二		线描图案创作
课前预习	预习时间	
	预习结果	1. 难易程度 ◎偏易（即读即懂）　◎适中（需要思考）　◎偏难（需查资料）　◎难（不明白） 2. 问题总结
课后复习	复习时间	
	复习结果	1. 掌握程度 ◎了解　◎熟悉　◎掌握　◎精通 2. 疑点难点归纳

任务实施

环节一　课　前

一、预习

掌握线描画的基本知识，了解线描画的画法。多练习点、线、面的组合方式，可逐渐从临摹发展到根据自己的喜好自由创作，尝试在没有临摹的情况下，画出尽可能多的图案。

请完成课前评价表（见表4-2-2）。

二、材料准备

教师准备：（1）多媒体课件、线描图片作品。（2）绘图、授课工具。
学生准备：（1）铅笔、勾线笔、空白纸碟。（2）收集对称图案优秀作品图片。

表4-2-2　课前评价表

内　容	分　值	小组评价	教师评价	备　注
信息收集	10			
材料准备	10			
知识掌握	60			
自主合作	15			
职业素养	5			

环节二　课　中

一、案例导入

中职二年级下学期，小佳同学又来到幼儿园实习，这次的实习任务是跟着幼儿园美术老师黄老师跟进学校的环创、宣传等工作。幼儿园新装修了一间美术课室，黄老师和小佳的任务是要尽快将这个空课室升级为符合幼儿喜好的美术课室，黄老师分配给小佳一小面墙作为"热身"，让她发挥自己的才华将这面墙变身为融艺术与趣味为一体的文化墙，小佳想到一个既能作为装饰又能给小朋友参与动手的活动——装饰空白纸碟子，再利用纸碟按照一定的规律装扮白墙。你觉得可以用什么形式的图案装饰纸碟子呢？

二、新知讲解

（一）线描图案的种类

1. 写实类

写实类线描以写实的手法，表现绘画对象的真实形体，没有太多多余的装饰，所见即所画（见图4-2-1）。

2. 简笔类

简笔类线描画是线描作品中最简单的表现形式，通过选取事物形象中最典型、最突出的特点，以简洁概括性的线条来表现物体，画面表现具有可识别性和示意性（见图4-2-2）。

图4-2-1　写生类线描画

图4-2-2　儿童创作类线描画

3. 抽象类

抽象类线描是通过线条来表达一种抽象的想法或概念，而不是实际的物体（见图4-2-3）。

（二）图案的排列方式

1. 重复排列

重复排列是指同一个基本形按照一定的排列规律，可改变大小、方向，增加数量排列在画面空间中，形成一种规整的视觉效果，但不会表现过于单一，既可表现严肃，也可以表现活泼、有趣（见图4-2-4）。

2. 渐变排列

渐变排列是指运用同一基本形，通过对其大小的渐变作为排列的规律，通常可表现出有空间感、序列感的视觉效果（见图4-2-5）。

图4-2-3　几何、平面构成类线描画　　　　图4-2-4　重复排列　　　　图4-2-5　渐变排列

3. 对称排列

对称排列是指基本形以对称轴为中心，复制到对称轴的另外一边，通常有左右对称、中心对称、上下对称、对角线对称等方式，古代经常出现在纺织物、陶瓷等物品的装饰图案，通常表现华丽、绚丽的视觉效果（见图4-2-6）。

4. 不规则排列

不规则排列是指没有固定的基本形，按照作者的喜好进行主题的创作，有时候可以有规律，也可以是没有规律的排列方式，通常由几组内容形式近似但又有对比变化的单元纹样构成（见图4-2-7）。

（三）利用对称图形装饰纸碟

对称图形的绘画步骤（见图4-2-8）：

步骤一　取正方形画纸或画框。
步骤二　画上辅助线。
步骤三　每条辅助线上同样位置画出同样基本形。

图4-2-6　对称排列　　　　　　　　　　　　图4-2-7　不规则排列

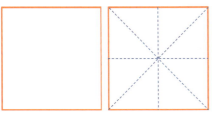 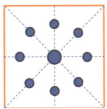 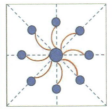 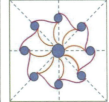 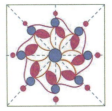

图4-2-8　对称图形绘画步骤

美工基础

步骤四 给线与线之间的密闭空间填充黑色（或其他颜色），让画面有点、线、面的结合，填充的位置要有规律、有节奏，太多或太少都不好看。

三、任务实践

任务内容：运用对称图形的装饰方法创作线描画《绚丽的春天》，装饰、美化美术室的白墙。

（1）构思、绘制草图和确定方案（见图4-2-9）。

（2）创作、完成（见图4-2-10）。

图 4-2-9 构思、绘制草图　　　　　　图 4-2-10 创作、完成

任务要求：（1）点、线、面结合注意节奏感，任何一种元素过多都会影响画面的美观度。（2）手绘线条要流畅、精致，尽量一笔成形。（3）对称图案需要画好辅助线，一旦辅助线不够精准，图案就会不成规律。

完成时间：2课时。

优秀作品参考：见图4-2-11和图4-2-12。

微课：线描画

图 4-2-11 学生优秀作品组图1

图 4-2-12 学生优秀作品组图2

请你根据本次课情况填写作品评价表和课中评价表（见表4-2-3和表4-2-4）。

表 4-2-3 作品评价表

评价内容	自评（分）	小组评（分）	教师评（分）	备 注
构图和谐（20分）				
制作精细（40分）				
创意新颖（20分）				
整体效果（20分）				
总　　分				
备　　注				

表 4-2-4 课中评价表

评价项目	评价要点	自我评价 A 优秀（85—100分） B 良好（75—84分） C 合格（60—74分）	小组评价 A 优秀（85—100分） B 良好（75—84分） C 合格（60—74分）	教师评价 A 优秀（85—100分） B 良好（75—84分） C 合格（60—74分）
职业素养 （10分）	认真、主动完成任务，有克服困难的勇气和毅力			
	在活动中勤于动手、善于思考、勇于实践			
知识技能 （40分）	在活动中掌握完成项目任务的基本方法和技巧			
	获得较多体验和感受，获得更多解决问题方法和实践知识			
能力 （20分）	有分析整理信息数据和独立思考的能力			
	有动手实践和团结协作的能力，能清晰地表达个人观点			
情感 （20分）	具有团队精神，善于沟通合作			
	乐于分享活动中的创意和作品			
综合 （10分）	分组评比，评比过程中论据充分，有自己的观点			
组长评价	由组长完成			
小结				

环节三 课后

一、课后反思

学习完本课后，请你反思学习的效果，列出不足之处，并思考改进的办法。

学习效果	不足	改进办法

二、课后拓展

请运用对称图形装饰空白雨伞，布置幼儿园的天花板。

三、思考与实践

请思考：如何让点、线、面的布局更有节奏感、更美观？用纸碟装饰墙面时还需要哪些技巧才能更美观？

任务小结

请根据本次任务完成的情况，结合岗位需求进行总结：

☆ 请运用书后评价表进行任务评价。

任务三　线描主题装饰画

任务发布

线描主题装饰画使用的工具简单，主题内容可以就地取材，能让幼儿自由发挥想象，不受工具、地点的限制，随时都可以开展。请你用线描画的形式为幼儿园创作主题为"夏至"的装饰画，并根据本任务学习内容进行自主规划并填写学习计划表（见表4-3-1）。

表4-3-1　学生学习计划表

任务三		线描主题装饰画
课前预习	预习时间	
	预习结果	1. 难易程度 ◎偏易（即读即懂）　◎适中（需要思考）　◎偏难（需查资料）　◎难（不明白） 2. 问题总结
课后复习	复习时间	
	复习结果	1. 掌握程度 ◎了解　　◎熟悉　　◎掌握　　◎精通 2. 疑点难点归纳

任务实施

环节一　课　前

一、预习

认识线描形式的装饰画，并思考：装饰画题材通常有哪些？线描形式的装饰画应如何展示？线描装饰画需要哪些技能储备？

请完成课前评价表（见表4-3-2）。

二、材料准备

教师准备：（1）多媒体课件、静物图鉴。（2）绘图、授课工具。

学生准备：（1）勾线笔、毛笔、钢笔、水彩画笔、马克笔、记号笔、速写纸。（2）收集绘画主题，构思画面。

表 4-3-2 课前评价表

内　　容	分　　值	小组评价	教师评价	备　　注
信息收集	10			
材料准备	10			
知识掌握	60			
自主合作	15			
职业素养	5			

环节二　课　中

一、案例导入

小佳老师和小朋友们在院子里散步，小朋友们看见了池塘里的小蝌蚪，就缠着老师给他们讲《小蝌蚪找妈妈》的故事，小佳绘声绘色地开始讲故事了。当她讲到小蝌蚪找到青蛙妈妈的时候，小朋友都开心地笑了，他们叽叽喳喳地请求小佳老师给他们画一下青蛙和蝌蚪的样子，于是小佳老师掏出了随身携带的小笔记本和钢笔，不一会儿就把青蛙和蝌蚪画了出来（见图4-3-1），小朋友们看到了都用崇拜的目光看着小佳老师。回到了幼儿园，再次开展美术活动的时候，小佳老师深深感受到线描主题装饰画的好处，平时可以经常带领小朋友开展线描主题画创作。你觉得可以如何将线描画创作融入幼儿园教学活动中呢？

二、新知讲解

（一）线描主题装饰画的特点

首先，线描主题装饰画装饰性强，以夸张、变形的线描手法给人以艺术美感。其次，线描主题装饰画具有一定的写实性和较强的装饰性、象征性、概括性、主观性。有别于普通的写实画，不拘泥于光影和真实的表达（见图4-3-2和图4-3-3）。

图 4-3-1 小蝌蚪找妈妈　　　　　　图 4-3-2 宇航员　　　　　　图 4-3-3 九尾狐

（二）线描主题装饰画的创作步骤

1. 设立主题

所谓主题，是一种来自生活和学习的经验，通过对身边事物的细致观察，获取更多创作上的灵感，而这些灵感就是绘画的主题。有时候这些主题可以是发生在自己身上的趣事，也可以是正在度过的节日，是读过的书、故事，或者是看过的风景，亲人、朋友、名人都可以是我们用来创作的灵感来源。所以，只要我们多留意身边的事与物，就能有源源不断的创作主题。

2. 通过主题设计故事、角色和场景

明确了主题后，我们可以构思画面上大致需要什么元素来表现这个主题。首先是角色，可以是人，也可以是动物；可以是写实一点的，也可以是夸张一点的。其次是背景，可以是场景，也可以是没有具体意义的装饰图案。

3. 构图

计划好画面的要素后，可以先在草稿纸上构图，将主要的部分通过各种构图的方式（如黄金分割、平行、斜角等）妥善摆放在画面中，然后再将其余空白的地方按需要摆放场景、装饰物等。草稿可以多画几张，用多种方式摆放构图元素，调整到自己觉得合适为止。最后可以将构图的草稿画到正稿的纸上，这时候的草稿就不能太潦草，需要精确地画好每一样元素。

4. 装饰

画好了构图的草稿后，就可以利用自己之前掌握的线描图案来对画面中的物体进行装饰，注意利用"点、线、面"合理分布，每一个密闭的图形空间内的装饰图案要有所不同，线条要有疏密的变化，线条的形态要根据主题的不同进行设计，如柔美的、硬朗的、成角的、整齐排列的、不规则分布的等。可以利用填涂的形式让线条之间的空间变成"面"，跟"线"产生区别，突出主要物体。

（三）线描主题装饰画常用的工具

工具主要包括纸张和画笔。纸张：卡纸、素描纸、复印纸等；画笔：勾线笔、毛笔、钢笔、水彩画笔、马克笔、粗细记号笔等，有时候可以结合水彩、水粉颜料。

（四）在幼儿园开展线描美术活动

在幼儿园开展线描主题装饰画活动前，必须先了解幼儿每个年龄段的绘画特点，不同年龄段幼儿绘画的特点不同。

1. 小班

幼儿最喜欢拿笔在纸上涂画，他们借助涂鸦与别人沟通。这种用线条乱画的行为正是幼儿初期"涂鸦"的显著特征，是每个孩子与生俱有的能力。这一探索性的"乱画"，为幼儿提供了感受肌肉运动快乐的机会，同时也能证明了他们自己的力量：自己是能够改变或创造出一些"奇迹"的。这是幼儿非常感兴趣的事。这种兴趣是幼儿热爱绘画的原动力之源，作为保教人员，一定要好好保护和培养。

2. 中班

中班时期的幼儿已有一定的美术表现技能和欲望，观察力、记忆力、想象力和创造力等正处于良好的发展期。在美术活动中他们愿意尝试探索更高级的表现形式，但他们在绘画中，用线仍显杂乱，大多只注意感觉突出的物体及其部位。面对这个年龄段的幼儿，保教人员需在日常教学中丰富幼儿的生活和视觉经验，保证幼儿拥有随手可使用的工具。线描画内容可以分门别类地练习，一花一景、一人一物都可以成为描绘的对象。各种建筑物、昆虫和常见的动物是线描画经常选用的题材，在此基础上再让幼儿加上自己的想象可以画出很多好的作品，可参考创作主题"春天来了""舞动的头发""大熊猫""我爱吃饭"等。

3. 大班

大班幼儿对线描画技巧已有一定的熟练程度，可进行组合构图练习，在练习线描画时可以适当地从临摹开始，先临摹再写生，后进行主题创作。临摹时，体会范例作品的情感表达方式，了解它的基本技法和造型特色；变化时，加入自己的意愿，或作"加法"，或作"减法"，使作品既保留原作的特点又有新的变化；写生时，要求幼儿深入细致地观察，并利用线的疏密变化组织画面；创作时，既要有自己的性格又不失儿童线描画的情趣。

4. 同一主题的不同表现

同一主题的内容在不同年龄段开展也有不同的表现形式，这在于保教人员如何去引导幼儿进行创作。如主题画《秋天的叶子》，小班幼儿只要能用简单的线条表现出叶子的主要特征就可以了；中班幼儿在叶子的形态和叶脉的处理上要更细致一些；大班幼儿更多的是要用线条表现出叶子的纹路和肌理，以及不同叶子的造型。

三、任务实践

任务内容：配合幼儿园主题教育活动，创作主题为"夏至"的装饰画。

任务要求：（1）主题突出；（2）构图和谐；（3）线条表现流畅；（4）色彩搭配和谐，符合幼儿心理特点。

完成时间：2课时。

优秀作品参考：见图4-3-4和图4-3-5。

请你根据本次课情况填写作品评价表和课中评价表（见表4-3-3和表4-3-4）。

图 4-3-4　参考作品　　　　　　　　　　　　　　　图 4-3-5　优秀学生作品《夏至》

表 4-3-3　作品评价表

评价内容	自评（分）	小组评（分）	教师评（分）	备注
构图和谐（20分）				
点线面运用得当（40分）				
创意新颖（20分）				
整体效果（20分）				
总　分				
备　注				

表 4-3-4　课中评价表

评价项目	评价要点	自我评价 A 优秀（85—100分） B 良好（75—84分） C 合格（60—74分）	小组评价 A 优秀（85—100分） B 良好（75—84分） C 合格（60—74分）	教师评价 A 优秀（85—100分） B 良好（75—84分） C 合格（60—74分）
职业素养（10分）	认真、主动完成任务，有克服困难的勇气和毅力			
	在活动中勤于动手、善于思考、勇于实践			
知识技能（40分）	在活动中掌握完成项目任务的基本方法和技巧			
	获得较多体验和感受，获得更多解决问题方法和实践知识			
能力（20分）	有分析整理信息数据和独立思考的能力			
	有动手实践和团结协作的能力，能清晰地表达个人观点			
情感（20分）	具有团队精神，善于沟通合作			
	乐于分享活动中的创意和作品			
综合（10分）	分组评比，评比过程中论据充分，有自己的观点			
组长评价	由组长完成			
小结				

环节三　课　后

一、课后反思

学习完本课后，请你反思学习的效果，列出不足之处，并思考改进的办法。

学习效果	不足	改进办法

二、课后拓展

请根据临近的节日进行线描主题装饰画的创作。

三、思考与实践

请思考：不同主题的装饰画对线描图案的要求有没有不同？线描主题的装饰画还可以用什么工具进行创作？请根据不同年级的幼儿设计出不同的创作主题，增强幼儿的兴趣。

任务小结

请根据本次任务完成的情况，结合岗位需求进行总结：

☆ 请运用书后评价表进行任务评价。

模块小结

　　线描是运用线的轻重、浓淡、粗细、虚实、长短等笔法表现物象的体积、形态、质感、量感、运动感的一种方法。一开始练习的时候可以多临摹，找一些自己喜欢的照片，对着照片画。画的时候要多观察，只有心里有形才能画得更流畅。可以将自己喜爱的物体，利用点线面的变化和组合对它们进行装饰，感受线条变化出的各种各样的组合，使简单的形变得复杂而好看。

模块五 简笔画

本模块课件

模块导读

简笔画教学是幼儿保育专业美术课程中一个重要的组成部分，通过简明扼要的笔画描绘日常事物，表现人物的情感和思想，提升人们的审美和趣味。简笔画教学可以有效激发幼儿兴趣，在符合幼儿认知的同时，培养其创新思维能力和想象力，在幼儿园各种活动中广泛应用，还适用于各领域的教师教学工作中。作为未来的幼儿教师需要熟练地掌握简笔画的绘画技能，对一般常见的形体能随手画出，图形生动逼真，才能产生良好的教学效果。本模块依据幼儿保育专业人才培养和专业课程设置方案，结合岗位能力需求，注重简笔画的技能学习和情感表达，以提高学生动手能力与审美能力。

思政要求

在模块教学中融入思政，立足学生专业诉求，从其学习规律和学习意愿出发，鼓励学生积极接受简笔画课程的自主学习，建立自主学习的使命感和责任心，提升学生的职业道德素养。通过小组探究学习，培养学生解决问题的能力，提高团队协作意识。在完成简笔画学习任务中提高学生的动手能力和创新能力，并培养学生的精益求精的工匠精神。

岗位能力

通过对本模块内容的学习，培养学生良好的简笔画表现技能及创作能力。具备根据幼儿园的岗位需求，辅助幼儿教师开展简笔画相关教学的能力。

模块目标

1. 知识目标：掌握日常事务、人物、动植物等简笔画的画法和技巧。
2. 技能目标：能够运用简笔画的技巧来进行创作和辅助教学。
3. 素养目标：通过完成任务，培养实践能力和创新能力，通过欣赏和创作提高审美能力，增强团队合作精神。

任务一 静物简笔画

听读、阅读绘本是幼儿非常喜欢的活动之一，认知类绘本是幼儿园活动中比较常用的绘本之一，保教人员制作认知绘本可以加深与幼儿的沟通，同时锻炼自己的手绘和手工能力。为了培养幼儿的阅读习惯，请你用简笔画为幼儿园小班的孩子绘制一本主题和物品认知有关的绘本。

请根据本任务学习内容进行自主规划并填写学习计划表（见表5-1-1）。

表 5-1-1　学生学习计划表

任务一		静物简笔画
课前预习	预习时间	
	预习结果	1. 难易程度 ◎偏易（即读即懂）　◎适中（需要思考）　◎偏难（需查资料）　◎难（不明白） 2. 问题总结
课后复习	复习时间	
	复习结果	1. 掌握程度 ◎了解　　◎熟悉　　◎掌握　　◎精通 2. 疑点难点归纳

任务实施

环节一　课　前

一、预习

了解静物简笔画的相关知识，收集常用物件的照片。思考：静物简笔画的特征是什么？怎样将具体的物件简化成简笔画？有哪些常见物件可以介绍给小朋友认识？

请完成课前评价表（见表5-1-2）。

二、材料准备

教师准备：（1）多媒体课件、静物图鉴。（2）绘图、授课工具。

学生准备：（1）铅笔、马克笔、勾线笔、A4马克笔纸、橡皮擦等绘图工具。（2）收集想要画的静物照片。

表 5-1-2　课前评价表

内　容	分　值	小组评价	教师评价	备　注
信息收集	10			
材料准备	10			
知识掌握	60			
自主合作	15			
职业素养	5			

环节二 课 中

一、案例导入

小美老师在某幼儿园小一班跟班实习,她发现小朋友们对墙壁上的绘画很感兴趣,而且他们正处于爱问问题的敏感期,于是无时无刻不在问老师:这是什么?那是什么?小美老师一边回答得不亦乐乎,一边思考着可以做点什么,既可以增进师幼的感情,同时也可以让小朋友们更方便、更简单地去认识身边的事物,于是她决定设计一套认知绘本,里面是由自己亲手画的简笔画,可以提供给小朋友认知并涂色。你认为她应该先从哪方面入手呢?

二、新知讲解

(一)简笔画的概念

简笔画,是指把复杂的形象简单化,是一种利用简单的点、线、画等符号来表现物象基本特性的,简约而直观、形象、鲜明、生动的绘画形式。它的突出特点是笔画简单、生动、活泼,着重形似,细节精练,实用易学。

(二)静物简笔画的特征

世界万物的形状是千姿百态的,要抓住物体特征并画出来,最好的方法就是用几何形体来概括他们的基本轮廓,要养成从大体着眼,把握对象的形体倾向,不要管复杂的细节,学会用几何图形去理解它,表现它。

人和某些动物(鸟、猫、虎、熊、猪、象等)的头部、球类、车轮、某些果子都可以用圆形来表达;鸟的身体、圆桌面、碟子、碗口、瓶口、蛋都可以用椭圆形来表达;房子、车厢、人的躯干、旗帜等,可以用正方形或长方形来表达;房顶、山、塔形树冠可画成三角形;普通房顶、道路、墙壁、裙子、桌面、板凳等可以用梯形画出;波浪、烟、云、树冠和卷曲的头发可以用弯曲、不规则的波浪形、螺旋形表达;草地的草叶可以用锯齿形来表达。有些复杂的物体还必须运用几种几何图形组合起来,如:一辆公共汽车,就是一个长方形加一个扁梯形组合的车厢,再画出若干正方形的车窗,最后加上两个表示车轮的圆形或同心圆组合成的。

(三)简笔画的造型方法

我们可以通过目识、心记、手写等方式,提取客观形象最典型、最突出的主要特点,以平面化、程式化的形式和简洁大方的笔法,表现出既有概括性又有可识性和示意性的简笔画。它的制作要求不在于机械地临摹、仿写,而在于概括、简洁的写意、传神。

简笔画可以根据以下步骤进行创作:

1. 选择角度,显示结构特点

通过观察对象,选择一个最能表现物体特征的角度进行描绘。常用观察的角度有:正视、俯视、侧视、周视等。例如画鸟类时,侧面的角度比正面的角度更能突出鸟的特征,因此可以选择侧视图来进行创作(见图 5-1-1)。

2. 抓住细节,突出个性特点

如果描绘的对象和现实中某种物体的外形十分相似,那么在画简笔画时需要细心观察,适当地提取、夸大,描绘对象最突出的、别的物体没有的特征,以跟别的物体进行区别。如动物中的驴子和马的区别(见图 5-1-2);人物中的儿童、大人和老人的区别等。

3. 运用骨线,把握动态特点

绘画动态物体的简笔画(如动物、人物)时,需要根据绘画对象的身体结构、动作动态、运动倾向等,先进行骨线的简单描画,再在骨线基础上进行细节的添加(见图 5-1-3)。

图 5-1-1 火烈鸟侧视图

图 5-1-2 驴和马

图 5-1-3 通过骨线画动态

（四）简笔画的画法

1. 线画法

使用简单的线条，勾勒出对象的外形特征和动态特征，并适当加以夸张，使形象更为生动，线画法是其他画法的基础。

2. 平面图形画法

平面图形画法是指用各种图形代表对象的各个部分，再加以组合。具有简练、夸张、形象生动的特点。

3. 线面结合的画法

在线画法的基础上，可以涂上各色块面，更加突出物体特征，使之富有装饰感。

（五）静物简笔画的作画步骤（以雪糕为例）

步骤一：在画面中间位置画出倒置的等腰三角形（图5-1-4）。
步骤二：在三角形上方画一个半圆形（图5-1-5）。
步骤三：画上圆形樱桃作为装饰，并在三角形内画上十字形纹路（图5-1-6）。
步骤四：上色，以漂亮的浅颜色作为底色填涂整个物体，再用近似色点缀（图5-1-7）。

图5-1-4 步骤一　　　图5-1-5 步骤二　　　图5-1-6 步骤三　　　图5-1-7 步骤四

三、任务实践

任务内容：自行分成8～10组，按照静物的分类绘制30～48幅静物简笔画。
任务要求：（1）造型简洁概括；（2）造型准确；（3）线条表现流畅。（4）每个页面绘制6～8幅简笔画。
完成时间：2课时。
优秀作品参考：见图5-1-8～图5-1-10。

图5-1-9 简笔画示例　茶壶

图5-1-8 静物简笔画参考　　　　　　　　　　图5-1-10 学生作品组图

请你根据本次课情况填写作品评价表和课中评价表（见表 5-1-3 和表 5-1-4）。

表 5-1-3 作品评价表

评价内容	自评（分）	小组评（分）	教师评（分）	备注
主题突出（30分）				
构图和谐（10分）				
造型准确（10分）				
色彩和谐（10分）				
制作精细（20分）				
创意新颖（10分）				
整体效果（10分）				
总　　分				
备　　注				

表 5-1-4 课中评价表

评价项目	评价要点	自我评价 A 优秀（85—100分） B 良好（75—84分） C 合格（60—74分）	小组评价 A 优秀（85—100分） B 良好（75—84分） C 合格（60—74分）	教师评价 A 优秀（85—100分） B 良好（75—84分） C 合格（60—74分）
职业素养 （10分）	认真、主动完成任务，有克服困难的勇气和毅力			
	在活动中勤于动手、善于思考、勇于实践			
知识技能 （40分）	在活动中掌握完成项目任务的基本方法和技巧			
	获得较多体验和感受，获得更多解决问题方法和实践知识			
能力 （20分）	有分析整理信息数据和独立思考的能力			
	有动手实践和团结协作的能力，能清晰地表达个人观点			
情感 （20分）	具有团队精神，善于沟通合作			
	乐于分享活动中的创意和作品			
综合 （10分）	分组评比，评比过程中论据充分，有自己的观点			
组长评价	由组长完成			
小结				

环节三　课　　后

一、课后反思

学习完本课后，请你反思学习的效果，列出不足之处，并思考改进的办法。

学习效果	不　足	改进办法

二、课后拓展

请尝试将静物简笔画在幼儿园环境创设中进行运用,也可到幼儿园进行实践调研。

三、思考与实践

请你思考:哪种方法最容易简化出物体的简笔画造型?

设计与制作幼儿物品认知绘本,除了要会画简笔画,还需要什么技能?

任务小结

请根据本次任务的教学目标达成情况,结合岗位需求进行拓展总结。

☆ 请运用书后评价表进行任务评价。

任务二　动、植物简笔画

任务发布

涂色活动深得小朋友喜爱,是幼儿园非常常见的美术活动之一。当我们掌握了简笔画的画法,只需要简单的线条和一台复印机,就可以轻松制作出随时可用的涂色手册。动、植物简笔画除了能用来上美术活动指导、环境创设、绘本制作等,还是创作主题简笔画的重要元素之一。

请给幼儿园中班幼儿设计以"我爱大自然"为主题的涂色手册,提升孩子们的动作协调能力和认知能力,并根据本任务学习内容进行自主规划并填写学习计划表(见表 5-2-1)。

表 5-2-1　学生学习计划表

任务二		动、植物简笔画
课前预习	预习时间	
	预习结果	1. 难易程度 ◎偏易（即读即懂）　◎适中（需要思考）　◎偏难（需查资料）　◎难（不明白） 2. 问题总结
课后复习	复习时间	
	复习结果	1. 掌握程度 ◎了解　　◎熟悉　　◎掌握　　◎精通 2. 疑点难点归纳

环节一　课　前

一、预习

了解动、植物简笔画的相关知识，收集常见动、植物的照片。思考：动、植物的常见种类有哪些？每个种类的特征有哪些？如何总结、归纳动物形态的特征，进而简化成简笔画？如何将动、植物的图案结合在一起并设计成有趣的涂色卡？

请完成课前评价表（见表 5-2-2）。

二、材料准备

教师准备：（1）多媒体课件、动物图鉴。（2）绘图、授课工具。

学生准备：（1）铅笔、马克笔、勾线笔、A4马克笔纸、橡皮擦等绘图工具。（2）按照分类，每个类别的动、植物分别收集1～2张照片。

表 5-2-2　课前评价表

内　容	分　值	小组评价	教师评价	备　注
信息收集	10			
材料准备	10			
知识掌握	60			
自主合作	15			
职业素养	5			

环节二　课　中

一、案例导入

小芳在整理幼儿园班级里的绘本时，发现很多小朋友家里带来的书上都有一些乱涂乱画的笔触，看样子是小朋友刚接触到颜色笔，看书的时候因为好奇所以想给书上的图形涂上颜色，但是由于还不是很会控制小手的精细动作，所以会给别人一个"乱涂乱画"的印象。小芳仔细观察，却能看出小朋友的小心思，他们其实也是爱美的，并不是故意弄脏书本的。小芳灵机一动，想到了自己可以制作一些涂色的动物卡片，上美术课的时候分给小朋友去涂色，既满足了小朋友对颜色笔的好奇心，也能顺便认识小动物，简直是一举两得！你知道该如何制作这样的涂色卡片吗？

美工基础

二、新知讲解

（一）植物简笔画的特征和画法

1. 特征

每个人都观赏过花草树木，在我们大部分人的脑海中，植物总是以绿色的植被为主、五颜六色的花朵为点缀的形象存在着。但其实植物的种类非常繁多，常见的植物有树木、青草、鲜花、菌菇等，它们常出现在简笔画教学中，作为简笔画创作的主题或场景。

2. 画法

在植物简笔画描画中，首先应了解其结构关系，进而概括外形，这样我们就可以从外形特征及细节结构表现这两方面来勾勒植物。在细节结构表现中我们又可以把干、枝、叶分别设计再重新组合，使画更具有层次感。通常可以采用平面图形画法和线描法。

（二）植物简笔画的作画步骤（以向日葵为例）

步骤一：在画面中间位置画出一个稍微大一点的圆圈（图 5-2-1）。
步骤二：在圆圈的周围平均地画出椭圆形的花瓣，花瓣要比圆形小（图 5-2-2）。
步骤三：花瓣均匀分布在圆圈周围（图 5-2-3）。
步骤四：画出花枝和叶子（图 5-2-4）。
步骤五：在圆圈里画上格子（图 5-2-5）。
步骤六：上色，先用浅色上底色，再用近似色画上阴影（图 5-2-6）。

图 5-2-1 步骤一　　图 5-2-2 步骤二　　图 5-2-3 步骤三　　图 5-2-4 步骤四　　图 5-2-5 步骤五　　图 5-2-6 步骤六

（三）动物简笔画的特征和画法

1. 特征

动物简笔画的种类有昆虫、哺乳动物、爬行动物等。

动物的特征主要表现在头、身子、四肢、尾巴、脖子、耳朵、毛色及斑纹上。为了突出动物的特征，可采用夸张手法进行艺术处理。如狐狸尾巴可画得长一些，兔子耳朵画得大一些。又如画金鱼时，要突出其尾大、眼大、身躯圆短的特点。

2. 画法

动物形象在表现过程中，可以先用几何图形画出大的形块，再根据各自的特点，用不同的符号画出局部特征。如鸟类的身体多为圆、椭圆；四肢类动物可用长方形、半圆形表现身体，运动中的动物同侧的前后肢方向正好相反；水族类、昆虫类的体形特征较强，通常可以用一些符号来表示。在分类后的各类中可以设计好身体形块，四肢与头的特征可进行程式转换，使形象一目了然，简便易画。

（四）动物简笔画的作画步骤（以小青蛙为例）

步骤一：在画纸上适当的位置画出两个大圆圈，中间再画两个小圆圈，并填充黑色（图 5-2-7）。
步骤二：用线画出青蛙圆圆的脸蛋，加上嘴巴（图 5-2-8）。
步骤三：在脸蛋下方画出两个前腿和肚子，注意整体要比头小一些（图 5-2-9）。
步骤四：画出屈起的后腿，呈"2"字形（图 5-2-10）。
步骤五：最后是上色，先上浅色，再用近似色增加阴影，最后添加高光等装饰（图 5-2-11）。

图 5-2-7 步骤一　　图 5-2-8 步骤二　　图 5-2-9 步骤三　　图 5-2-10 步骤四　　图 5-2-11 步骤五

三、任务实践

任务内容：自行分成8～10组绘制不同类别的以动物、植物为主题的简笔画30～48幅。第一幅上色，其他不用上色。

任务要求：（1）造型简洁概括；（2）造型准确；（3）线条表现流畅。（4）每个页面绘制6～8幅。

完成时间：2课时。

优秀作品参考：见图5-2-12～图5-2-15。

图5-2-12　动、植物简笔画参考

图5-2-13　简笔画示例　荷花

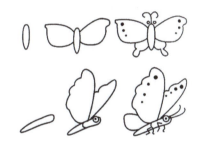

图5-2-14　简笔画示例　蝴蝶

图5-2-15　学生作品组图

请你根据本次课情况填写作品评价表和课中评价表（见表5-2-3和表5-2-4）。

表5-2-3　作品评价表

评价内容	自评（分）	小组评（分）	教师评（分）	备注
主题突出（30分）				
构图和谐（10分）				
造型准确（10分）				
色彩和谐（10分）				
制作精细（20分）				
创意新颖（10分）				
整体效果（10分）				
总　　分				
备　　注				

表5-2-4　课中评价表

评价项目	评价要点	自我评价 A 优秀（85—100分） B 良好（75—84分） C 合格（60—74分）	小组评价 A 优秀（85—100分） B 良好（75—84分） C 合格（60—74分）	教师评价 A 优秀（85—100分） B 良好（75—84分） C 合格（60—74分）
职业素养（10分）	认真、主动完成任务，有克服困难的勇气和毅力			
	在活动中勤于动手、善于思考、勇于实践			
知识技能（40分）	在活动中掌握完成项目任务的基本方法和技巧			
	获得较多体验和感受，获得更多解决问题方法和实践知识			
能力（20分）	有分析整理信息数据和独立思考的能力			
	有动手实践和团结协作的能力，能清晰地表达个人观点			
情感（20分）	具有团队精神，善于沟通合作			
	乐于分享活动中的创意和作品			
综合（10分）	分组评比，评比过程中论据充分，有自己的观点			
组长评价	由组长完成			
小结				

环节三　课　后

一、课后反思

学习完本课后，请你反思学习的效果，列出不足之处，并思考改进的办法。

学习效果	不　足	改进办法

二、课后拓展

请设计一堂以动物简笔画为内容的幼儿美术活动。

三、思考与实践

如何根据幼儿年龄设计出简笔画教学活动？

任务小结

请根据本次任务的教学目标达成情况，结合岗位需求进行拓展总结。

☆ 请运用书后评价表进行任务评价。

任务三　人物简笔画

任务发布

每所幼儿园入口处基本都会有欢迎小朋友上幼儿园的主题墙绘画，能让幼儿对幼儿园有亲切感和归属感。请给幼儿园大门绘制一组欢迎小朋友入园的人物图案的立牌。自拟主题，根据所选主题的需要选择人物形象（如儿童、大人、老人）和人物的职业（学生、教师、警察等）。选择的人物形象必须具备亲和力、积极向上、朝气蓬勃的感觉。

请根据本任务学习内容进行自主规划并填写学习计划表（见表5-3-1）。

表 5-3-1　学生学习计划表

任务三		人物简笔画
课前预习	预习时间	
	预习结果	1. 难易程度 ◎偏易（即读即懂）　◎适中（需要思考）　◎偏难（需查资料）　◎难（不明白） 2. 问题总结
课后复习	复习时间	
	复习结果	1. 掌握程度 ◎了解　　◎熟悉　　◎掌握　　◎精通 2. 疑点难点归纳

任务实施

环节一 课前

一、预习

了解人物简笔画的相关知识，收集各种人物照片。了解人体的基本结构，比较老人、成年人、儿童的身体比例有什么不同。思考儿童与成年人的脸部比例有什么区别，想一想为什么有些人看起来可爱，有些人看上去老成，了解人物动态的稳定因素。

请完成课前评价表（见表5-3-2）。

二、材料准备

教师准备：（1）多媒体课件、人物照片、简笔画图鉴。（2）绘图、授课工具。

学生准备：（1）铅笔、马克笔、勾线笔、A4马克笔纸、橡皮擦等绘图工具。（2）收集儿童、成年人、老人的照片，各种表情、动作的人物照片和常见职业的人物照片。

表 5-3-2 课前评价表

内　　容	分　　值	小组评价	教师评价	备　　注
信息收集	10			
材料准备	10			
知识掌握	60			
自主合作	15			
职业素养	5			

环节二 课中

一、案例导入

小佳老师在幼儿园门口迎接小朋友上学时发现，总有小朋友因为分离焦虑而哭着不愿意离开家人。然而，很多来上学的小朋友都会被一位头上戴了玩偶头像的老师吸引，非常愿意被这位老师接进班级。于是小佳老师决定设计5组有趣的人物图案立牌，每天换一组，一周不重样，以缓解小朋友们入校时离开家人的焦虑情绪。你知道该如何设计这样的人物立牌吗？

二、新知讲解

（一）人物简笔画的特征

人物简笔画的种类很多，从年龄上可分为儿童、成年人和老人；从职业上可分教师、警察、医生、工人、学生等；从动作上可以分为走路、跑步、坐、职业动态等。后面两个种类的人物描绘都是在第一个种类的基础上进行的。只有掌握好最基础的身体比例、动态，才能进一步进行形象和动作的设计。

熟练掌握人体和五官的比例能够快速描绘出不同职业、年龄的人物，特别在职业技能考试要求的情况下，能帮助绘画者快速根据主题内容将主角人物描绘出来，减少思考的时间，增加装饰、美化的时间。

（二）人体的比例关系

儿童的身高约为2头身，即身高约为两个头部的高度；成年人约为3头身；老年人比成年人稍微矮一点即可。人物的身躯部分可平均分为上衣和腿两个部分，手臂长度和宽度与腿的长度和宽度几乎一致，手掌与脚掌的大小约为头部的四分之一（见图5-3-1）。

根据以上的人体比例，可以较为容易地创造出一个人物的形象，但这个比例并不是固定的，还要根据创作的风格、场景和个人的喜好，在以上比例的基础上进行设计。

（三）人物脸部比例关系

正视图状态下的脸部比例可参照图5-3-2和图5-3-3。

 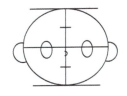 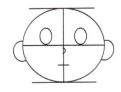

图 5-3-1　人物身体比例示意　　　　图 5-3-2　儿童脸部比例　　　图 5-3-3　成年人脸部比例

儿童脸部比例：眼睛、耳朵在头部中间的位置；鼻子在两眼之间，嘴巴靠近鼻子，五官集中。成年人脸部比例：眼睛高于头部一半的位置，鼻子在眼睛下方，嘴巴在鼻子与下巴的一半位置，五官相对分散。

人物脸部的表情变化，会影响五官的分布，如高兴时五官的位置较为分散、舒展，而生气时五官就会相对集中、紧张，这就需要我们在日常生活中不断地观察和积累（见图 5-3-4）。

人物脸部角度变化中，五官会根据脸部的动态产生变化，我们需要根据正面图的比例进行改动，这时候脸部的横、竖中线变得非常重要，具体画法如下：

① 建立脸部的横竖中线，形成一个"十"字在脸部中央，再根据脸部的朝向确定"十"字中心的位置；
② 根据脸部横中线确定眼睛、耳朵的位置；根据竖中线确定鼻子、嘴巴的位置（见图 5-3-5）。

    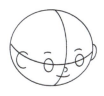

高兴　　　　　　伤心　　　　　　愤怒　　　　　　仰视　　　　　　俯视

图 5-3-4　人物脸部表情画法参考　　　　　　　　　图 5-3-5　人物脸部角度变化画法

（四）人物简笔画的作画步骤（以小女孩为例）

步骤一：在画纸上适当的位置画出半圆的脸蛋和耳朵（图 5-3-6）。
步骤二：画出头发，比脸蛋宽一点，高度与脸蛋一致，即刘海部分在头部的一半位置（图 5-3-7）。
步骤三：画出眼睛、鼻子和嘴巴（图 5-3-8）。
步骤四：画出裙子和袖子，长度大概和头部的长度一致（图 5-3-9）。
步骤五：画出手臂、手掌、腿和鞋子部分，手臂和腿的粗细和长度基本一致（图 5-3-10）。
步骤六：上色，选择适合女孩子的颜色，并添加装饰（图 5-3-11）。

图 5-3-6　步骤一　　图 5-3-7　步骤二　　图 5-3-8　步骤三　　图 5-3-9　步骤四　　图 5-3-10　步骤五　　图 5-3-11　步骤六

三、任务实践

任务内容：自行分 5 组设计绘制幼儿园 5 个儿童或者幼儿园教师形象的简笔画。
任务要求：（1）造型简洁概括；（2）造型结构准确，注意儿童的比例关系；（3）线条表现流畅；（4）要求与人物有相搭配的道具；（5）尺寸 1.1 米～1.3 米。

完成时间：2课时。

优秀作品参考：见图5-3-12到图5-3-16。

图5-3-13　简笔画示例　男童

作者：毛东婷

图5-3-12　人物简笔画参考

图5-3-14　简笔画示例　女童

作者：毛东婷

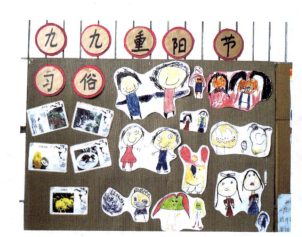

图5-3-15　学生作品

图5-3-16　简笔画创意作品

请你根据本次课情况填写作品评价表和课中评价表（见表5-3-3和表5-3-4）。

表5-3-3　作品评价表

评价内容	自评（分）	小组评（分）	教师评（分）	备注
主题突出（30分）				
构图和谐（10分）				
造型准确（10分）				
色彩和谐（10分）				
制作精细（20分）				
创意新颖（10分）				
整体效果（10分）				
总　　分				
备　　注				

表 5-3-4　课中评价表

评价项目	评价要点	自我评价 A 优秀（85—100分） B 良好（75—84分） C 合格（60—74分）	小组评价 A 优秀（85—100分） B 良好（75—84分） C 合格（60—74分）	教师评价 A 优秀（85—100分） B 良好（75—84分） C 合格（60—74分）
职业素养 （10分）	认真、主动完成任务，有克服困难的勇气和毅力			
	在活动中勤于动手、善于思考、勇于实践			
知识技能 （40分）	在活动中掌握完成项目任务的基本方法和技巧			
	获得较多体验和感受，获得更多解决问题方法和实践知识			
能力 （20分）	有分析整理信息数据和独立思考的能力			
	有动手实践和团结协作的能力，能清晰地表达个人观点			
情感 （20分）	具有团队精神，善于沟通合作			
	乐于分享活动中的创意和作品			
综合 （10分）	分组评比，评比过程中论据充分，有自己的观点			
组长评价	由组长完成			
小结				

环节三　课后

一、课后反思

学习完本课后，请你反思学习的效果，列出不足之处，并思考改进的办法。

学习效果	不足	改进办法

二、课后拓展

请利用同一个人物造型，制作一套幼儿园指引贴图。

三、思考与实践

请思考：制作人物造型立牌除了会画简笔画外，还需要什么技能？怎样画，才能把人物画得可爱、有亲和力？

任务小结

请根据本次任务的教学目标达成情况，结合岗位需求进行拓展总结。

☆ 请运用书后评价表进行任务评价。

任务四　主题简笔画

任务发布

主题简笔画由角色和场景组成，角色可以是人物或者动物，场景则由各种物体的简笔画组合而来。主题简笔画几乎成为职业技能考证或面试必考内容，对幼儿教师至关重要且有难度。不但要求学生掌握各种物体简笔画的画法，还需要掌握构图方法、基本的透视原理，将简笔画组合成一幅有主题的装饰画。

请根据职业技能考证主题，设计2～3个主要角色（人物或拟人动物），并添加相应的场景，创作出一幅主题简笔画。

请根据本任务学习内容进行自主规划并填写学习计划表（见表5-4-1）。

表5-4-1　学生学习计划表

任务四		主题简笔画
课前预习	预习时间	
	预习结果	1. 难易程度 ◎偏易（即读即懂）　◎适中（需要思考）　◎偏难（需查资料）　◎难（不明白） 2. 问题总结
课后复习	复习时间	
	复习结果	1. 掌握程度 ◎了解　　◎熟悉　　◎掌握　　◎精通 2. 疑点难点归纳

任务实施

环节一　课前

一、预习

了解主题简笔画的相关知识，收集室内、室外场景照片。思考：根据主题怎样选择要画的主角类型？怎样利用学过的单个物体简笔画创造一个符合主题的场景？人物与场景的关系，大小比例怎么样才比较适合？

请完成课前评价表（见表5-4-2）。

二、材料准备

教师准备：（1）多媒体课件、动物图鉴。（2）绘图、授课工具。

学生准备：（1）铅笔、马克笔、勾线笔、A4马克笔纸、橡皮擦等绘图工具。（2）按照主题，收集几种场景的照片（如房间、草地、校园、海滩、公园、森林等）。

表 5-4-2　课前评价表

内　容	分　值	小组评价	教师评价	备　注
信息收集	10			
材料准备	10			
知识掌握	60			
自主合作	15			
职业素养	5			

环节二　课　中

一、案例导入

某中职学生高三下学期，学生准备去幼儿园实习，每个同学都必须经历一次考验，就是幼儿园对实习生的模拟面试，内容包括礼仪、自我介绍、讲故事、绘画、舞蹈和声乐等，其中绘画的内容是以"爱劳动"为主题，在两小时内绘制一幅装饰画。小佳同学看到这个题目，心里就暗喜，幸亏在之前的学习中进行了大量简笔画的练习，所以小佳快速地在脑海里形成一幅构图，一个多小时就完成了一幅完整、美观的作品。因此，这次模拟考试的绘画测试中，小佳拿到了非常好的成绩。如何进行主题简笔画的创作呢？

二、新知讲解

（一）场景的特征和画法

在一幅完整的主题类型的简笔画中，除了动物、人物是主要角色外，场景是另一个必不可少的组成部分。同时物品也是场景创作中的重要组成部分。除此之外，场景还有哪些组成部分呢？

常见的场景可以分为：室内、草地、学校、建筑群、海底、海滩、自然风光等，要视创作的主题来安排场景的地点。比如生日会主题可以安排在草地、室内等，运动会则是在学校操场上，爱劳动主题可以安排在室内（课室、房间等）、校园里，游玩主题可以安排在室外有自然风光的地方等。

组成场景的元素主要有建筑、树木、花草、草地、太阳、云朵、山水等，还有室内装饰如窗户、窗帘、桌椅、电话、台灯、时钟等，熟练运用这些物品的简笔画能够让我们的场景设计变得自如。

如何将这些物品组成场景，可观察图 5-4-1 的示例。

图 5-4-1　示例场景

通过观察，我们能将该场景分为三个部分：前景、中景、远景（见图 5-4-2）。红色斜线部分为前景，绿色部分为中景，蓝色部分为远景，有了这三个部分，整个画面就是一个完整的、丰富的场景，所以任何场景的创设，都可以根据这三个部分来进行"填充"。

（二）场景简笔画

创作场景可以按前景—中景—远景的顺序逐步绘画。

1. 前景

一幅主题简笔画中，主角占了非常重要的地位，在创作时，通常首先应画好主角的位置，再开始画场景。主角通常安排在画面靠

图 5-4-2　场景分析

中间位置，画面的底部有时就会有一些空白的地方，这时候就需要添加一些花草、石头、昆虫等装饰物遮挡空白，就成了画面中的"前景"（见图5-4-3）。

2. 中景

通常角色站立或坐的平地就是画面中的中景，中景和远景的分界线可以看作是地平线，就是地面结束的地方。中景通常是草地、瓷砖地、海滩等，还可以在周围空白的地方添加房屋、树木作为装饰，遮挡空白的地方（见图5-4-4）。

3. 远景

远景就是主角背后的静物，一般是远处的山、建筑、天空、云朵、太阳等，有时候天空中还可以添加小鸟等小动物作为装饰（见图5-4-5）。

图 5-4-3 前景

图 5-4-4 中景

图 5-4-5 远景

三、任务实践

任务内容：设计一个或两个主要角色（人物或拟人动物），并添加相应的场景，创作一幅"爱劳动"主题简笔画。

任务要求：（1）主题突出；（2）场景设计添加合理；（3）画面有层次；（4）线条表现流畅。

完成时间：1课时。

优秀作品可参考图5-4-6和图5-4-7。示例图可参考图5-4-8～图5-4-10。

图 5-4-6 参考作品 1

图 5-4-7 参考作品 2

图 5-4-8 示例 1
作者：冉晓晓

图 5-4-9 示例 2
作者：冉晓晓

图 5-4-10 示例 3
作者：冉晓晓

请你根据本次课情况填写作品评价表和课中评价表（见表 5-4-3 和表 5-4-4）。

表 5-4-3　作品评价表

评价内容	自评（分）	小组评（分）	教师评（分）	备注
主题突出（30分）				
构图和谐（10分）				
造型准确（10分）				
色彩和谐（10分）				
制作精细（20分）				
创意新颖（10分）				
整体效果（10分）				
总　　分				
备　　注				

表 5-4-4　课中评价表

评价项目	评价要点	自我评价 A 优秀（85—100分） B 良好（75—84分） C 合格（60—74分）	小组评价 A 优秀（85—100分） B 良好（75—84分） C 合格（60—74分）	教师评价 A 优秀（85—100分） B 良好（75—84分） C 合格（60—74分）
职业素养 （10分）	认真、主动完成任务，有克服困难的勇气和毅力			
	在活动中勤于动手、善于思考、勇于实践			
知识技能 （40分）	在活动中掌握完成项目任务的基本方法和技巧			
	获得较多体验和感受，获得更多解决问题方法和实践知识			
能力 （20分）	有分析整理信息数据和独立思考的能力			
	有动手实践和团结协作的能力，能清晰地表达个人观点			
情感 （20分）	具有团队精神，善于沟通合作			
	乐于分享活动中的创意和作品			
综合 （10分）	分组评比，评比过程中论据充分，有自己的观点			
组长评价	由组长完成			
小结				

环节三　课　后

一、课后反思

学习完本课后，请你反思学习的效果，列出不足之处，并思考改进的办法。

学习效果	不　足	改进办法

二、课后拓展

创作一幅表现传统节日的主题简笔画。

三、思考与实践

（1）怎样表现主题简笔画的层次感？
（2）假日去游玩，你遇到了哪些有趣的人和事？请把这些画出来。

任务小结

请根据本次任务的教学目标达成情况，结合岗位需求进行拓展总结。

☆ 请运用书后评价表进行任务评价。

模块小结

　　简笔画是通过绘画知识和技能的训练，有意识地培养和引导儿童开动脑筋、发挥想象并获得独立思考能力的一种直观而形象、鲜明而生动的简单绘画形式。它作为一门艺术，不但具有特殊的审美价值，而且能使儿童从小养成爱艺术、爱学习的好习惯，帮助儿童用灵巧的小手描绘画面，开发大脑，启发智慧，打开稚嫩而天真的童心。

模块六 色彩

本模块课件

模块导读

色彩教学是幼儿保育专业美术课程中一个重要的组成部分，对于幼儿审美水平的提高、情绪情感的引导、形象思维的训练、感知能力的促进、个人创造能力的激发和培养等多个方面都有着重要意义。

本模块依据幼儿保育专业人才培养方案、专业课程设置方案，结合保育师岗位能力需求，进行色彩基础知识与技能的学习，以提高学生审美能力与动手能力。

思政要求

通过在教学中融入优秀的传统文化、本土文化，培养学生对传统文化的热爱，增强文化自信。完成任务的过程中培养学生的劳动意识和工匠精神；以小组探究合作学习培养学生解决问题的能力，增强团队协作意识。

岗位能力

本任务针对幼儿保育专业，其目的是提高学生审美能力与运用色彩的能力，为其在岗位上对美术教学、玩教具制作、手工制作、幼儿园环境创设中色彩的运用奠定基础。

模块目标

1. 知识目标：了解色彩的基本概念、色彩的基础知识以及色彩对生理与心理的影响，掌握色彩的表现形式及其应用。

2. 技能目标：通过学习色彩相关基础知识和作品欣赏，掌握各种色彩的表现技法，并在作品中熟练应用色彩，强调审美能力的提高和创新能力的培养，表现不同装饰风格的作品。

3. 素养目标：具备开拓创新的能力和精益求精的工匠精神；提高色彩搭配能力与审美能力，具备良好的岗位能力与职业素养。

任务一　色彩基础知识

任务发布

不同波长的光作用于人们的视觉，会产生不同的色彩感觉，使人们得以从物理、化学等方面对色彩的产生找到理论依据。宇宙间的万物都相互影响、相互关联，色彩作为一种视觉现象更是如此。色彩与生活息息相关，只要有光的存在，人类就能感受色彩，它无处不在，给人类的生活增添乐趣。通过学习色彩的概述与基础知识，请运用简单的工具，在教师指导下制作出十二色相环图，并能将知识运用于未来的工作与生活中。

请根据本任务学习内容进行自主规划并填写学习计划表（见表6-1-1）。

表6-1-1　学生学习计划表

任务一		色彩基础知识
课前预习	预习时间	
	预习结果	1. 难易程度 ◎偏易（即读即懂）　◎适中（需要思考）　◎偏难（需查资料）　◎难（不明白） 2. 问题总结
课后复习	复习时间	
	复习结果	1. 掌握程度 ◎了解　◎熟悉　◎掌握　◎精通 2. 疑点难点归纳

任务实施

一、预习

了解色彩的基础知识，包括色彩的概述，三原色、三间色与复色和色彩三要素。
请完成课前评价表（见表6-1-2）。

二、材料准备

教师准备：（1）多媒体课件、十二色相环、明度与纯度变化的图片及资料等。（2）色彩的基本工具、十二色相环以及明度与纯度变化的作品等。

学生准备：（1）水粉（彩）纸、水粉（彩）笔、水粉颜料、调色盒、调色板、画板、画架、小水桶等。（2）收集十二色相环制作、明度变化图的相关资料等。

表6-1-2　课前评价表

内　容	分　值	小组评价	教师评价	备　注
信息收集	10			
材料准备	10			
知识掌握	60			
自主合作	15			
职业素养	5			

环节二　课　中

一、案例导入

"我有一颗小小的心。小小的心上拥有各种不同的颜色,当一切都是那么美好的时候,小小的心是粉红色的。当我生气的时候,小小的心就会变成绿色的……"中二班的教室里,张老师正在给幼儿读法国作家法布里斯·加谢的绘本作品《我的小小心》,幼儿听得津津有味,眼神里充满了好奇,"这颗心多么神奇啊!它可以变成各种各样的颜色。小朋友们,你们的心会变颜色吗?"合上绘本,张老师问幼儿。"我的心会,开心的时候它是粉红色的!""我开心的时候心是金黄色的,像太阳一样!""伤心的时候,我的心一定是黑色的!""我哭的时候心会变成灰色!""我生气的时候心会变成红色!"……幼儿争先恐后地描述着。"原来大家都有一颗神奇的心,小朋友们,请你们拿起手中的画笔画一幅自画像,然后选择最能表现你心情的颜色涂在脸上,让大家通过你脸上的颜色来知道你的心情。"幼儿兴致勃勃地开始了自己的创作。媛媛用粉红色画了快乐时的自己,小明用灰色描绘了伤心时的自己,天天用紫色勾画了受惊吓时的自己,亮亮用蓝色表现生气时的自己……

二、新知讲解

（一）色彩的概述

人们每天都生活在五彩缤纷的世界里。就肤色而言,也同样存在着色彩的差异。如：黄色人种、黑色人种、白色人种等。可以说,色彩是无处不在的。有了色彩,才使我们的生活充满了希望、充满了阳光、充满了活力、充满了和谐。总之,如果我们这个世界没有了色彩,那将是无法想象的。

色彩就是各种有色光反映到视网膜上所产生的感觉。从广义上讲,色彩是指波长在380～780 nm之间的可见光在人的大脑中形成的色彩印象和判断,它包含了我们能感知到的色彩现象——色光色与颜料色。色光色由红、绿、蓝三种颜色构成,如电影、电视、电脑等影视图像显示的色彩；颜料色即由红、黄、蓝三种原色混合而成的各种色彩（见图6-1-1）。

图6-1-1　三原色图

（二）常见的色彩名词

色彩是通过颜色之间相互有序的混合所形成的关系和效果。色的混合一般分为色光的混合和颜色的混合。结合色彩概念中的内容,我们了解到色光的混合又称加色混合。它们的三原色是红、绿、蓝。它们之间的混合等于白光。色光相加越加越亮。用色光的三原色按不同比例混合可以调配出自然界中所有的色彩。而在美术中所讲的三原色——红、黄、蓝,指的是颜料混合,又称减色混合。这三个原色按不同的比例混合,一般可以合成其他各种颜色,而它们却是用其他颜色混合不出来的,用这三种原色同比例混合几乎变成黑色。下面将着重讲解颜料混合中常见的色彩名词。

1. 原色、间色与复色

它们是按照颜色可否调配或可调配的程度来进行划分的（见图6-1-2）。

（1）原色。指红、黄、蓝这三种无法用其他任何颜色调配而成的颜色,故称为原色。

（2）间色。间色是指两个原色相混合所产生的颜色,如橙、绿、紫（红＋黄＝橙、黄＋蓝＝绿、红＋蓝＝紫）。

（3）复色。复色是由三种原色或两种间色按不同比例混合调配出来的各种不同颜色,如蓝灰、黄灰、绿灰等。

2. 补色

补色也称对比色,指两个颜色的冷暖相反,并列在一起时产生相互对比的作用,同时又互补。互补的颜色有很多,一般在色轮中处于90°～180°之间的两色为对比色,其中处于180°的两色为补色,而补色是最强烈的对比色。如红与绿、黄与紫、蓝与橙是三对最基本的补色。

（三）色彩三要素

每块色彩都有三种属性,或称三要素。我们通常把色相、明度、纯度称为色彩的三要素。这三个要素不是孤立的,而是联系在一起,在作画过程中调配一块颜色要将这三方面同时加以考虑,不

图6-1-2　十二色环图

能顾此失彼。

1. 色相

色相是指色彩的基本相貌特征，表示各种颜色的名称，如红、橙、黄、绿、青、蓝、紫等，它与色彩的强弱、明暗没有关系，仅仅是区别这一色与那一色的名称。在写生中我们会遇到不易确定的色相，也就是说颜色难以叫出名字，只可以从接近光谱的倾向加以区别。例如在黄与绿之间从微微带绿的黄绿，然后再过渡到微微发黄的绿，都属于色相的差别。

2. 明度

明度也称色度，指一个颜色的亮度、深浅和浓淡的程度。一般来说，物体表面对光的反射程度的高低，决定其明度的高低。同一色相的颜色，由于光照强度不同（距光源近明度强，反之弱）或者在同样的颜色中加入不同程度的白色，它们的明度也不同（见图6-1-3）。例如，一块黄颜色可以发生淡黄色、中黄色、土黄色等多种层次的明度变化。另外，如果把红、橙、黄、绿、青、蓝、紫等颜色排成一幅黑白照片，我们可以看到从亮到暗的明度变化。明度一般用高、中、低来表示。

3. 纯度

纯度是指一个颜色的鲜艳程度，也叫颜色的饱和程度。一个颜色中掺入了其他颜色，它就失去了纯度，也就是说颜色中所含灰色量越少，纯度就越高，也就越饱和。同时纯度与明度也有着密切的关系，当一个颜色调入白色或黑色时，不仅明度降低，纯度也随之发生改变。

图 6-1-3 明度渐变图

三、任务实践

1. 任务实践一

任务内容：制作十二色相环图。

任务要求：（1）平分圆环12等分。（2）混合颜色准确。（3）平涂技法表现，色块干净、整洁。（4）8开画纸表现。

完成时间：1课时。

优秀作品参考：见图6-1-4～图6-1-7。

图 6-1-4 作品1
作者：陆燕蓝

图 6-1-5 作品2
作者：黄芷棋

图 6-1-6 作品3
作者：阮文静

图 6-1-7 作品4
作者：罗紫琪

实例：十二色相环图

（1）步骤一：画好圆环，将圆环分为12等分（见图6-1-8）。

（2）步骤二：在任意呈120°的三等份中填充红、黄、蓝三原色（见图6-1-9）。

（3）步骤三：将三原色两两相加，得到三个中间色：橙、绿、紫（见图6-1-10）。

（4）步骤四：将得到的颜色与相邻的颜色两两相加，即可得到十二色相（见图6-1-11）。

2. 任务实践二

任务内容：绘制明度变化图。

任务要求：（1）将明度设为1～9级，绘制9个格子，层次分明。（2）明度等级"1"明度最低，等级"9"明度最高，等级"5"为中等明度。（3）确定好第五个格子为中等明度，填入标准色，通过加白、加黑来调节明度，加白明度增加，加黑明度减少。（4）平涂技法表现，色彩干净、整洁。（5）8开画纸表现。

十二色相环图步骤组图

图 6-1-8　步骤一　　　　图 6-1-9　步骤二　　　　图 6-1-10　步骤三　　　　图 6-1-11　步骤四
　　　作者：黄海盈

完成时间：1 课时。
优秀作品参考：见图 6-1-12～图 6-1-15。

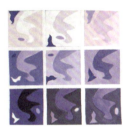   

图 6-1-12　步骤 1　　　图 6-1-13　步骤 2　　　图 6-1-14　步骤 3　　　图 6-1-15　步骤 4
作者：阮文静　　　　　作者：罗紫淇　　　　　作者：陆燕蓝　　　　　作者：吴锦儿

实例：明度变化图
（1）步骤一：画出格子（见图 6-1-16）。
（2）步骤二：确定好高低明度与中等明度（见图 6-1-17）。
（3）步骤三：加黑白进行调节，修改完成（见图 6-1-18）。

 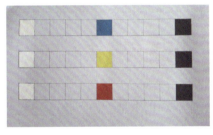 

图 6-1-16　步骤一　　　　图 6-1-17　步骤二　　　　图 6-1-18　明度变化图
　　　　　　　　　　　　　　　　　　　　　　　　　　　　　　　　作者：黄芷棋

请你根据本次课情况填写作品评价表和课中评价表（见表 6-1-3 和表 6-1-4）。

表 6-1-3　作品评价表

评价内容	自评（分）	小组评（分）	教师评（分）	备　注
颜色明确（50 分）				
构图合理（10 分）				
平涂均匀（10 分）				
制作精细（20 分）				
整体效果（10 分）				
总　　分				
备　　注				

美工基础

表 6-1-4　课中评价表

评价项目	评价要点	自我评价 A 优秀（85—100分） B 良好（75—84分） C 合格（60—74分）	小组评价 A 优秀（85—100分） B 良好（75—84分） C 合格（60—74分）	教师评价 A 优秀（85—100分） B 良好（75—84分） C 合格（60—74分）
职业素养 （10分）	认真、主动完成任务，有克服困难的勇气和毅力			
	在活动中勤于动手、善于思考、勇于实践			
知识技能 （40分）	在活动中掌握完成项目任务的基本方法和技巧			
	获得较多体验和感受，获得更多解决问题方法和实践知识			
能力 （20分）	有分析整理信息数据和独立思考的能力			
	有动手实践和团结协作的能力，能清晰地表达个人观点			
情感 （20分）	具有团队精神，善于沟通合作			
	乐于分享活动中的创意和作品			
综合 （10分）	分组评比，评比过程中论据充分，有自己的观点			
组长评价	由组长完成			
小结				

环节三　课　后

一、课后反思

学习完本课后，请你反思学习的效果，列出不足之处，并思考改进的办法。

学习效果	不足	改进办法

二、课后拓展

请运用十二色相环的相关知识，设计制作幼儿园课室的墙面环境创设。

三、思考与实践

请思考：

（1）在绘制十二色相环过程中，三原色、三间色、复色以及色彩三要素在幼儿园的教学与环境创设中如何运用？

（2）针对不同年龄段的幼儿，如何巧妙地将色彩知识传授给幼儿，让他们对色彩有初步的了解？

（3）三原色、三间色、复色以及色彩三要素如何在环创作品中应用？

任务小结

请根据本次任务的教学目标达成情况，结合岗位需求进行拓展总结。

☆ 请运用书后评价表进行任务评价。

任务二 色彩的性质

任务发布

色彩的情感和联想，反映在日常生活的经验、习惯、环境等方面。地域、民族、年龄、性别的差异会导致各人对色彩的感情认识不同，但一般说来，色彩感情联想是有共性的。幼儿可以通过观察色彩与生活中的事物相联系，理解色彩，从而用色彩来表达自己的心理活动和情绪。

请你用同一个图案做色彩情感练习（例如春夏秋冬、酸甜苦辣等），熟悉色彩对比的基本原理并绘制一张色彩对比图。

请根据本任务学习内容进行自主规划并填写学习计划表（见表 6-2-1）。

表 6-2-1　学生学习计划表

任务二		色彩的性质
课前预习	预习时间	
	预习结果	1. 难易程度 ◎偏易（即读即懂）　◎适中（需要思考）　◎偏难（需要查资料）　◎难（不明白） 2. 问题总结
课后复习	复习时间	
	复习结果	1. 掌握程度 ◎了解　　◎熟悉　　◎掌握　　◎精通 2. 疑点难点归纳

任务实施

环节一　课前

一、预习

了解与收集色彩联想与象征的资料，准备好相关材料。思考：红、橙、黄、绿、青、蓝、紫色等分别让你联想到什么？红、橙、黄、绿、青、蓝、紫色等分别象征着什么？如何利用色彩表现情感？

请完成课前评价表（见表6-2-2）。

二、材料准备

教师准备：（1）多媒体课件、不同颜色的图片及资料。（2）色彩情感练习的绘画工具与材料。

学生准备：（1）水粉（彩）纸、水粉（彩）笔、水粉颜料、调色盒、调色板、画板、画架、小水桶等。（2）收集色彩联想的相关资料。

表6-2-2 课前评价表

内　容	分　值	小组评价	教师评价	备　注
信息收集	10			
材料准备	10			
知识掌握	60			
自主合作	15			
职业素养	5			

环节二　课　中

一、案例导入

金苹果幼儿园小A班教室里正在上课，课上豆豆老师问孩子们平时喜欢什么颜色，有一位小朋友说："喜欢红色。"接着豆豆老师继续问："小朋友们，你们看到红色会想到什么呢？"有的小朋友想到了红包，有的小朋友说想到了红色的辣椒，还有小朋友说想到了美丽的花朵。老师很开心地表扬孩子们："小朋友们根据红色联想起来的事物真多呀，下面请小朋友们利用桌面上的颜料画出你联想到的东西……"

色彩联想属于色彩心理的范畴，色彩在心理上有知觉和情感等方面的反应。色彩的联想运用恰当，对开发孩子们的想象力、创造力与智力都有很大的帮助。

二、新知讲解

（一）色彩的联想与象征

我们生存的世界五彩缤纷，在这里人们无时无刻不在感受物质世界的色彩变化。因此，当某种颜色在人眼前出现时，人们便自然会联想到生活中所经历过的与此相关的感觉。这些色彩联想经多次反复后，达到了共性反应这一高度，通过文化的传承形成固定观念，象征意义由此产生。当然，不同地区的文化、经济、生活方式差异也使得色彩象征发生了变化（见表6-2-3和图6-2-1）。

表6-2-3 色彩的象征

颜色	联想的事物	感情的倾向
红色	火焰、太阳、血液	热烈、欢快、喜悦、刺激、危险
橙色	橘子、晚霞、灯火、秋叶	温暖、愉悦、明亮、甜蜜
黄色	香蕉、黄金、月亮	喜悦、富贵、光彩、乐观、不安
绿色	树叶、小草、大自然	和平、新鲜、希望、健康、安全
蓝色	水、天空、海洋、湖泊	纯净、凉爽、理性、忧郁
紫色	葡萄、茄子、紫罗兰花	高贵、神秘、优雅、浪漫、嫉妒
白色	白云、棉花、冰雪、医院	纯洁、素雅、神圣、恐怖、单调、空洞
黑色	夜晚、墨、头发、木炭	庄重、严肃、静寂、恐怖、邪恶

图 6-2-1 各种色彩的景物

人们会在色彩的相互关系中获得某种心理感受（见图 6-2-2～图 6-2-5）。人们对色彩的心理感受受生理、年龄、社会与生活环境（政治、经济、教育、民族传统、地域气候等）的影响。色彩本身是无情感的，但人们的生活习惯和感受赋予了它不同的个性和象征意义。各种色彩大致给人的感觉如下：红色，热烈、喜悦、勇敢；橘色，悦目、华贵、温暖；蓝色，安静、深远、高雅；绿色，生命、活力、和平；紫色，柔和、优雅；黑色，恐惧、肃静、神秘；白色，清洁、朴素、单调；灰色，和谐、浑厚、含蓄。

（二）色彩对比

色彩的对比是指颜色与颜色在某一空间上的相互关系。不同的色彩并置时，会显示一定的对比，即使差别甚微也是对比。

1. 色相对比

色相环上任何两种不同的色相或多种色相并立所产生的对比效果称为色相对比。为了避免明度和纯度的干扰，在运用色相对比时一般直接采用色相环中的色相或纯度较高的色相进行对比配置。根据色彩在色相环上的关系，色相对比可以分为以下四种形式：同类色对比、邻近色对比、对比色对比、互补色对比（见图 6-2-6）。

（1）同类色对比。指在色相环上 15° 以内的色彩差别对比所呈现的色彩构成效果。它是同一色相捎带不同明度、纯度或冷暖倾向之间的色彩对比。即：只有明度深浅之分，没有色相对比（见图 6-2-7）。

（2）邻近色对比。指在色环上 0～60° 之间的色彩差别对比所呈现的色彩构成效果。如淡黄与淡绿，橘黄与朱红，红与紫，蓝与绿（图 6-2-8）。

（3）对比色对比。对比色为在色相环中相差 120° 左右的任意两色，色彩对比更强烈，色彩配置更丰富。如红色与蓝色、紫色与橙色，他们之间无太多共性。在作对比色配置练习时，要注意

图 6-2-2 春夏秋冬

图 6-2-3 酸甜苦辣

图6-2-4 味觉色彩联想
作者：陈乐妍

图6-2-5 情绪色彩联想
作者：梁家淇

图6-2-6 色相环

图6-2-7 同类色对比

图6-2-8 邻近色对比

画面的明度、纯度变化以及色彩面积大小对比，同时可适当添加无彩色调和对比（见图6-2-9）。

（4）互补色对比。补色是色相环上呈180°对应的两种颜色，如红色与绿色、蓝色与橙色、黄色与紫色。补色对比是对比最强的色相对比，如果搭配不佳，不仅没有美感，反而会让人产生视觉上的不适。在互补色对比中可以采用以下四种方法调和，以达到和谐的效果（见图6-2-10）。

① 面积上以一种对比色为主色，补色做点缀；
② 加入黑、白或灰色间隔调和；
③ 降低其中一种对比色的纯度，减弱对比；
④ 在画面中加入第三色缓和对比。

2. 明度对比

根据色彩明度的高低，通常可以划分为三个明度基调：低明基调、中明基调、高明基调。以某一基调为基础，点缀以不同明度级别的色，就会产生对比调。根据点缀色与基调色所产生的明度级差的大小，可将其分为三种调式（见图6-2-11）：

① 低调（明度弱对比色调，相差1~3级）；② 中调（明度中对比色调，相差4~6级）；③ 高调（明度强对比色调，相差7级以上）。

两种或两种以上不同明暗程度的色彩并列而产生的对比效果称为明度对比。同一色具有明度差，而不同色相之间也同样存在明度差（见图6-2-12和图6-2-13）。

图6-2-9 对比色对比

图6-2-10 互补色对比

图6-2-11 三种调式

3. 纯度对比

纯度对比，指因纯度差别而形成的色彩对比。纯度对比是决定色调感觉华丽、高雅、古朴、粗俗、含蓄与否的关键。对比强弱程度取决于色彩在纯度等差色标上的距离，距离长则对比强（见图6-2-14）。

降低一个饱和色相纯度的方法：纯度对比同样可采用分级方法加以分类。将纯色加以同明度的灰色，按比例混合成九级色标（图6-2-15）。

图6-2-12 中中调

图6-2-13 高中调

图6-2-14 纯度对比

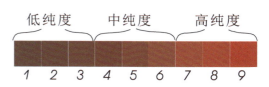

图6-2-15 纯度等级图

三、任务实践

任务内容：运用色彩表现四季（春夏秋冬）。

任务要求：（1）主题突出；（2）用黑色勾线笔勾线，线条流畅；（3）用水粉颜料表现色彩联想的色彩；（4）添加细节，注意画面层次，确保画面的协调统一。

完成时间：2课时。

优秀作品参考：图6-2-16和图6-2-17。

图6-2-16 春夏秋冬的创作1
作者：朱慧敏

图6-2-17 春夏秋冬的创作2
作者：毛冬婷

请你根据本次课情况填写作品评价表和课中评价表（见表 6-2-4 和表 6-2-5）。

表 6-2-4　作品评价表

评价内容	自评（分）	小组评（分）	教师评（分）	备　注
主题突出（30分）				
构图和谐（10分）				
造型准确（10分）				
色彩和谐（10分）				
制作精细（20分）				
创意新颖（10分）				
整体效果（10分）				
总　　分				
备　　注				

表 6-2-5　课中评价表

评价项目	评价要点	自我评价 A 优秀（85—100分） B 良好（75—84分） C 合格（60—74分）	小组评价 A 优秀（85—100分） B 良好（75—84分） C 合格（60—74分）	教师评价 A 优秀（85—100分） B 良好（75—84分） C 合格（60—74分）
职业素养（10分）	认真、主动完成任务，有克服困难的勇气和毅力			
	在活动中勤于动手、善于思考、勇于实践			
知识技能（40分）	在活动中掌握完成项目任务的基本方法和技巧			
	获得较多体验和感受，获得更多解决问题方法和实践知识			
能力（20分）	有分析整理信息数据和独立思考的能力			
	有动手实践和团结协作的能力，能清晰地表达个人观点			
情感（20分）	具有团队精神，善于沟通合作			
	乐于分享活动中的创意和作品			
综合（10分）	分组评比，评比过程中论据充分，有自己的观点			
组长评价	由组长完成			
小结				

环节三　课　后

一、课后反思

学习完本课后，请你反思学习的效果，列出不足之处，并思考改进的办法。

学习效果	不　　足	改进办法

二、课后拓展

请运用本任务学到的知识，使用色彩联想相关知识运用于幼儿园教学与环境创设中。

三、思考与实践

（1）请用心观察，体会生活中红、橙、黄、绿、蓝、紫、白、黑的不同用法，并总结出色彩运用的规律。

（2）请根据自己对色彩的感受，归纳出红、橙、黄、绿、蓝、紫、白、黑的色彩联想，并思考它们所适用的范围。

任务小结

请根据本次任务的教学目标达成情况，结合岗位需求进行拓展总结。

☆ 请运用书后评价表进行任务评价。

任务三　色彩静物

任务发布

幼儿保育专业的学生可以通过学习色彩静物，提高色彩感受能力和组织能力。通过对色彩静物写生物象的观察和表现，加强学生对美学规律的把握和对自然细节的观察，提高视觉审美能力和绘画表达能力。请你创作一幅色彩静物作品，并根据本任务学习内容进行自主规划并填写学习计划表（见表6-3-1）。

表6-3-1　学生学习计划表

任务三		色彩静物
课前预习	预习时间	
	预习结果	1. 难易程度 ◎偏易（即读即懂）　◎适中（需要思考）　◎偏难（需查资料）　◎难（不明白） 2. 问题总结
课后复习	复习时间	
	复习结果	1. 掌握程度 ◎了解　　◎熟悉　　◎掌握　　◎精通 2. 疑点难点归纳

任务实施

环节一 课前

一、预习

准备好相关材料，了解色彩静物的相关知识，准备好色彩静物的临本。
请完成课前评价表（见表6-3-2）。

二、材料准备

教师准备：（1）多媒体课件、色彩静物的资料。（2）绘制色彩静物的工具、色彩静物的临本。
学生准备：（1）水粉（彩）纸、水粉（彩）笔、水粉颜料、调色盒、调色板、画板、画架、小水桶等。（2）收集色彩静物的临本。

表6-3-2 课前评价表

内　容	分　值	小组评价	教师评价	备　注
信息收集	10			
材料准备	10			
知识掌握	60			
自主合作	15			
职业素养	5			

环节二 课中

一、案例导入

小太阳幼儿园大班正在进行水果颜色匹配游戏，教师戴头饰扮色彩妈妈，邀请幼儿做颜色宝宝，激发幼儿参与活动的兴趣。首先教师请幼儿带上颜色标志牌，标志牌的形状是不同的水果，幼儿相互观察，并说一说自己是什么颜色宝宝或者什么水果。然后师幼一起玩游戏"妈妈、宝宝抱一抱"，巩固对四种颜色与水果的认识。教师唱："红色宝宝你在哪里？"或"什么水果你在哪里？"戴相应颜色或水果形状标志牌的幼儿边唱"我在这里，我在这里，妈妈抱一抱"边走向教师，和同学互相抱一抱。游戏结束，教师请小朋友们用桌面上的画笔与颜料画出不同颜色的水果……

二、新知讲解

色彩静物是以日常生活中无生命的物体为主要描绘对象的绘画，通常以油画、水彩画、水粉画或素描为描绘手段。静物的对象多为食品、炊具、餐具、水果、蔬菜、花卉，以至书箱、乐器、灯具、动物标本等，画幅一般不大。

其中，水粉画是大多数初学者必选的训练方式。水粉画就是用水调和粉质颜料绘制而成的一种画。水粉画是以水作为媒介，这一点，它与水彩画是相同的。水粉画也可以画出与水彩画一样酣畅淋漓的效果，但它没有水彩画透明。它和油画有相同点，也具有一定的覆盖能力。与水粉画不同的是，油画是以油作为媒介，颜色的干湿几乎没有变化。水粉画则不然，由于水粉画是以水加粉的形式来呈现的，干湿变化很大，所以，它的表现力介于油画和水彩画之间。水粉画的颜料是水胶性质的，用水来调和，作画时干得很快，这样就能在短时间内完成一幅作品。对初学者来说，可以很快抓住最初作画时的良好感觉，不会因时间过长而使感觉变得迟钝。运用水粉进行静物写生，是因其颜料覆盖力强，表现范围广，作画比较自如。水粉画既色彩浑厚、层次丰富，又艳丽明快、灵活多变。

由于水粉静物写生是在室内进行的，光线较稳定，描绘对象又静止，画者可自由选择组合方式（形式多样），因此有利于画者循序渐进地掌握水粉画的技能，而静物写生往往成为水粉入门的手段和成功学习水粉画的必由之路。

三、任务实践

任务内容：创作一幅色彩静物作品。
任务要求：（1）明度对比准确；（2）干湿结合技法表现，色彩干净、整洁；（3）色彩搭配和谐。
完成时间：2课时。
优秀作品参考：见图6-3-1作品组图。

图6-3-1 优秀作品组图
作者：黄煌彬

实例：
步骤一：起稿，勾勒物体的外轮廓（见图6-3-2）。
步骤二：铺大色块，先将衬布、背景与桌面的颜色铺好（见图6-3-3）。
步骤三：将整张作品的颜色铺完整（见图6-3-4）。
步骤四：塑造形体，刻画细节（见图6-3-5）。

图6-3-2 步骤一　　　　图6-3-3 步骤二　　　　图6-3-4 步骤三　　　　图6-3-5 步骤四
作者：黄煌彬

请你根据本次课情况填写作品评价表和课中评价表（见表6-3-3和表6-3-4）。

表6-3-3 作品评价表

评价内容	自评（分）	小组评（分）	教师评（分）	备注
主题突出（30分）				
构图和谐（10分）				
造型准确（10分）				
色彩和谐（10分）				

（续表）

评价内容	自评（分）	小组评（分）	教师评（分）	备注
绘制精美（20分）				
创意新颖（10分）				
整体效果（10分）				
总　分				
备　注				

表6-3-4　课中评价表

评价项目	评价要点	自我评价 A 优秀（85—100分） B 良好（75—84分） C 合格（60—74分）	小组评价 A 优秀（85—100分） B 良好（75—84分） C 合格（60—74分）	教师评价 A 优秀（85—100分） B 良好（75—84分） C 合格（60—74分）
职业素养 （10分）	认真、主动完成任务，有克服困难的勇气和毅力			
	在活动中勤于动手、善于思考、勇于实践			
知识技能 （40分）	在活动中掌握完成项目任务的基本方法和技巧			
	获得较多体验和感受，获得更多解决问题方法和实践知识			
能力 （20分）	有分析整理信息数据和独立思考的能力			
	有动手实践和团结协作的能力，能清晰地表达个人观点			
情感 （20分）	具有团队精神，善于沟通合作			
	乐于分享活动中的创意和作品			
综合 （10分）	分组评比，评比过程中论据充分，有自己的观点			
组长评价	由组长完成			
小结				

环节三　课　　后

一、课后反思

学习完本课后，请你反思学习的效果，列出不足之处，并思考改进的办法。

学习效果	不　足	改进办法

二、课后拓展

请拓展油画棒在幼儿园教学与环创的运用，也可到幼儿园进行实践调研。

三、思考与实践

请思考：

（1）在绘制色彩静物作品过程中，有何技法与技巧，并总结一定的规律。

（2）色彩静物对指导幼儿美术教学有何作用？

（3）幼儿园环境创设中是否可以运用色彩静物的相关知识？

任务小结

请根据本次任务的教学目标达成情况，结合岗位需求进行拓展总结。

☆ 请运用书后评价表进行任务评价。

任务四　色彩的应用之油画棒

任务发布

苹果幼儿园为了展示孩子们的美术作品，对作品展示区进行环境创设，于是美术老师准备上一节色彩课，使用的材料是油画棒，一来可以锻炼幼儿手部肌肉的发展，二来利用油画棒教学可以开发幼儿的智力、想象力与创造力等。油画棒是很适合儿童使用的绘画材料，具有涂色方便、色彩艳丽等特点。作为一种使用简单、操作便捷的绘画工具，对开发智力、发展个性、培养智力因素、促进幼儿全面发展都有好处。

请使用油画棒创作一幅作品，并根据本任务学习内容进行自主规划并填写学习计划表（见表6-4-1）。

表6-4-1　学生学习计划表

任务四		色彩的应用之油画棒
课前预习	预习时间	
	预习结果	1. 难易程度 ◎偏易（即读即懂）　◎适中（需要思考）　◎偏难（需查资料）　◎难（不明白） 2. 问题总结
课后复习	复习时间	
	复习结果	1. 掌握程度 ◎了解　　◎熟悉　　◎掌握　　◎精通 2. 疑点难点归纳

美工基础　107

任务实施

环节一　课　前

一、预习

了解油画棒作品，收集制作油画棒的资料，准备好相关材料。

了解油画棒的特点、技法和辅助材料。

请完成课前评价表（见表6-4-2）。

二、材料准备

教师准备：（1）多媒体课件、油画棒作品的图片及资料。（2）绘制油画棒作品的工具、油画棒作品。

学生准备。基本材料：油画棒、黑色记号笔、牙签、刮刀、素描纸（有色卡纸、牛皮纸等）。供选择的辅助材料：酒精、不透明胶带、剪刀、美工刀、调色板、画笔、画刀、黏土工具、面巾湿巾、纸（擦笔）。

表6-4-2　课前评价表

内　容	分　值	小组评价	教师评价	备　注
信息收集	10			
材料准备	10			
知识掌握	60			
自主合作	15			
职业素养	5			

环节二　课　中

一、案例导入

"噜啦噜啦噜啦咧，我爱洗澡乌龟跌倒。么么么么，小心跳蚤好多泡泡……"小一班的教室里传出悦耳的歌声。原来是王老师和幼儿正在听《我爱洗澡》。歌声结束，王老师拿出一幅画，画面上有一只小熊。王老师说："小朋友们，可爱的小熊正在洗澡，它用清水打湿了全身，接着要开始擦肥皂了，擦完肥皂会出现什么呢？""泡泡，好多泡泡。"幼儿异口同声地回答。王老师拿起一支白色的油画棒说："今天，我准备了一块特别的肥皂，这块肥皂细细长长的，用它给小熊洗澡会产生许多泡泡。"王老师边说边在小熊的周围添加了许多泡泡。"咦？泡泡在哪里呢？"幼儿很好奇，他们看不见老师画的泡泡。王老师说："是不是小熊身上的水不够呢？我们再给它多加点水吧。"王老师拿出蘸有蓝色水粉颜料的画笔在小熊的周围涂了涂，神奇的事情发生了，画面中出现了许多白色泡泡。"你们知道老师刚才给小熊用的神奇的肥皂叫什么名字吗？它叫油画棒！小朋友们想用油画棒画出美丽的图案吗？一起动手试试吧！"

二、新知讲解

（一）油画棒的概述

油画棒是一种棒形画材，由颜料、油、蜡等混合制作而成（见图6-4-1）。与油画颜料和水彩颜料不同，油画棒是一种固体颜料，无需混色或调色的准备工作，随时随地可以立刻开始创作。同时，油画棒看似像蜡笔，其实并非蜡笔。同蜡笔相比油画棒颜色更鲜艳，在纸面的附着力、覆盖力更强，密度大，不易折断、不易损耗，是儿童最喜欢的作画工具之一。

油画棒的种类繁多，手感细腻、滑爽、铺展性好、叠色、混色性能优异。它是一种超细增厚涂层材料，使涂层更有质感，能充分展现油画效果，满足各种绘画技巧难度需求。颜色有12色、16色、

图6-4-1　油画棒

25色、50色，型号有普及型、中粗型等。

油画棒在使用上要注意以下三点：

（1）不要放置于阳光或者高温环境下。油画棒在温度高的环境下容易软化。

（2）不要放在易燃物品旁。

（3）不要让儿童吞食，画完后记得洗手。

（二）油画棒的基本技法

1. 平涂法

平涂法是油画棒画中最基本的涂色方法，适宜大面积的面状图形。涂色时用笔力度不同，可使笔触产生深浅不同的变化，如图6-4-2所示，力度大色块厚实，力度小色彩较轻盈。涂色时要注意线条的方向，应尽量与表现对象的形体相结合，切忌横涂竖抹，杂乱无章。

2. 叠加法（混色法）

叠加法又称混色法，是在一种基色上涂上另一种颜色，再把两种色来回涂擦，产生自然过渡的画面效果。在涂第二层颜色时，不用涂得非常严实，底层颜色微微透出，更能形成色彩的对比效果，视觉效果更好（见图6-4-3）。需要注意的是，初学者应尽量选择同类叠加，避免选择补色叠加，否则掌握不好容易使画面显得脏。

图6-4-2 平涂法　　　　　　　　　　　　图6-4-3 叠加法

3. 点彩法

点彩法，即用油画棒将不同色彩以色点或短线的形式排列在画面上，远观画作形成不一样的色块。该画法可以锻炼幼儿的色彩混合能力和耐心（见图6-4-4）。

4. 渐变法

渐变法有单色渐变和多色渐变两种表现形式。

（1）单色渐变。单色渐变是一种颜色的渐变，即选择一种颜色，通过改变涂色力度的轻重和线条的疏密来形成渐变的效果（见图6-4-5）。

（2）多色渐变。多色渐变分为明度渐变和色相渐变两种。明度渐变可以选择同类色中的两种颜色按序涂抹，也可以选择一种颜色加入白色或者黑色进行过渡处理，形成由暗到明或由明到暗的色彩递变效果。色相渐变是指在色相环里任选两种或两种以上的色彩按顺序涂抹进行渐变（见图6-4-6）。

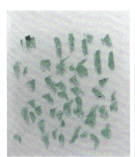
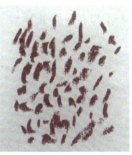
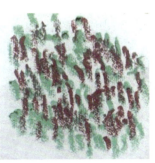

图6-4-4 点彩法　　　　　　　图6-4-5 单色渐变　图6-4-6 多色渐变

5. 刮画法

刮画法是指在白色或有色卡纸上均匀涂抹一层或多层油画棒颜色，根据绘画的需要用木签或筷子等硬物刮去部分表层颜色的一种方法。这种技法是其他画种（水粉、水彩等）无法做到的（见图6-4-7）。

图 6-4-7 刮画法

三、任务实践

任务内容：绘制一幅油画棒作品。

任务要求：（1）铅笔起稿，勾勒外形。（2）用黑色勾线笔勾线，线条流畅。（3）涂上基本色，注意画面的统一。（4）添加细节，注意画面层次，保证画面的协调统一。

完成时间：2课时。

优秀作品参考：参考图6-4-8。示例可参考图6-4-9。

实例：油画棒创作作品《我很勇敢》

步骤一，铅笔起稿，勾勒外形。

步骤二，用黑色勾线笔勾线，线条流畅。

步骤三，涂上基本色，注意画面的统一。

图 6-4-8 优秀作品组图

作者：梁炜茵

步骤一 起稿　　　　步骤二 勾线　　　　步骤三 上色

图 6-4-9 《我很勇敢》

作者：梁炜茵

请你根据本次课情况填写作品评价表和课中评价表（见表6-4-3和表6-4-4）。

表 6-4-3 作品评价表

评价内容	自评（分）	小组评（分）	教师评（分）	备注
主题突出（30分）				
构图和谐（10分）				
造型准确（10分）				
色彩和谐（10分）				

（续表）

评价内容	自评（分）	小组评（分）	教师评（分）	备注
绘制精美（20分）				
创意新颖（10分）				
整体效果（10分）				
总　分				
备　注				

表 6-4-4　课中评价表

评价项目	评价要点	自我评价 A 优秀（85—100分） B 良好（75—84分） C 合格（60—74分）	小组评价 A 优秀（85—100分） B 良好（75—84分） C 合格（60—74分）	教师评价 A 优秀（85—100分） B 良好（75—84分） C 合格（60—74分）
职业素养（10分）	认真、主动完成任务，有克服困难的勇气和毅力			
	在活动中勤于动手、善于思考、勇于实践			
知识技能（40分）	在活动中掌握完成项目任务的基本方法和技巧			
	获得较多体验和感受，获得更多解决问题方法和实践知识			
能力（20分）	有分析整理信息数据和独立思考的能力			
	有动手实践和团结协作的能力，能清晰地表达个人观点			
情感（20分）	具有团队精神，善于沟通合作			
	乐于分享活动中的创意和作品			
综合（10分）	分组评比，评比过程中论据充分，有自己的观点			
组长评价	由组长完成			
小结				

环节三　课　后

一、课后反思

学习完本课后，请你反思学习的效果，列出不足之处，并思考改进的办法。

学习效果	不　足	改进办法

二、课后拓展

请拓展油画棒在幼儿园教学与环创的运用，也可到幼儿园进行实践调研。

三、思考与实践

请思考：

（1）在制作油画棒作品过程中，思考综合运用油画棒画的技法是会有怎样的变化，并总结一定的规律。

（2）如何利用油画棒指导幼儿美术教学？

（3）如何利用油画棒进行幼儿园环境创设？

任务小结

请根据本次任务的教学目标达成情况，结合岗位需求进行拓展总结。

☆ 请运用书后评价表进行任务评价。

任务五　色彩的应用之水粉画

任务发布

水粉画的色彩瑰丽，柔润饱满。水粉颜料不需要使用过多的技法，容易调和。水粉画厚涂能像油画一样具有遮盖力，并且也有较强的附着性，薄铺时又似水彩那样流畅和滋润。幼儿水粉画，可以给幼儿一个更加自由、宽广的色彩表现空间。在使用水调和粉质颜料绘制时，不但可以在画面上产生艳丽、柔润、明亮、浑厚等艺术效果，还能让幼儿有一种不能自主控制、意外生成的色彩惊奇感，画面呈现变幻莫测、色彩缤纷的效果，非常受幼儿的喜爱。

请创作一幅水粉画作品，并根据本任务学习内容进行自主规划并填写学习计划表（见表6-5-1）。

表6-5-1　学生学习计划表

任务五		色彩的应用之水粉画
课前预习	预习时间	
	预习结果	1. 难易程度 ◎偏易（即读即懂）　◎适中（需要思考）　◎偏难（需查资料）　◎难（不明白） 2. 问题总结
课后复习	复习时间	
	复习结果	1. 掌握程度 ◎了解　　◎熟悉　　◎掌握　　◎精通 2. 疑点难点归纳

任务实施

环节一　课　前

一、预习

了解水粉画，收集绘制水粉画的资料，准备好相关材料。

了解水粉画的特点、技法和辅助材料。

请完成课前评价表（见表6-5-2）。

二、材料准备

教师准备：（1）多媒体课件、水粉画作品的图片及资料。（2）绘制水粉画作品的工具、水粉画作品。

学生准备：水粉纸、水粉笔、水粉色、调色盒、调色盘、洗笔筒、板刷、画具箱等。

表 6-5-2　课前评价表

内　容	分　值	小组评价	教师评价	备　注
信息收集	10			
材料准备	10			
知识掌握	60			
自主合作	15			
职业素养	5			

环节二　课　中

一、案例导入

青苗幼儿园中三班迎来了每周一次的美术活动，甜甜老师拿着一个神秘的盒子走进了教室，顿时吸引了所有幼儿的注意，大家都急切地想知道盒子里究竟装的是什么。甜甜老师笑眯眯地说："小朋友们，今天老师给你们带来了一个十分有趣的东西，它有个很好听的名字，叫水粉。它的身体非常柔软，平时就喜欢待在这些透明的小罐子里。而老师左手拿的就是水粉最亲密的小伙伴，叫水粉笔。将这些笔先放在清水里洗个澡，再到罐子里邀请水粉出来，就可以在纸上画出美丽的颜色啦！接下来，老师就要用它们来画一朵花，请你们仔细看老师的动作哦。"甜甜老师边说边引导幼儿观察她画画的顺序以及握笔的姿势。"大家注意看，老师刚才画了一朵什么颜色的花？"甜甜老师再次引导幼儿观察水粉的颜色。"现在，花画好了，我们要给花儿配上叶子了。可是水粉笔上全是花朵的颜色，这可怎么办呢？"甜甜老师鼓励幼儿大胆发言："小朋友们想想该怎么给水粉笔换个颜色呢？""放水里！""小朋友们真聪明，先给水粉笔洗个澡，然后重新邀请绿色的水粉颜料，我们就可以来画叶子咯！"甜甜老师进一步示范如何清洗画笔。"现在，老师将水粉颜料和水粉笔交给你们，请你们每个人都画一朵漂亮的花。"经过老师的引导，幼儿迫不及待地画起来，一朵朵盛开的小花陆续完成，把教室装点得十分美丽。活动时间快结束了，甜甜老师不忘提醒幼儿："小朋友们，我们一定要给每一支笔都洗个澡，让它们干干净净地回家哦。"你觉得水粉画可以如何运用在幼儿教学过程中呢？

二、新知讲解

（一）水粉画概述

水粉画是使用水调和粉质颜料绘制而成的一种画，其表现特点为处在不透明和半透明之间。水粉色不是加水变浅，而是加白色使颜色变浅，水粉色调和方法简单且具有一定的覆盖力，比较适合儿童涂抹。但是儿童水粉画与成年人的水粉画还是略有不同的，儿童水粉画不需要像成年人那样去研究色彩的冷暖变化，儿童绘画时多以平涂为主，以自己的审美意识调配色彩，具有装饰色彩的效果。儿童学习水粉画可以很好地认识色彩，对颜色的透明度有一个新的认识，在学习水粉画的过程中可以学会怎样去调色，进一步了解调色对水粉画的重要性。

（二）水粉画技法

1. 平涂法

平涂法是水粉画技法中最常用也是最简单的技法。用水粉笔蘸取水粉颜料调和适当的水分，并根据画面内容的需要在画纸上进行横向涂、竖向涂或斜向涂，涂抹时用力均匀，追求无笔触的平滑效果（见图6-5-1）。

2. 厚涂法

厚涂法即直接蘸取颜料或在颜料中加少量的水进行绘画。这种技法所用颜料稍厚，因此有较高的覆盖力，同时由于水分较少，易于掌握（见图6-5-2）。

图6-5-1　平涂法　　　　　　　　　　　　　　　图6-5-2　厚涂法

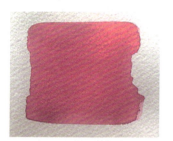

图6-5-3　薄涂法

3. 薄涂法

薄涂法与厚涂法相反，要求蘸取的颜料尽量少一些，调和的水量较多。薄涂法颜料含量较少，容易透出纸的颜色，因此适合表现较通透的事物或呈现清爽、淡雅的视觉效果（见图6-5-3）。

4. 点画法

点画法源自19世纪80年代后期的新印象派，代表人物有保罗·西涅克、卡米耶·毕沙罗等。此流派的画家用点状的小笔触表现形象，画面中的形象没有明确的轮廓线，而是由色点组成。画面的色点保持颜色本身的明度和纯度，因此画面色彩丰富、色调明亮（见图6-5-4）。

5. 叠画法

叠画法分厚涂式和薄涂式两种表现方式（见图6-5-5）。

厚涂式的叠画即直接蘸取颜料进行绘制，每一层颜色叠加时会与前一层有一定的融合，可以形成丰富的色彩效果，同时因为颜料有一定厚度又能产生一定的肌理效果。

薄涂式的叠画有两种方式，一是待第一层颜色干透后再上第二层颜色，这样叠画出的效果使两层颜色都能够显现出来，层次丰富；二是在第一层颜色还未干时直接上第二层颜色，这样叠加部分的色彩会慢慢融合，形成交融的效果。

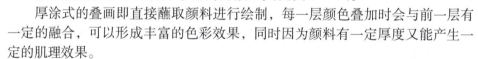

图6-5-4　点画法

6. 水油分离法

水油分离法是利用水粉颜料溶于水而油画棒不溶于水的原理进行绘画创作（见图6-5-6）。

7. 渐变法

渐变法有单色渐变和多色渐变两种表现方式。

单色渐变有两种方式：① 选择一种颜色，利用加白色颜料调和来改变颜色的深浅，从而达到渐变效果，如图6-5-7；② 改变水粉笔笔头上的含水量来调节颜色的深浅变化，从而实现渐变，如图6-5-8。

图6-5-5　叠画法

多色渐变即色相渐变，是指在色相环里任选两种或两种以上色彩进行渐变。在进行多色渐变时，每次添加色彩的分量逐渐添加，不能一次添加过多，否则容易导致颜色变化过快，过渡不自然。

8. 吹制法

吹制法是水粉画技法里趣味性较强的一种技法。该技法需要将颜料稀释至可流动的状态，倒适量在纸上，再用吸管或嘴对着液态的颜料用力吹气。在这一过程中可随时调整吹气的方向，从而形成设想中的纹理效果，如图6-5-9和图6-5-10所示。除此之外，还可以把颜料添加至肥皂水中，在纸上吹出彩色气泡，气

| 图 6-5-6 水油分离法 | 图 6-5-7 单色渐变法 1 | 图 6-5-8 单色渐变法 2 | 图 6-5-9 吹制法 1 | 图 6-5-10 吹制法 2 |

泡破裂后便会在纸面上留下彩色的圆。

9. 喷溅法

喷溅法可以给画面制造点状的肌理。具体的制作方法是用牙刷或者弹性较大的画笔蘸取颜色后在尺子、笔杆等较坚硬的物体上来回弹刮，随着节奏或距离的变化，可以在纸上形成或密集或稀疏、或大或小的点，如图 6-5-11 所示。

使用喷溅法创作时还可以使用事先制作好的镂空模具，在镂空的部位进行喷溅，完成后将模具取下，就可以在纸面上形成和镂空形状相同的点状形象。

图 6-5-11 喷溅法

10. 压印法

压印法即利用实物的形状和纹理进行创作。在树叶、丝网、手指、硬币、海绵等实物上涂抹水粉颜料，然后将实物有颜料的一面印在纸面上，轻轻按压，再将实物揭开，就会在纸上形成与实物造型一致的、有一定纹理的图案（见图 6-5-12）。

图 6-5-12 压印法

三、任务实践

任务内容：运用平涂技法创作一幅水粉装饰画。

任务要求：（1）主题突出，构图和谐。（2）色彩搭配和谐。（3）层次感强。（4）尺寸：4 开水粉画。

完成时间：4 课时。

优秀作品参考：优秀作品可参考图 6-5-13～图 6-5-16。水粉作品创作步骤示例[1]可见图 6-5-17～图 6-5-20。学生优秀作品可见图 6-5-21～图 6-5-26。

图 6-5-13 作品《守护一片绿色》 图 6-5-14 作品《未来的大国工匠》 图 6-5-15 作品《赛龙舟》 图 6-5-16 作品《黄圃飘色》

---

[1] 水粉作品创作作者：黄海盈

图 6-5-17　铅笔起稿　　　图 6-5-18　勾线　　　图 6-5-19　铺大色调　　　图 6-5-20　刻画细节

图 6-5-21　作品 1　　　图 6-5-22　作品 2　　　图 6-5-23　作品 3　　　图 6-5-24　作品 4
作者：吴锦儿　　　　　作者：吴海莹　　　　　作者：张童茵　　　　　作者：吴梓琳

图 6-5-25　作品 5　　　图 6-5-26　作品 6
作者：谢绮庭　　　　　作者：刘静茹

请你根据本次课情况填写作品评价表和课中评价表（见表 6-5-3 和表 6-5-4）。

表 6-5-3　作品评价表

评价内容	自评（分）	小组评（分）	教师评（分）	备　注
主题突出（30分）				
构图和谐（10分）				
造型准确（10分）				
色彩和谐（10分）				
绘制精美（20分）				

（续表）

评价内容	自评（分）	小组评（分）	教师评（分）	备注
创意新颖（10分）				
整体效果（10分）				
总　分				
备　注				

表 6-5-4　课中评价表

评价项目	评价要点	自我评价 A 优秀（85—100分） B 良好（75—84分） C 合格（60—74分）	小组评价 A 优秀（85—100分） B 良好（75—84分） C 合格（60—74分）	教师评价 A 优秀（85—100分） B 良好（75—84分） C 合格（60—74分）
职业素养 （10分）	认真、主动完成任务，有克服困难的勇气和毅力			
	在活动中勤于动手、善于思考、勇于实践			
知识技能 （40分）	在活动中掌握完成项目任务的基本方法和技巧			
	获得较多体验和感受，获得更多解决问题方法和实践知识			
能力 （20分）	有分析整理信息数据和独立思考的能力			
	有动手实践和团结协作的能力，能清晰地表达个人观点			
情感 （20分）	具有团队精神，善于沟通合作			
	乐于分享活动中的创意和作品			
综合 （10分）	分组评比，评比过程中论据充分，有自己的观点			
组长评价	由组长完成			
小结				

环节三　课　后

一、课后反思

学习完本课后，请你反思学习的效果，列出不足之处，并思考改进的办法。

学习效果	不　足	改进办法

二、课后拓展

请拓展水粉画在幼儿园教学与环创中的运用，也可到幼儿园进行实践调研。

三、思考与实践

（1）在制作水粉画作品过程中，思考综合运用水粉画的技法是会有怎样的变化，并总结一定的规律。

（2）如何利用水粉画指导幼儿美术教学？
（3）如何利用水粉画进行主题为"森林王国"的幼儿园环境创设？

任务小结

请根据本次任务的教学目标达成情况，结合岗位需求进行拓展总结。

☆ 请运用书后评价表进行任务评价。

模块小结

本模块通过学习色彩的基本概念、色彩的基础知识、色彩对生理与心理的影响以及色彩的表现形式与运用，提高学生的审美能力与运用色彩能力，对幼儿保育岗位上的美术教学、幼儿玩教具制作、幼儿园环境创设起到铺垫的作用，使学生具备良好的岗位能力与职业素养。

模块七 装饰图案

本模块课件

模块导读

装饰图案是幼儿保育专业美术基础课程的必修内容，装饰性是儿童画的特点。儿童装饰画是幼儿运用简单的点、线、几何图形和动、植物等图案或花纹有目的地在教师引导下对作品进行美化和装饰。再加上装饰图案具有规范化、图像化、程式化的特点，正好满足了幼儿的心理需要，也满足他们日益增长的对审美的需求。因此，幼儿保育专业学生通过对本模块系统的学习，掌握装饰图案的原理和规律，以适应未来幼儿园教育教学和美育工作的需要。

思政要求

在对中国传统装饰图案的学习中，培养学生对传统文化的热爱之情，增强文化自信。完成任务的过程可以增强学生的岗位技能和工匠精神；小组探究合作学习可以培养学生解决问题的能力，增强团队协作意识；制作符合幼儿园岗位需求的装饰画有助于提升学生的审美能力与创新能力。

岗位能力

幼儿保育专业学生掌握了一定的装饰图案的绘画技巧和设计制作能力，可以很好地辅助美术教师进行装饰图案的教学活动设计及教玩具和环创设计。

模块目标

1. 知识目标：熟练掌握图案的基础知识、造型设计和色彩表现方法，做到触类旁通，举一反三，能够独立地进行装饰图案设计。
2. 技能目标：具有装饰图案的绘画设计的实践能力，能够合理分析、正确评价幼儿装饰画实践活动和幼儿园的环境布置中装饰图案的应用。
3. 能力目标：具备图案基础的造型能力；熟悉装饰图案基本的构图原则；具备一定的色彩搭配能力和色彩理解能力。
4. 素养目标：具有开拓创新的能力和精益求精的工匠精神；通过融合传统文化、本土文化做好文化传承，树立文化自信；通过完成真实项目具备良好的岗位能力和职业素养。

任务一　装饰图案的基础知识

任务发布

图案与人们的物质生活和精神生活密切相关，从人们的衣食住行到社会的各行各业，随处可见图案的存在。图案具有实用性，可满足人们的物质生活需要，同时也具有艺术性。学习图案的目的是了解图案的特征及其功能特点，了解图案的构成及图案的形式美法则，提高造型设计能力及审美能力。中国传统图案历经久远的岁月，带给我们的不仅是一种视觉上的美感，还具有浓郁的文化象征意义。可可和爸爸妈妈被瓷器店漂亮的青花瓷图案所吸引，计划回家要为自己班级的窗户绘制一个装饰图案进行美化。请你通过学习图案的基础知识，帮助她为幼儿园班级的窗户绘制装饰图案。

请根据本任务学习内容进行自主规划并填写学习计划表（见表7-1-1）。

表7-1-1　学生学习计划表

任务一		装饰图案的基础知识
课前预习	预习时间	
	预习结果	1. 难易程度 ◎偏易（即读即懂）　◎适中（需要思考）　◎偏难（需查资料）　◎难（不明白） 2. 问题总结
课后复习	复习时间	
	复习结果	1. 掌握程度 ◎了解　◎熟悉　◎掌握　◎精通 2. 疑点难点归纳

任务实施

一、预习

了解装饰画的相关知识，收集喜欢的图案，准备好相关绘画材料。思考：中国传统图案的源头是什么？每个朝代典型图案有怎样的特点？二方连续和四方连续的图案有怎样的特点？

二、材料准备

教师准备：（1）多媒体课件、装饰图案的图片及资料。（2）装饰图案绘画工具。

学生准备：（1）画纸、水粉颜料、水粉笔、勾线笔、铅笔、橡皮、美工刀、胶带。（2）收集装饰图案基础知识的相关图片和文字资料。（3）收集体现中国传统文化的图案纹样。

请完成课前评价表（见表7-1-2）。

表7-1-2　课前评价表

内　　容	分　值	小组评价	教师评价	备　注
信息收集	10			
材料准备	10			
知识掌握	60			
自主合作	15			
职业素养	5			

环节二 课　　中

一、案例导入

周末，可可和爸爸妈妈逛到了一个传统手工艺的瓷器店，店里面有许多青花瓷盘子。可可对妈妈说："这个盘子上面的图案真漂亮，中国的传统工艺太优秀了！"妈妈说道："可可，我们回家也可以绘制图案纹样，用来装饰家里或者幼儿园都很漂亮"。可可连忙说："好呀！好呀！妈妈，我迫不及待要和你一起画装饰画了！"你认为可以怎样和幼儿一起创作图案装饰画呢？

二、新知讲解

（一）装饰图案的起源与发展

中国传统图案的源头，可以追溯到新石器时代彩陶器身上的装饰性纹样，如动物纹、人纹、几何纹，都是经过夸张变形、高度提炼的图形（见图7-1-1）。商周时期的青铜器艺术是装饰图案的鼎盛时期，风格沉重、神秘、威严（见图7-1-2）。战国时期的帛画艺术，一般分为具象题材、意象题材、花卉题材、人物肖像题材、抽象题材和综合题材等（见图7-1-3）。汉代、唐代、宋代流行画像砖和画像石刻（见图7-1-4），明清的版画、工艺品等具有极强的装饰性，另外洞窟壁画、墓室壁画、宫殿装饰壁画艺术对当今装饰画的影响也非常大（见图7-1-5）。中国传统图案历经久远的岁月，带给我们的不仅是一种视觉上的美感，而且还具有浓郁的文化象征意味。

（二）图案基础

1. 图案的含义

图案即图形的设计方案。图案是与人们生活密不可分的、艺术性和实用性相结合的艺术形式，生活中具有装饰意味的花纹或者图形我们都可以称之为图案。

广义上的图案是指实用和装饰相结合的美术形式，是现代工业、实用工艺和建筑艺术等多方面的、关于造型、色彩、形式等的预先设计及施工方案，在工艺、材料、用途、经济、生产条件制约下绘成图样等的统称。

狭义上的图案是指运用形式美法则，对器物的造型、色彩、纹样进行设计的装饰性纹样。目前大多从狭义上的图案的角度来讲解和分析图案的基本知识。

2. 图案的分类

（1）按图案的构成空间分类。平面图案：指在平面物体上或纸面上设计的纹样和色彩，如包装纸图案（见图7-1-6）、书籍封面设计、地砖图案（见图7-1-7）、印染花布（见图7-1-8）、广告招贴等。立体图案：相对于平面图案而言，立体图案是指图案设计中结合造型和构造进行的纹样装饰和色彩配置的设计图案。如建筑立体纹样（见图7-1-9）、青铜器纹样（见图7-1-10）、陶瓷器纹样等（见图7-1-11）。

图7-1-1　古代陶器装饰纹样　　　　图7-1-2　古代青铜器装饰纹样　　　　图7-1-3　战国帛画装饰纹样

图7-1-4　汉代画像砖装饰文案　　图7-1-5　敦煌壁画装饰纹样　　图7-1-6　包装纸图案　　图7-1-7　地砖图案

图 7-1-8　花布纹样

图 7-1-9　建筑立体纹样

图 7-1-10　青铜器纹样

图 7-1-11　陶瓷器纹样

（2）按图案的组织形式分类。独立纹样：指不与周围发生直接联系，可以独立存在和使用的纹样，包括单独纹样（见图 7-1-12）和适合纹样（见图 7-1-13）。连续纹样：纹样具有重复性，是单个纹样重复而组成的花纹，包括二方连续纹样和四方连续纹样。二方连续纹样是由一个单独纹样（一个纹样或两三个纹样组合为一个单位纹样），向上下或左右两个方向反复连续进行而形成的纹样（见图 7-1-14）。四方连续纹样是由一个单位纹样，向上、下、左、右四个方向反复连续进行而形成的图案形式（见图 7-1-15）。

图 7-1-12　单独纹样

图 7-1-13　适合纹样

图 7-1-14　二方连续纹样

图 7-1-15　四方连续纹样

（3）按图案的题材分类。可分为植物图案（见图 7-1-16）、动物图案（见图 7-1-17）、人物图案（见图 7-1-18）、几何图案以及由多种题材组合或复合而成的图案。

（4）按图案表现形式分类。可以大致分为具象与抽象两类。具象图案是对自然、生活中的具体物象进行摹仿性的表达，具象图形设计主要取材于生活和大自然中的人物、动物、植物、静物、风景等（见图 7-1-19）。抽象图案仅以抽象性的造型元素本身来表达形式美感，不必形似（见图 7-1-20）。

图 7-1-16　植物图案

图 7-1-17　动物图案

图 7-1-18　人物图案

图 7-1-19　具象图案

图 7-1-20　抽象图案

（5）按图案的不同专业应用分类，可分为织锦图案（见图 7-1-21）、建筑图案（见图 7-1-22）、装潢图案、家具图案等。

（三）图案的形式美原理与法则

装饰图案设计与其他艺术形式一样是美化人们生活的方式之一，它有着自身的一系列审美规律。形式美法则是人类在创造美的形式、美的过程中对美的形式规律的经验总结和抽象概括。要想设计出优秀的装饰图案作品，就必须了解装饰图案艺术的形式美法则。

1. 对称与均衡

大自然中的众多生物都有着对称的结构，如：花叶、动物、人物等。人类对于对称的形式有着天然的亲近感，并创造了无数具有对称形式的物体，如：建筑、器物、家具、交通工具等。对称的类型有静态对称（左右对称、上下对称）（见图 7-1-23），动态对称（放射对称、旋转对称）（见图 7-1-24）。

均衡是一种异形等量的组合，使不对称的形态在视觉上相互保持等量，达到平衡的感觉。均衡是一种动态平衡，着重于视觉和心理体验，在量变中寻求潜在的稳定，是一种富有运动和变化美的构图形式（见图 7-1-25）。

图 7-1-21 织锦图案

图 7-1-22 建筑图案

图 7-1-23 静态对称

图 7-1-24 动态对称

图 7-1-25 均衡式

2. 对比与协调

对比的作用在于产生变化，根据变化程度，可以突出、烘托和陪衬主题。把大小、多少、强弱、色彩、肌理等互为相反的视觉要素放置在一起比较，所得到的感觉要比它们单独放置更为明显。协调是指一种整体和谐的视觉状态。协调的原则是"统一中求变化，对比中求统一"（见图 7-1-26～图 7-1-29）。

3. 节奏与韵律

节奏原是指音乐中节拍的长短，这里指在装饰图案设计中各元素（如点、线、面、形、体、色）给观者在视觉心理造成的一种有规律的秩序感和运动感。韵律原是指诗歌中抑扬顿挫产生的感觉，这里指在图案设计中要求各元素之间风格、样式在统一的前提下存在一定的变化，在某种程度上有一定的反复存在（见图 7-1-30）。

图 7-1-26 图案对比
作者：杨家敏

图 7-1-27 疏密对比
作者：黄靖文

图 7-1-28 色彩冷暖对比
作者：袁咏萱

图 7-1-29 色彩色相对比
作者：袁咏萱

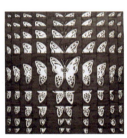
图 7-1-30 节奏与韵律

三、任务实践

任务内容：从中国传统文化中的纹样汲取灵感，为"阳光幼儿园"的环境创设绘制图案纹样。

任务要求：（1）主题突出、层次分明、构图和谐。（2）色调统一、整体感强、色彩和谐。（3）制作精良、细节精细、画面协调。

任务完成时间：2 个课时。

优秀作品参考：可见图 7-1-31。具体实例步骤可参见图 7-1-32 和图 7-1-33。

图 7-1-31 四方连续参考图

步骤一：单独纹样草图　步骤二：四方连续草图　步骤三：勾线笔描线　步骤四：填充颜色　步骤四：完成

图 7-1-32 四方连续组图

四方连续纹样微课

美工基础 123

步骤一：铅笔绘制草图　　步骤二：勾线笔描线　　步骤三：彩铅上色

图 7-1-33　单独纹样组图

请你根据本次课情况填写作品评价表和课中评价表（见表 7-1-3 和表 7-1-4）。

表 7-1-3　作品评价表

评价内容	自评（分）	小组评（分）	教师评（分）	备注
主题突出（30分）				
构图和谐（10分）				
造型准确（10分）				
色彩和谐（10分）				
制作精细（20分）				
创意新颖（10分）				
整体效果（10分）				
总　　分				
备　　注				

表 7-1-4　课中评价表

评价项目	评价要点	自我评价 A 优秀（85—100分） B 良好（75—84分） C 合格（60—74分）	小组评价 A 优秀（85—100分） B 良好（75—84分） C 合格（60—74分）	教师评价 A 优秀（85—100分） B 良好（75—84分） C 合格（60—74分）
职业素养（10分）	认真、主动完成任务，有克服困难的勇气和毅力			
	在活动中勤于动手、善于思考、勇于实践			
知识技能（40分）	在活动中掌握完成项目任务的基本方法和技巧			
	获得较多体验和感受，获得更多解决问题方法和实践知识			
能力（20分）	有分析整理信息数据和独立思考的能力			
	有动手实践和团结协作的能力，能清晰地表达个人观点			
情感（20分）	具有团队精神，善于沟通合作			
	乐于分享活动中的创意和作品			

（续表）

评价项目	评价要点	自我评价 A 优秀（85—100分） B 良好（75—84分） C 合格（60—74分）	小组评价 A 优秀（85—100分） B 良好（75—84分） C 合格（60—74分）	教师评价 A 优秀（85—100分） B 良好（75—84分） C 合格（60—74分）
综合 （10分）	分组评比，评比过程中论据充分，有自己的观点			
组长评价	由组长完成			
小结				

环节三 课后

一、课后反思

学习完本课后，请你反思学习的效果，列出不足之处，并思考改进的办法。

学习效果	不足	改进办法

二、课后拓展

请你尝试将生活中不同的物品作为绘画"载体"，并将这些漂亮的装饰图案应用到幼儿园环境创设中去。

三、思考与实践

（1）如何区分二方连续和四方连续的绘制方法？在进行图案创作的过程中，如何有效地融入形式美的原理与法则？

（2）拓展装饰图案在幼儿园环创的运用，也可到幼儿园进行实践调研。

任务小结

请根据本次任务的教学目标达成情况，结合岗位需求进行拓展总结。

☆ 请运用书后评价表进行任务评价。

任务二　图案的造型及表现

任务发布

装饰图案在幼儿园美术教学和环境创设中都应用非常广泛，装饰图案夸张变形的表现手法，十分具有观赏性和趣味性，符合孩子们的审美需求和心理接受能力，有助于孩子们掌握新知识。动物是人类最亲密的伙伴，本周是幼儿园的动物主题周，幼儿园将进行动物主题周环境创设活动，请幼儿用抽象几何化的造型、夸张变形等表现手法为自己家中的宠物或者最喜欢的动物创作一幅动物装饰画。请你引导并协助幼儿完成。

请根据本任务学习内容进行自主规划并填写学习计划表（见表 7-2-1）。

表 7-2-1　学生学习计划表

任务二		图案的造型及表现
课前预习	预习时间	
	预习结果	1. 难易程度 ◎偏易（即读即懂）　◎适中（需要思考）　◎偏难（需查资料）　◎难（不明白） 2. 问题总结
课后复习	复习时间	
	复习结果	1. 掌握程度 ◎了解　◎熟悉　◎掌握　◎精通 2. 疑点难点归纳

任务实施

环节一　课前

一、预习

了解装饰图案造型及表现的相关知识，收集喜欢的图案，准备好相关材料。思考：世界上装饰画有哪些常见画派？他们的代表人物和代表作品有哪些？请收集喜欢的世界著名装饰画作品。你们家有养宠物吗，你喜欢的动物有什么特征？你有给家里的宠物画过像吗？

二、材料准备

教师准备：（1）多媒体课件、装饰图案的图片及资料。（2）装饰图案绘画工具。

学生准备：画纸、绘画颜料（水粉 / 水彩 / 彩铅 / 蜡笔）、水粉笔、勾线笔、铅笔、橡皮、美工刀、胶带。收集装饰图案基础知识的相关图片和文字资料。

请完成课前评价表（见表 7-2-2）。

表 7-2-2　课前评价表

内　容	分　值	小组评价	教师评价	备　注
信息收集	10			
材料准备	10			
知识掌握	60			
自主合作	15			
职业素养	5			

环节二 课中

一、案例导入

咪咪是芸汐小朋友家里的宠物猫，是家庭重要的一分子。芸汐特别喜欢小猫咪咪，明天就是咪咪来家里2周年的日子了，刚好学校布置了动物主题周的作业，妈妈提议为咪咪画一张装饰画，让我们一起来帮一下芸汐吧。

二、新知讲解

（一）常见装饰图案的造型风格

装饰画要求突破原有物象的形态局限，把原有物象中最典型的特征提炼出来，运用联想、变异、夸张等手法进行表现，这些装饰手法使原有物象具有了形态完整、富有寓意和生动有趣的特点，装饰画造型简洁、夸张、变异，是对自然或社会生活题材中原有物象的形态进行的提炼和归纳。下面结合一些大师的作品对装饰画常见的造型风格给大家做介绍。

1. 超现实主义绘画派

幼儿园装饰画中最常用的就是胡安·米罗的作品（见图7-2-1）。米罗是20世纪的绘画大师，超现实主义绘画的伟大天才之一。米罗的超现实主义绘画具有鲜明的个人风格：简略的形状，强调笔触的点法，精心安排的背景环境，奇思遐想、幽默趣味和清新的感觉。他的画中往往没有什么明确具体的形，而只有一些线条，一些形的胚胎，一些类似于儿童涂鸦期的偶得形状。颜色非常简单，红、黄、绿、蓝、黑、白，在画面上被平涂成一个个的色块，却充满了隐喻、幽默、轻快，并且富有诗意。这些看似漫不经心乱涂出来的稚拙形状，被脐带缠得乱七八糟的胚胎，似鬼魂、珊瑚、活动的变形虫、各种乱针线，它们共同构成一个反复无常的滑稽世界，一个多彩多姿的梦幻世界。

2. 抽象派

抽象绘画是以直觉和想象力为创作的出发点，排斥任何具有象征性、文学性、说明性的表现手法，仅将造型和色彩加以综合、组织在画面上。因此抽象绘画呈现出来的纯粹形色，有类似于音乐之处。

抽象派画家代表人物为瓦西里·康定斯基，他是抒情抽象派代表画家。康定斯基的作品特点首先是音乐与绘画的融合，在进行抽象绘画时，画的内在实质和外在性表现上都有音乐的影子，绘画作品整体看起来也很有节奏感。他非常注重对色彩的把控，作品通常给人一种明亮而清新的感觉。在他的作品中，色彩是最起初的语言，他通过对色彩冷暖、明暗、强弱的把控来表现他对世界万物浓烈的情感。通过对色彩的不同组合，他让人们感受到了他的内心世界。在康定斯基的作品中，他常常是以构图或者即兴作画为主题的，根据不同的画，精心描绘或者就是单纯凭借自己的直觉去拟定主题和布局。所以康定斯基的作品在抽象绘画时发掘了绘画元素的内在表现力。康丁斯基的画面空间，排列着颤动的、急速运动状的色块，故事也就淹没在这抽象的图案之中。康丁斯基运用美术与音乐相类似的性质，通过线条和色彩、空间和运动表现艺术家的意图（见图7-2-2）。

图7-2-1 米罗作品组图　　　　　　　　　　图7-2-2 康定斯基作品组图

3. 几何抽象画派

几何化是重要的装饰方法之一，也是幼儿最容易欣赏和接受的装饰画形式，彼埃·蒙德里安是几何抽象画派的先驱，以几何图形为绘画的基本元素。

早期的蒙德里安以具象为基础，晚年他摒弃所有附加物之后的具象化：观察、解构、再构造，开始去表达层次更加丰富的感受，比如喧哗、闪烁，以及韵律。他主张以几何形体构成"形式的美"，作品多以垂直线和水平线，长方形和正方形的各种格子组成，并在其中安排三原色（红、蓝、黄）及灰色，反对用曲线，完全摒弃艺术的客观形象和生活内容。

他认为艺术是一种净化，只有用抽象的形式，才能获得人类共同的精神表现。这种风格脱离自然的外在形式，以表现抽象精神为最终目的，崇尚直线美，创造直线构成的立体空间世界。他使用更基本的元素创作（如直线、直角、三原色）组成抽象画面，充满色彩柔和、轻快和谐的节奏感。直到今天，它直接影响着现代艺术与现代设计里的一些装饰艺术的造型与构成观念（见图7-2-3）。

此外，幼儿园的欣赏课程通常会选择巴勃罗·毕加索的作品，世界上从来没有一位画家像毕加索那样有惊人的坦诚之心和天真无邪的创造力，这与孩子们的天性惊人的一致。毕加索以完全彻底的自由任意重造世界，随心所欲地行使他的威力。他的作品不要规定，不要偏见，什么都不要，又什么都想要去创造。他在艺术历程上没有规律可循，从自然主义到表现主义，从古典主义到浪漫主义，然后又回到现实主义。从具象到抽象，他反对一切束缚和宇宙间所有神圣的看法，只有绝对自由才适合他（见图 7-2-4）。

图 7-2-3 蒙德里安作品组图

图 7-2-4 毕加索作品组图

（二）图案的表现手法

图案的造型离不开装饰造型的方法及表现手法，其表现手法有很多，常见的有写实、夸张、省略、添加、象征、变形等。其中夸张、变形手法运用较广，它往往是借助想象力，根据理想化的需要，强化形象的特征，突出最精彩的地方，或赋予其人的情感，使形象生动有趣，更加典型化，并具有代表性及艺术感染力。

1. 写实

生活是艺术创作的源泉，图案的写实基于写生的基础，要到实际生活中去，熟悉、研究、表现对象，探寻自然的形式美（见图 7-2-5）。

图 7-2-5 写实手法图案

写实的过程中要仔细观察对象，选择最好的角度，善于比较、分析形体，要有取舍，有主次之分，力求使写生的形象更生动、准确，且具有典型的形式美感。写生的表现方法有很多，常见的有线描写生、淡彩写生和色彩写生。

2. 夸张变形

根据需要，在保持事物特征的基础上，改变原形象的比例关系，此为夸张。夸张是加强和突出形象特征的一种手法，也是形象变化的重要手段。需要强调的是，变形是在物体原有形象的基础上，改变原有自然形象，着重于设计意图的表现。变形的手法包括造型变形、切割变形、错位变形、逻辑变形等（见图 7-2-6）。

动物　　　　　人物
图 7-2-6 夸张变形

夸张与变形并非随心所欲，不管夸张的力度有多大，事物的原形特征一定要保持，再加入作者的感受和理解。

3. 省略

省略是在保持自然形象特征的前提下，力求达到造型上的简洁。在变化中要做到精心选择，删繁就简，创造出整体美感强的图案形象（见图 7-2-7）。

帆船　　　　　花瓶
图 7-2-7 省略手法

4. 添加

添加是在省略或夸张的基础上，把具有典型特征的形象，合乎情理地与特征结合起来，美化图案形象，使之成为构图饱满、装饰性强的装饰图案（见图 7-2-8）。

大象　　　　　牛
图 7-2-8 添加手法

5. 象征

象征是以某物体表现某一抽象概念的手法。如鱼象征年年有余，牡丹象征富贵，鸽子象征和平，火炬象征光明，梅竹象征高尚品德等（见图 7-2-9）。

6. 解构法

解构法类似于构成中的打散重构，也可以叫剪拼重组。自然界中的物体经过归纳、提炼、概括处理之后，根据主观意图，可以将它分割、移位，然后再根据一定规律重新组合，称之为解构法。使用这种方法创造的艺术形象往往融入了作者的情感和想象，源于自然又超越于自然（见图7-2-10）。

年年有鱼　　　　　　　花开富贵

图 7-2-9　象征

静物　　　　　　　　　人物

图 7-2-10　解构法

三、任务实践

任务内容：应用图案的表现手法知识，进行图案设计，为幼儿园"动物"主题周设计出充满装饰效果和趣味性的动物主题装饰画。

任务要求：（1）主题突出、层次分明、构图和谐。（2）色调统一、整体感强、色彩和谐。（3）制作精湛、细节精细、画面协调。

任务完成时间：2个课时。

优秀作品参考：优秀作品可见图7-2-11。示例图《快乐的猫》步骤可见图7-2-12。

图 7-2-11　优秀作品参考

请你根据本次课情况填写作品评价表和课中评价表（见表7-2-3和表7-2-4）。

步骤一：铅笔绘制草图　　步骤二：勾线笔描线　　步骤三：马克笔上色　　步骤四：荧光笔绘画图案纹理细节

图 7-2-12　快乐的猫

微课：《快乐的猫》

表 7-2-3　作品评价表

评价内容	自评（分）	小组评（分）	教师评（分）	备　注
主题突出（30分）				
构图和谐（10分）				
造型准确（10分）				
色彩和谐（10分）				
制作精细（20分）				
创意新颖（10分）				
整体效果（10分）				
总　　分				
备　　注				

表 7-2-4　课中评价表

评价项目	评价要点	自我评价 A 优秀（85—100分） B 良好（75—84分） C 合格（60—74分）	小组评价 A 优秀（85—100分） B 良好（75—84分） C 合格（60—74分）	教师评价 A 优秀（85—100分） B 良好（75—84分） C 合格（60—74分）
职业素养 （10分）	认真、主动完成任务，有克服困难的勇气和毅力			
	在活动中勤于动手、善于思考、勇于实践			
知识技能 （40分）	在活动中掌握完成项目任务的基本方法和技巧			
	获得较多体验和感受，获得更多解决问题方法和实践知识			
能力 （20分）	有分析整理信息数据和独立思考的能力			
	有动手实践和团结协作的能力，能清晰地表达个人观点			
情感 （20分）	具有团队精神，善于沟通合作			
	乐于分享活动中的创意和作品			
综合 （10分）	分组评比，评比过程中论据充分，有自己的观点			
组长评价	由组长完成			
小结				

环节三　课　后

一、课后反思

学习完本课后，请你反思学习的效果，列出不足之处，并思考改进的办法。

学习效果	不　足	改进办法

二、课后拓展

请你运用本节课学习到的知识，设计喜欢动物的装饰画。拓展装饰画在幼儿园环创中的运用，也可到幼儿园进行实践调研。

三、思考与实践

（1）进行图案创作时，如何在细节的删减和增加中保持均衡？如何在夸张变形的时候，还保留原始的特征？

（2）如何在绘制动物装饰画的过程中引导和激发幼儿对动物的爱心？

任务小结

请根据本次任务的教学目标达成情况，结合岗位需求进行拓展总结。

模块七 装饰图案

☆ 请运用书后评价表进行任务评价。

任务三　图案的色彩表现

任务发布

色彩对幼儿身心健康发展有重要影响，是幼儿园建筑环境设计中不容忽视的设计内容。幼儿作为正处于认知发展的初期阶段，其所处环境中的色彩对幼儿未来身心发展特别是性格有着十分重要的影响。色彩装饰画在幼儿园教学和环境创设中有着十分重要的作用。幼儿园室内装饰设计大都运用装饰色彩，因此，研究人们对色彩的联想以及色彩的象征意义，研究各地区、各民族对色彩的欣赏习惯，研究儿童对色彩的感受与爱好，研究材料性能以及制作工艺，在装饰画的设计中尤为重要（见图7-3-1）。请根据色彩心理和装饰色彩的设计技法等相关知识，绘制"丰收"主题的装饰画，并根据本任务学习内容进行自主规划并填写学习计划表（见表7-3-1）。

图 7-3-1　幼儿园室内装饰

表 7-3-1　学生学习计划表

任务三		图案的色彩表现
课前预习	预习时间	
	预习结果	1. 难易程度 ◎偏易（即读即懂）　◎适中（需要思考）　◎偏难（需查资料）　◎难（不明白） 2. 问题总结
课后复习	复习时间	
	复习结果	1. 掌握程度 ◎了解　◎熟悉　◎掌握　◎精通 2. 疑点难点归纳

环节一 课前

一、预习

了解装饰画的相关知识，收集喜欢的图案，准备好相关材料。思考：秋天是丰收的季节，提到"丰收"你会联想到什么？请收集色彩心理的相关知识和素材，储备各类颜料、画具的实用方法。

请完成课前评价表（见表7-3-2）。

二、材料准备

教师准备：（1）多媒体课件、装饰图案的图片及资料。（2）装饰图案绘画工具。

学生准备：（1）画纸、绘画颜料（水粉/水彩/彩铅/蜡笔）、水粉笔、勾线笔、铅笔、橡皮、美工刀、胶带。（2）收集装饰图案色彩知识的相关图片和文字资料。

表7-3-2 课前评价表

内容	分值	小组评价	教师评价	备注
信息收集	10			
材料准备	10			
知识掌握	60			
自主合作	15			
职业素养	5			

环节二 课中

一、案例导入

"蓝色是美丽天空的颜色，红色是熊熊燃烧的火焰，白色是冬天的雪花飘飘，粉红是我的小小手，褐色是泥土的颜色，灰色是大象的厚厚皮肤，黄色是酸酸的大柠檬……"伴随着一首欢快的《颜色歌》，孩子们欢快地在充满秋色的山坡上玩耍。李老师问道："小朋友们，歌词里有这么多颜色，丰收又是什么颜色的呢？"小朋友们抢答道："是秋天的颜色""是果实的颜色""是思念的颜色""是落叶的颜色"。李老师温柔地说道："哦，原来'丰收'有这么多颜色呀，让我们一起把'丰收'的景色画出来好吗？"

二、新知讲解

色彩是绘画艺术的重要语言和表现手段。幼儿园装饰画的色彩应符合儿童的心理特点，既丰富又协调，将主观美感和客观景物有机结合起来，繁而不烦，艳而不厌。要注重色彩的相互衬托，如暖衬冷、繁衬简、暗衬亮。色彩要归类，统一调子，分布合理，使之更好地突出主题，突出重点。要有丰富的想象力和创造力，装饰画作品的创作可以不完全忠于自然。

（一）装饰色彩的心理特征

人们在接受色彩刺激的同时伴随一定的心理活动，进而要求色彩继续刺激感官，直到产生最大的心理快感，生理与心理交互作用，形成循环。

低幼年龄阶段对色彩的感受较单纯，多喜爱鲜明、自然之色，并出现性别差异。如女孩多喜爱粉色、黄色、白色，与温柔、安静联系；男孩多喜爱蓝色、灰色、咖啡色，与勇敢、坚强联系。青少年多喜欢模仿心中偶像、明星之色。随着年龄增长，社会阅历增多，心理逐渐成熟，多喜爱独具个性的色彩。老年人因生理功能的减退，对色彩的感受喜好更趋复杂，喜欢灰暗或艳丽不一。

（二）装饰色彩的设计方法

装饰图案的造型是在道法自然的基础上进行提炼和再创造的，它们区别于自然形态，因而它的色彩应用是对自然色彩进行了归纳、概括和提炼。其中，归纳自然色彩是装饰图案色彩表现的最大特征。

1. 归纳自然色彩

装饰图案的色彩不是自然色彩的再现，自然色彩有着丰富的明度、纯度、色相以及层次和细节，这些不适合装饰图案高度概括的造型要求。归纳色彩是在自然色彩的基础上进行概括和提炼，形成整体、简洁、装饰性强的色彩表现风格，使装饰图案的造型在装饰色彩的配合下，艺术特征得以提升和体现（见图7-3-2）。

2. 借鉴绘画色彩

在某种程度上，绘画作品中所表现的色彩也是对自然色彩的概括、提炼和再现。在描摹自然的过程中，画家会对作品倾注很强烈的个人主观色彩，使作品带有强烈的主观倾向和个人风格，这是对自然加工处理过的结果。绘画作品往往都有明确的色调和理性的色彩关系。我们可以借鉴绘画作品中的色彩关系、色调处理、色彩组合，使装饰图案的色彩表现更趋成熟。图案色彩在借鉴绘画作品的过程中，不是全盘接受，而是要有选择地参照。让借鉴到的色彩继续启发我们的想象力，充分表达自己的主观感受，使装饰图案的色彩表现更加完善（见图7-3-3）。

蒙德里安作品　　　　　　　　借鉴色彩作品

图7-3-2　归纳自然色彩　　　　　图7-3-3　借鉴绘画色彩作品

3. 主观色彩与客观色彩

主观色彩是画家或设计师在创作作品时，不受自然界色彩关系的约束，以完全自我的色彩感受来描绘客观对象，摆脱了那些约定俗成的概念，表现出完全的浪漫主义风格，使画面色彩因主观、自我而具有个性（见图7-3-4）。客观色彩就是指真实再现自然景物，不做任何修饰，遵从自然，是一种写实主义风格。装饰图案的色彩表现更多是从主观色彩中吸取养分，经过提炼、概括、夸张而形成（见图7-3-5）。

（三）常用颜料种类与绘制方法

1. 丙烯装饰画

丙烯颜料是用一种化学合成胶乳剂（含丙烯酸酯、甲基丙烯酸酯、丙烯酸、甲基丙烯酸，以及增稠剂、填补剂等）与颜色微粒混杂而成的新式绘画颜料。丙烯颜料出现于20世纪60年代，试验证明它有许多优于其他颜料的特性：干枯后为柔韧薄膜、坚硬耐磨、耐水、抗腐化、抗自然老化、不褪色、不变质脱落等（见图7-3-6和图7-3-7）。

图7-3-4　主观色彩　　　图7-3-5　客观色彩　　　图7-3-6　丙烯画　　　图7-3-7　丙烯装饰包

2. 水粉装饰画

水粉画是用粉质颜料作画的一个画种，其历史十分久远。我国古代的壁画、帛画及工笔重彩画、民间彩塑均采用了近似于胶粉画的着色方法。现代的水粉画是直接从胶粉画的基础上发展起来的，它的运用非常广泛。如各类宣传画、年画、彩色连环画、壁画以及舞台设计制作、包装等，都离不开这个画种，目前在我国水粉画已经成为色彩基础训练的主要画种（见图7-3-8）。

3. 水彩装饰画

水彩画是用水调和透明颜料作画的一种绘画方法，简称水彩，由于色彩透明，一层颜色覆盖另一层可以产生特殊的效果，但调和颜色过多或覆盖过多会使色彩肮脏，水干燥得快，所以水彩画不适宜制作大幅作品，适合制作风景等清新明快的小幅画作（见图7-3-9）。与其他绘画比较起来，水彩画相当注重表现技法，其画法通常分"干画法"和"湿画法"两种。

4. 彩色铅笔装饰画

彩色铅笔是一种携带和使用都很方便的工具，可单独使用，也可与其他技法结合使用，如使用彩色底纸或与水粉、水彩色同时使用。彩色铅笔有普通型和水溶型两种，水溶型彩铅是先将彩色笔颜色画好，再用清水毛笔进行润色，将干色变成湿色，可反复进行。彩色铅笔配色丰富，适合较深入细致的刻画，可表现立体感，并有一种独特的笔触纹理效果，变化微妙、灵活（见图7-3-10）。

5. 水彩笔装饰画

水彩笔是儿童常用的绘画工具，一般适合画儿童画。水彩笔的优点是色彩丰富、鲜艳，一支笔可以一次书写大字或大面积书画涂色，而且颜色变化丰富，更适宜书画的创作，提高了涂画效果，有利于提高幼儿学习兴趣和书画水平。缺点是可使用的时间较短，水分不均匀，过渡不自然，两色在一起不好调和。水彩笔颜色鲜亮，又容易上手，是幼儿园装饰画教学的常用工具（见图7-3-11）。

见图7-3-8 水粉装饰画

图7-3-9 水彩装饰画

图7-3-10 彩铅装饰画
作者：林淑莹

图7-3-11 水彩笔装饰画
作者：张文芳

三、任务实践

任务内容：运用色彩心理的相关知识，绘制"丰收"主题的色彩装饰画。

任务要求：（1）主题突出、层次分明、构图和谐。（2）色调统一、整体感强、色彩和谐。（3）制作精良、细节精细、画面协调。

任务完成时间：2个课时。

优秀作品参考：参考作品可见图7-3-12，示例步骤图可见图7-3-13。

图7-3-12 作品参考组图

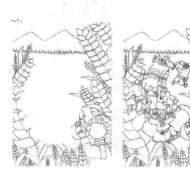

步骤一：用铅笔绘制草图，注意体现"丰收"主题的故事情节　　步骤二：添加草稿图案纹理细节　　步骤三：用描线笔进行描线　　步骤四：用水彩笔进行上色，处理图案的纹理细节。绘制时注意先画边缘再填充颜色，注意色彩搭配和颜色的层次感

图7-3-13 示例步骤图

请你根据本次课情况填写作品评价表和课中评价表（见表 7-3-3 和表 7-3-4）。

表 7-3-3　作品评价表

评价内容	自评（分）	小组评（分）	教师评（分）	备注
主题突出（30 分）				
构图和谐（10 分）				
造型准确（10 分）				
色彩和谐（10 分）				
制作精细（20 分）				
创意新颖（10 分）				
整体效果（10 分）				
总　　分				
备　　注				

表 7-3-4　课中评价表

评价项目	评价要点	自我评价 A 优秀（85—100 分） B 良好（75—84 分） C 合格（60—74 分）	小组评价 A 优秀（85—100 分） B 良好（75—84 分） C 合格（60—74 分）	教师评价 A 优秀（85—100 分） B 良好（75—84 分） C 合格（60—74 分）
职业素养（10 分）	认真、主动完成任务，有克服困难的勇气和毅力			
	在活动中勤于动手、善于思考、勇于实践			
知识技能（40 分）	在活动中掌握完成项目任务的基本方法和技巧			
	获得较多体验和感受，获得更多解决问题方法和实践知识			
能力（20 分）	有分析整理信息数据和独立思考的能力			
	有动手实践和团结协作的能力，能清晰地表达个人观点			
情感（20 分）	具有团队精神，善于沟通合作			
	乐于分享活动中的创意和作品			
综合（10 分）	分组评比，评比过程中论据充分，有自己的观点			
组长评价	由组长完成			
小结				

环节三　课　后

一、课后反思

学习完本课后，请你反思学习的效果，列出不足之处，并思考改进的办法。

学习效果	不　足	改进办法

二、课后拓展

提到"丰收"两个字,人们总是会想起袁隆平爷爷的"禾下乘凉梦",请以袁隆平爷爷杂交水稻的事迹,绘制色彩装饰画。

三、思考与实践

请思考,幼儿心理和色彩的关联有哪些?在日后的幼儿教学过程中,可以用到哪些色彩心理知识?

任务小结

请根据本次任务的教学目标达成情况,结合岗位需求进行拓展总结。

☆ 请运用书后评价表进行任务评价。

任务四　图案创作

任务发布

《3—6儿童学习与发展指南》中指出,幼儿艺术领域学习的关键在于充分创造条件和机会,引导幼儿用心灵去感受和发现美,用自己的方式去表现和创造美,在幼儿园的美术教学中,除了传统的绘画工具,还有很多工具可以用来进行装饰画的创作。一个纸团、一根吸管甚至一片树叶都可以作为道具,而这些看似"生活化"的工具,可以让幼儿更好地运用开放性教具进行艺术探索,学习基础的装饰图案创作方法基本知识。

请你运用综合材料和多种技法来创作一幅装饰画,并根据本任务学习内容进行自主规划并填写学习计划表(见表7-4-1)。

表7-4-1　学生学习计划表

任务四		图案创作
课前预习	预习时间	
	预习结果	1. 难易程度 ◎偏易(即读即懂)　◎适中(需要思考)　◎偏难(需查资料)　◎难(不明白) 2. 问题总结
课后复习	复习时间	
	复习结果	1. 掌握程度 ◎了解　　◎熟悉　　◎掌握　　◎精通 2. 疑点难点归纳

环节一 课前

一、预习

了解装饰画的相关知识,收集喜欢的图案,准备好相关材料。思考:你了解的装饰画的题材与分类有哪些?除了传统的绘画工具,还有哪些开放性工具可以用来进行装饰画创作?

二、材料准备

教师准备:(1)媒体课件、装饰图案的图片及资料。(2)装饰图案绘画工具。

学生准备:(1)画纸、水粉颜料、水粉笔、勾线笔、铅笔、橡皮、美工刀、胶带、卫生纸、毛线、吸管等。(2)收集装饰图案基础知识的相关图片和文字资料。

请完成课前评价表(见表7-4-2)。

表 7-4-2 课前评价表

内　容	分　值	小组评价	教师评价	备　注
信息收集	10			
材料准备	10			
知识掌握	60			
自主合作	15			
职业素养	5			

环节二 课中

一、案例导入

丰丰正在幼儿园的美工区画画,他画了一根胡萝卜,用橘红色的水粉颜料涂颜色,手上不小心沾上了颜料把画弄脏了,他赶紧拿来纸巾擦拭弄脏的地方。然而,纸巾擦过弄脏的地方时却将颜料粘在了纸巾上,当丰丰再擦拭时就在干净的地方又留下颜料的痕迹,丰丰发现新留下的颜料的痕迹很有趣,他干脆用纸巾代替画笔来上色,玩得不亦乐乎。不一会儿,一幅有创意的幼儿装饰画就创作出来了。你知道还有哪些开放性材料可以用来进行图案装饰画的创作呢?

二、新知讲解

装饰图案的载体有着特定的形态、用途和使用功能,不同图案可以利用不同的载体采用不同的工艺方法,按照不同的要求设计,呈现不同的形式。因而在对图案进行分类时需从不同的角度,采用不同的方法进行。

(一)装饰图案的题材与分类

按照题材可分为:具象题材、意象题材、花卉题材、人物肖像题材、抽象题材和综合题材等。

按地域风格可分为:中式风格装饰画、欧式装饰画等。中式风格装饰画多为表现中国文化特点的装饰画,例如国画、书法类、写意山水类的装饰画,而欧式装饰画主要以油画为表现形式,画面比较华丽、典雅。

按时代风格可分为:中式装饰画、新中式装饰画、古典装饰画、新古典装饰画、后现代装饰画等。

按颜料种类可分为:水彩装饰画、铅笔装饰画、粉笔装饰画、蜡笔装饰画、油画装饰画、水彩装饰画、磨漆装饰画等。

按画布材料可分为:镶嵌装饰画、丝绸装饰画、铜板装饰画、抽纱装饰画、剪纸装饰画、木刻装饰画、石刻装饰画、绳结装饰画等。

按色系风格可分为:黑白装饰画、彩色装饰画、红色系装饰画、黄色系装饰画、蓝色系装饰画、暖色系装饰画、冷色系装饰画等。

（二）装饰图案表现技法

1. 点线面结合的套色表现技法

这是图案较传统也是最常用的一类技法，一般是用水粉颜料调配出几套或十几套颜色，先铺一个底色，然后将图案纹样转印到底色上，再用不同的颜色一层一层地描绘覆盖上去，要求颜色涂染得均匀、干净、平整。描绘时常用的表现技法有平涂法、勾线法、点绘法、推移法、晕色法、水色法等。

（1）平涂法是将调好的色彩，均匀地、平整地涂在已画好的图形里。颜料要浓淡均匀，否则会影响到画面的效果（见图7-4-1）。

（2）勾线法是在色块平涂的基础上，用色线勾勒纹样的轮廓结构（见图7-4-2）。

（3）点绘法以点为主用点的疏密点缀于画面中，使形体得出虚实，远近晕变的特殊变化效果（见图7-4-3）。

（4）推移法是用深浅不同的色彩或色相的转换进行多层色彩变化的方法，利用色彩的推移法，可使图形色彩更加富有层次感，整体又有变化（见图7-4-4）。

图7-4-1 平涂法装饰图案

图7-4-2 勾线法装饰图案

图7-4-3 点绘法装饰图案

图7-4-4 推移法装饰图案

2. 与其他材料、工具结合的特殊表现技法

在图案设计表现中，使用不同的材料、工具，会产生不同的特殊效果。在这里将介绍5种常用的工具、材料及技法。

（1）喷绘法。喷绘法采用特制喷笔绘出具有渲染、柔润效果的装饰造型手法。特点是层次分明、制作精致、肌理细腻，给人以清新悦目、精工细作的美感（见图7-4-5）。

（2）沾染法。沾染法又称点蘸法。此法是在涂好底的画面上，以海绵、皱纸团、粗纹布等吸色性较强的材料，点蘸上颜色，按画面的需要进行点印、修饰。依靠用力的轻重控制颜色的浓淡层次，可产生出画笔无法绘制的纹理效果（见图7-4-6）。

（3）剪纸拼贴法。剪纸拼贴法是采用不同颜色、材质的纸张，如有色卡纸、电光纸、包装纸及印刷画报纸等，直接剪出图案的纹样形态，然后再粘贴组合到画面上构成图案艺术形式的手法。这种方法主要依靠纸张原有的颜色和纹理加以巧妙运用，表现不同的图案内容，用剪刀取代画笔来刻画纹样的造型，别有韵味，具有独特的装饰效果（见图7-4-7和图7-4-8）。

图7-4-5 喷绘法

图7-4-6 沾染法

图7-4-7 剪贴法
作者：林颖贤

图7-4-8 剪贴法
作者：朱山英

（4）毛绣法及编织法。在纹样内涂上胶水、乳胶并在其上撒染了色的砂、木屑粉、粉笔末、彩色纸屑、棉花等物也可用昆虫翅膀、花瓣、纸片、布拼贴成纹样（见图7-4-9和图7-4-10）。

（5）镶拼法。镶拼法是指先将布料剪裁成特定形状，然后把它们衍缝于底料上的图案造型手法。从布的质感出发组织画面，可得到丰富的极力效果。比如采用条绒表现头发，选择丝绒表现梅花鹿毛皮等（见图7-4-11）。

图7-4-9　毛绣法

图7-4-10　编织法

图7-4-11　镶拼法

三、任务实践

任务内容：运用综合材料和多种技法创作一幅装饰画。

任务要求：（1）主题突出、层次分明、构图和谐。（2）色调统一、整体感强、色彩和谐。（3）制作精良、细节精细、画面协调。

任务完成时间：2个课时。

实例一：《开满鲜花的大树》（见图7-4-12至图7-4-15，作者：谭雅静）

材料：水彩纸或素描纸、纸、水粉颜料、画笔。

步骤一：准备一张纸，揉成纸团（注意纸张有一定的硬度）。

步骤二：纸团蘸取颜料，重复按压，绘画出树的花朵。

步骤三：画笔添加树干和树枝细节。

步骤四：纸团沾染颜料，在树枝位置重复印压，绘画出若隐若现的感觉。画笔添加秋千落叶等细节。

图7-4-12　步骤一

图7-4-13　步骤二

图7-4-14　步骤三

图7-4-15　步骤四

实例二：《综合材料装饰画》（见图7-4-16至图7-4-21）

材料：水彩纸、铅笔、描线笔、水彩笔、水彩颜料、毛笔、剪刀、胶水。

步骤一：画笔晕染、喷溅出背景色。

步骤二：画笔绘制山川瀑布背景细节。

步骤三：绘制古代人物线稿并上色。

步骤四：绘制场景人物线稿并上色。

步骤五：剪刀剪出人物和场景道具，用双面胶进行粘合组装。

步骤六：将人物场景与背景进行粘合组装，添加背景云朵和飞鸟细节。

图7-4-16　步骤一

图7-4-17　步骤二

图7-4-18　步骤三

图7-4-19　步骤四

图 7-4-20　步骤五　　　　　　　图 7-4-21　步骤六

请你根据本次课情况填写作品评价表和课中评价表（见表 7-4-3 和表 7-4-4）。

表 7-4-3　作品评价表

评价内容	自评（分）	小组评（分）	教师评（分）	备　注
主题突出（30分）				
构图和谐（10分）				
造型准确（10分）				
色彩和谐（10分）				
制作精细（20分）				
创意新颖（10分）				
整体效果（10分）				
总　分				
备　注				

表 7-4-4　课中评价表

评价项目	评价要点	自我评价 A 优秀（85—100分） B 良好（75—84分） C 合格（60—74分）	小组评价 A 优秀（85—100分） B 良好（75—84分） C 合格（60—74分）	教师评价 A 优秀（85—100分） B 良好（75—84分） C 合格（60—74分）
职业素养（10分）	认真、主动完成任务，有克服困难的勇气和毅力			
	在活动中勤于动手、善于思考、勇于实践			
知识技能（40分）	在活动中掌握完成项目任务的基本方法和技巧			
	获得较多体验和感受，获得更多解决问题方法和实践知识			
能力（20分）	有分析整理信息数据和独立思考的能力			
	有动手实践和团结协作的能力，能清晰地表达个人观点			
情感（20分）	具有团队精神，善于沟通合作			
	乐于分享活动中的创意和作品			
综合（10分）	分组评比，评比过程中论据充分，有自己的观点			

（续表）

评价项目	评价要点	自我评价 A 优秀（85—100 分） B 良好（75—84 分） C 合格（60—74 分）	小组评价 A 优秀（85—100 分） B 良好（75—84 分） C 合格（60—74 分）	教师评价 A 优秀（85—100 分） B 良好（75—84 分） C 合格（60—74 分）
组长评价	由组长完成			
小结				

环节三 课后

一、课后反思

学习完本课后，请你反思学习的效果，列出不足之处，并思考改进的办法。

学习效果	不足	改进办法

二、课后拓展

请根据"小小生活家"主题，结合综合材料与图案创作，设计制作完成幼儿园走廊墙面环境创设。

三、思考与实践

（1）在进行日常的幼儿美术教学的过程中，除了示范的喷绘画和沾染法用到的牙刷、纸团，还有哪些生活中的用品可以用来作画呢？

（2）在幼儿园环创过程中，可以用到哪些综合材料进行图案装饰画创作？请尝试将图案创作应用到幼儿园环境创设中。

任务小结

请根据本次任务的教学目标达成情况，结合岗位需求进行拓展总结。

☆ 请运用书后评价表进行任务评价。

模块小结

通过本模块的学习，学习者应善于查找学习素材，注意思维创意的开发，开阔眼界。要注意装饰图案创作的构图，主题要突出，画面层次感强，色彩搭配和谐。学生应熟悉基本的构图原则，具备一定的色彩搭配能力和色彩理解能力。

第三篇
专业技能

引言

  美术专业技能是幼儿保育专业美术基础课程的核心内容。通过专业技能的学习，可以培养学生的动手能力和创新能力，这是幼儿保育专业学生从事保育工作必备的技能。

  本模块对接幼儿保育教师的岗位需求，结合幼儿照护1+X的技能标准，注重培养技能的学习，同时强调实践能力和岗位能力的培养。

知识技能准备

具备基础的造型能力和色彩搭配能力；掌握一定的手工设计、制作规律和制作技能；对幼儿园环境创设有基本了解，理解儿童画创作、纸艺、泥工、布艺、综合材料造型制作的指导要领。

学生任务分组表

学习任务名称	专业技能		学时	36
典型任务描述	完成儿童画创作、纸艺、泥工、布艺、综合材料造型的模块任务 预习—材料准备—案例导入—新知讲解—任务实践—课后反思—课后拓展—思考与实践			
班级		组名	指导老师	
组长		学号		
分组情况	组员		学号	
	1			
	2			
	3			
	4			
	5			
	6			
分组说明				
班级		教师签字	日期	

学习总结表

模块	儿童美术创作	纸艺	泥工	布艺	综合材料造型
学习效果	1. 掌握程度 ◎了解 ◎熟悉 ◎掌握 ◎精通 2. 疑点难点归纳 3. 收获与反思	1. 掌握程度 ◎了解 ◎熟悉 ◎掌握 ◎精通 2. 疑点难点归纳 3. 收获与反思	1. 掌握程度 ◎了解 ◎熟悉 ◎掌握 ◎精通 2. 疑点难点归纳 3. 收获与反思	1. 掌握程度 ◎了解 ◎熟悉 ◎掌握 ◎精通 2. 疑点难点归纳 3. 收获与反思	1. 掌握程度 ◎了解 ◎熟悉 ◎掌握 ◎精通 2. 疑点难点归纳 3. 收获与反思

备注：此表由学生根据本篇学习内容进行自我总结及填写。

本篇学时安排表

模块任务	儿童美术创作	纸艺	泥工	布艺	综合材料造型
学时安排	8	8	8	8	4

模块八 儿童美术创作

本模块课件

模块导读

儿童美术创作是幼儿保育专业美术基础课程中的必修内容，通过对本课程的学习，学生要系统地掌握版画、水墨画、综合绘画创作的基本概念、原理及规律，揭示其构成方法和表现形式，增强造型能力和创新能力，在不断增强现代审美意识的同时，为未来的工作打下良好的思维与视觉表达基础。通过教学，教师要使学生逐步形成正确的审美观，具有比较系统和扎实的绘画基础与工艺造型能力，从而增强学生对美术技能的运用能力，以适应未来幼儿园教育教学工作的需要。

思政要求

在绘画创作学习中，培养学生对传统文化的热爱之情，增强文化自信；完成任务的过程增强学生的岗位技能和工匠精神；小组探究合作学习培养学生解决问题的能力，增强团队协作意识，提升学生的审美能力与创新能力。

岗位能力

通过本模块的学习，培养学生具备一定的版画、水墨画、综合材料绘画的创作能力，并能组织幼儿开展相关的绘画创作活动，以及运用版画、水墨画、综合材料绘画创作方法与技法进行幼儿园环境创设。

模块目标

1. 知识目标：熟练掌握儿童美术创作的基础知识和创作方法，做到触类旁通，举一反三，能够独立地进行各种材料的绘画创作。
2. 技能目标：能够正确组织和引导儿童进行绘画创作实践活动，能够合理分析、正确评价幼儿绘画实践活动和幼儿园的环境布置中绘画的应用。
3. 素养目标：具备开拓创新的能力和精益求精的工匠精神；通过融合传统文化、本土文化做好文化传承，树立文化自信；通过完成真实任务具备良好的岗位能力和职业素养。

任务一　儿童版画创作

幼儿园即将进行环境装饰布置，准备让幼儿制作吹塑纸版画，表现幼儿园中的绿植盆栽，装扮幼儿园。通过有趣的手工操作活动可以激发儿童的创作欲望，使其了解儿童版画的形式美。请你以植物为主题创作一幅吹塑纸版画，并根据本任务学习内容进行自主规划并填写学习计划表（见表8-1-1）。

表 8-1-1　学生学习计划表

任务一		儿童版画创作
课前预习	预习时间	
	预习结果	1. 难易程度 ◎偏易（即读即懂）　◎适中（需要思考）　◎偏难（需查资料）　◎难（不明白） 2. 问题总结
课后复习	复习时间	
	复习结果	1. 掌握程度 ◎了解　◎熟悉　◎掌握　◎精通 2. 疑点难点归纳

环节一　课　前

一、预习

了解版画的发展历史，欣赏版画作品，准备好版画创作的相关材料。思考：版画的种类有哪些？运用了哪些材料？常见的儿童版画有哪些表现形式？

请完成课前评价表（见表8-1-2）。

二、材料准备

教师准备：多媒体课件、微课视频及吹塑纸版画工具与材料。

学生准备：油性笔、吹塑纸、钝铅笔、剪刀、版画颜料、墨盘、墨滚、版画机。

表 8-1-2　课前评价表

内　容	分　值	小组评价	教师评价	备　注
信息收集	10			
材料准备	10			
知识掌握	60			
自主合作	15			
职业素养	5			

> 环节二　课　中

一、案例导入

阳光幼儿园大（一）班的孩子正跟着老师在植物园观察植物的生长，幼儿看着自己参与种植的绿植正茁壮成长，都很开心。团团小朋友向老师提议："苗苗老师，我们可以把我们种的植物画出来吗？"苗苗老师说："可以啊，我们今天用一种新的表现方法把可爱的植物画出来吧！"孩子们欢呼道："好啊！好啊！"于是老师带着孩子们用版画的方式表现植物。

二、新知讲解

（一）吹塑纸版画的概念

吹塑纸是一种表面平滑的泡沫塑料，这种结构疏松的吹塑纸很容易在表面划出痕迹，用笔等工具在吹塑纸平面上画线进行造型绘制，成为底版，而后拓印在纸上，使用这一工艺技术而制成的版画，我们称之为"吹塑纸版画"。吹塑纸版画常用竹、木、圆珠笔或铅笔等在吹塑纸上作画，通过绘画、制版、印刷三个主要过程来完成作品。它不同于一般绘画，它是在做好的版滚上油墨或涂上颜色，覆纸在上面磨印出来的画，制作周期短，见效快。刻制一块版画即可印出多幅同样的作品。吹塑纸版画主要分黑白色和彩色。彩色吹塑纸版画是用毛笔涂抹各种广告色或水彩颜色，再覆纸，用手工印刷而成的彩色版画作品。

（二）吹塑纸版画制作步骤

（1）准备材料：油性笔、吹塑纸、钝铅笔、剪刀、版画颜料、墨盘、墨滚、版画机。
（2）画出线描作品。
（3）刻画细节。
（4）用钝铅笔刻出痕迹。
（5）剪出主体。
（6）版画机拓印出图案，作品完成。

三、任务实践

任务内容：在幼儿园的主题墙上展示一组有童趣的盆栽版画作品。
任务要求：（1）主题突出、层次分明、构图和谐。（2）色调统一、整体感强、色彩和谐。（3）制作精良、细节精细、画面协调。
完成时间：2课时。
优秀作品参考：参考作品见图8-1-1和图8-1-2。

图8-1-1　优秀作品组图1

图8-1-2　优秀作品组图2

实例：盆栽吹塑纸版画
（1）用大头笔在吹塑纸上画出轮廓（见图8-1-3）。
（2）丰富画面细节，增加黑白灰面（见图8-1-4）。

（3）用钝铅笔画出吹塑纸版画白面（见图8-1-5）。
（4）剪出盆栽主体（见图8-1-6）。
（5）准备好墨盘、墨滚、版画机或马莲、版画颜料，挤上油墨，滚匀油墨（见图8-1-7）。
（6）上墨（见图8-1-8）。
（7）将滚匀油墨的吹塑纸版放上版画机，覆上白纸（见图8-1-9）。
（8）滚动版画机压印，检查成品（见图8-1-10）。
（9）一张盆栽吹塑纸作品完成，展示作品（见图8-1-11）。

微课：吹塑纸版画

图8-1-3　画出轮廓　　图8-1-4　丰富画面细节　　图8-1-5　用钝铅笔刻画　　图8-1-6　剪出盆栽主体　　图8-1-7　滚匀油墨

图8-1-8　上墨　　　　图8-1-9　覆上白纸　　　　图8-1-10　压印

图8-1-11　作品展示

请你根据本次课情况填写作品评价表和课中评价表（见表8-1-3和表8-1-4）。

表8-1-3　作品评价表

评价内容	自评（分）	小组评（分）	教师评（分）	备注
主题突出（30分）				
构图和谐（10分）				
造型准确（10分）				
色彩和谐（10分）				

（续表）

评价内容	自评（分）	小组评（分）	教师评（分）	备注
制作精细（20分）				
创意新颖（10分）				
整体效果（10分）				
总　　分				
备　　注				

表 8-1-4　课中评价表

评价项目	评价要点	自我评价 A 优秀（85—100分） B 良好（75—84分） C 合格（60—74分）	小组评价 A 优秀（85—100分） B 良好（75—84分） C 合格（60—74分）	教师评价 A 优秀（85—100分） B 良好（75—84分） C 合格（60—74分）
职业素养（10分）	认真、主动完成任务，有克服困难的勇气和毅力			
	在活动中勤于动手、善于思考、勇于实践			
知识技能（40分）	在活动中掌握完成项目任务的基本方法和技巧			
	获得较多体验和感受，获得更多解决问题方法和实践知识			
能力（20分）	有分析整理信息数据和独立思考的能力			
	有动手实践和团结协作的能力，能清晰地表达个人观点			
情感（20分）	具有团队精神，善于沟通合作			
	乐于分享活动中的创意和作品			
综合（10分）	分组评比，评比过程中论据充分，有自己的观点			
组长评价	由组长完成			
小结				

环节三　课　后

一、课后反思

学习完本课后，请你反思学习的效果，列出不足之处，并思考改进的办法。

学习效果	不足	改进办法

二、课后拓展

请继续尝试吹塑纸版画的刻印练习。

三、思考与实践

（1）了解吹塑纸版画的特点，说出吹塑纸版画的制作过程。
（2）初步掌握吹塑纸版画的制作方法与技巧，展示作品（见图 8-1-12）。

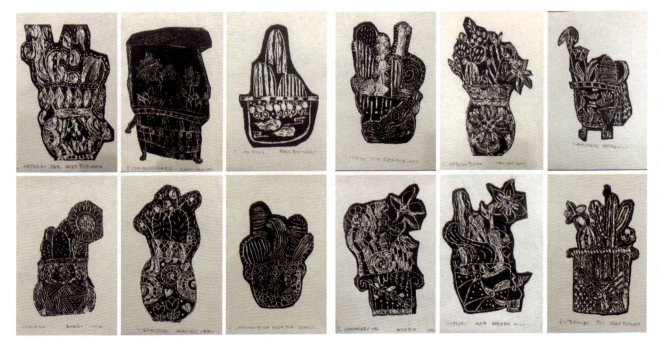

图 8-1-12　学生作品展示

任务小结

请根据本次任务的教学目标达成情况，结合岗位需求进行拓展总结。

☆ 请运用书后评价表进行任务评价。

知识拓展

橡皮章版画

视频

微课：橡皮章版画

任务二　儿童水墨画创作之水墨画的工具材料与表现技法

任务发布

近年来，随着素质教育的发展，美术教育的地位大大提高，同时，传统国学的复兴以及对文化传承的重视，使得中国画的教学在儿童美术教学中的重要性逐渐凸显。儿童水墨画是美术教学中重要的一部分，而笔墨又是水墨画中的灵魂。儿童水墨画是一种简单化的水墨画，它具有简单、概括的特点，符合幼儿的思维习惯，易被幼儿理解和接受。儿童水墨画，虽然以儿童为创作的主体，但是在工具的应用及画面的审美中，不能回避传统水墨画的趣味与技巧。因此，对儿童水墨画的探讨就显得十分必要。本任务的学习是为了掌握水墨画的基本表现技法。

请根据本任务学习内容进行自主规划并填写学习计划表（见表8-2-1）。

表 8-2-1　学生学习计划表

任务二		儿童水墨画创作之水墨画的工具材料与表现技法
课前预习	预习时间	
	预习结果	1. 难易程度 ◎偏易（即读即懂）　◎适中（需要思考）　◎偏难（需查资料）　◎难（不明白） 2. 问题总结
课后复习	复习时间	
	复习结果	1. 掌握程度 ◎了解　　◎熟悉　　◎掌握　　◎精通 2. 疑点难点归纳

任务实施

环节一　课前

一、预习

了解中国水墨画的发展，欣赏中国水墨画作品，准备好画水墨画的相关材料，并思考：中国水墨画的发展经历了几个时期？特点是什么？如何看待儿童水墨画中的笔墨趣味？

请完成课前评价表（见表8-2-2）。

二、材料准备

教师准备：多媒体课件、水墨画图片及国画工具与材料。
学生准备：墨、各种型号的毛笔、宣纸、中国画颜料、笔洗、小白碟、毛毡。

表 8-2-2　课前评价表

内　容	分　值	小组评价	教师评价	备　注
信息收集	10			
材料准备	10			
知识掌握	60			
自主合作	15			
职业素养	5			

环节二 课 中

一、案例导入

幼儿园中班的孩子们围坐在教室里，准备开始今天的美术课。老师走进来手里端着一个大盆子，孩子们好奇地望着老师，有小朋友按捺不住问老师了："老师，你端的是什么呀？里面装的什么东西？"老师笑眯眯地将盆子放在了地上，原来盆子里装的是清水，这时老师神秘地对小朋友们说："老师今天给大家做个小实验。"说着，老师把早已准备好的墨汁拿出来，只见老师拧开墨汁的瓶盖，并对小朋友说："请小朋友们注意看哦，老师要做实验喽！"紧接着老师将一滴墨汁滴进盆里，墨汁滴入水中立刻发生神奇的变化，小朋友们都尖叫起来："哇！老师，水里有朵黑色的花！""是棉花糖！""水变黑啦！"小朋友们七嘴八舌的，兴奋极了，这真是一次有趣的实验，小朋友们立刻对水墨产生了兴趣。

二、新知讲解

（一）水墨画工具与材料

水墨画有着深厚的文化底蕴，其画法的发展和特殊风格的形成与它所使用的特定工具和材料有着密切的关系。水墨画工具材料的性能，决定了水墨画的特点。儿童水墨画的工具材料和传统水墨画所使用的是一样的，即文房四宝：纸、墨、笔、砚。除文房四宝外，还需要笔洗、笔架、笔帘、毛毡、国画颜料、镇纸等（见图8-2-1）。

图8-2-1 水墨画工具材料

1. 毛笔

中国独有的书写绘画工具是毛笔，常用的有小白云、中白云、大白云、叶筋、大提笔等。白云笔用于点画和小面积的渲染及上色，叶筋笔用于画较细的线条和细部，大提笔则用于画大面积的墨块（见图8-2-2）。

2. 墨

适用的专业墨汁较好的有中华墨汁、一得阁两种，中华墨汁有烟墨的功效，而一得阁墨汁有松烟墨的功效。

图8-2-2 毛笔

3. 纸

宣纸分生宣和熟宣两种，是中国画专用纸。生宣纸适合画写意画，是未上胶的纸，易渗化，吸水性强，墨色附着力强，落笔时可产生丰富的墨韵。熟宣纸多用于画工笔画，它是在生宣纸的基础上，涂胶矾加工制成，其特点为不吸水，易于反复渲染。

4. 颜料

中国画颜料主要有矿物颜料、植物颜料两大类。矿物颜料从矿石中提炼而成，主要有：朱砂、朱磦、石青、石绿、赭石、钛白等，具有较强的覆盖力，质地不透明，多用于工笔重彩。植物颜料是从一些植物中提取的，质地透明，多用于画写意画和工笔淡彩画，主要有藤黄、杨红、胭脂、花青、曙红等色。初学者可选用盒装膏体的锡管颜料，价格便宜，使用方便。

5. 毛毡

生宣的吸水性强，画写意画时，墨色容易透过宣纸渗透到桌面，因此，在作画前往往需要在纸下垫一层毛毡，这样就可以避免宣纸上的墨色或颜料渗透到桌子上发生粘连。目前市场上的毛毡规格有100 cm×100 cm、100 cm×200 cm等，初学者可根据画幅大小进行选购。毛毡在不使用时应当叠好，并放入一些卫生球，以免虫蛀。

6. 笔洗

笔洗是作画时用来盛水洗笔的器皿。笔洗有瓷、玉、玛瑙、珐琅、象牙和犀角等不同的材质，基本都属于名贵材质，最常见的是瓷笔洗和玉笔洗。笔洗一般准备两个，一个用于涮笔，一个用于装调色的清水，造型多为扁圆形，口部要求光润、不磨手，洗笔时才不会损伤笔毫。初学者可用大口径罐头瓶代替，既经济又方便（见图8-2-1）。

7. 其他工具

此外，还有笔架、镇尺、印章与印泥、调色盘、吸笔纸、镇纸等，也是水墨画中必不可少的工具与材料（见图8-2-1）。

（二）水墨画执笔方法

儿童水墨画的执笔方法和国画一样，即五指执笔法。五指执笔法是靠五指一起用力发挥作用：用拇指和食指约束捉稳笔杆，拇指贴住笔杆的左方，要仰而斜一点，而食指上节端需压住笔杆右方；中指第一关节在前用力回勾住笔杆；无名指用力紧贴笔杆，并向外推；小指靠向无名指内侧，辅助无名指一起用力。在掌中间要留有鸡蛋大小的空间，执笔的关键在于"指实掌虚"。作画时以腕肘为动力，形成指实掌虚的灵活应用，画出的线条才会有韵味（见图8-2-3）。

（三）水墨画表现技法

用笔也称运笔，是中国绘画中特有的术语，是中国画造型的重要手段。用笔主要包括以下四种方法。

1. 笔锋的运用

（1）中锋：中锋指行笔时笔杆垂直于画面，笔锋在线条的正中间运行，画出的线条圆厚饱满、柔韧流畅（见图8-2-4）。

（2）侧锋：侧锋也称偏锋，指运笔时笔杆倾斜于画面形成约45°夹角，笔尖始终在线条的一侧，笔腹在另一侧同步画出的笔痕较虚，时有飞白的效果，侧锋线条变化较多（见图8-2-5）。

（3）顺锋：顺锋指行笔时笔杆在前引路，笔锋在后，手指拉动笔杆前行，产生的线条圆润顺畅、顺势自然，时有枯笔的效果（见图8-2-6）。

（4）逆锋：逆锋指行笔时笔杆倾斜于画面，由笔锋在前开路，笔杆在后，手指推动笔杆逆行，笔锋遇阻散开，易生飞白，产生的线条有毛涩、老辣、苍劲、古拙之感（见图8-2-7）。

（5）藏锋：落笔和收笔时笔锋藏于线条之中，所画出的线条皆不漏锋。古人有"欲左先右，欲上先下"的经验，将笔力蕴含于线条之中，所产生的线条敦厚有力，经久耐看，有"屋漏痕"的感觉（见图8-2-8）。

（6）露锋：落笔和收笔时笔锋顺势而行，线条两端皆露出锋芒，产生的线条流动飘逸（见图8-2-9）。

（7）散锋：散锋指笔锋散开行笔，笔头水分较少，产生的线条短密蓬松，有时可产生意想不到的效果（见图8-2-10）。

（8）拖锋：用手指执笔管顶端，笔头斜卧在纸上，顺势拖行，可产生自然流畅、舒展松动的笔迹（见图8-2-11）。

水墨画的运笔灵活多变，在作画时我们要注意轻与重、快与慢及提、按、顿、挫等变化，以丰富笔墨的表现力。这里所说的提、按、顿、挫是指毛笔的笔头可分为笔锋、笔腹、笔根三个部分。行笔时，把笔提起一些，用笔锋行笔，笔道

图8-2-3 五指执笔法

图8-2-4 中锋
作者：张广洋

微课：水墨画表现技法

图8-2-5 侧锋　　　　图8-2-6 顺锋
作者：张广洋　　　　作者：张广洋

图8-2-7 逆锋　　　　图8-2-8 藏锋
作者：张广洋　　　　作者：苏丽

图8-2-9 露锋　　　　图8-2-10 散锋
作者：苏丽　　　　作者：张广洋

图8-2-11 拖锋
作者：张广洋

就较轻细；若是"按"下去一些，笔道就较粗重，能画出极为饱满的笔姿；把笔重按或旋折一下叫"顿"；连续顿笔叫"挫"，也有在一笔中兼用毛笔的几个部分。这完全根据表现对象的要求而灵活运用。

2. 笔法的变化

水墨画的运笔笔法主要包括"勾""皴""染""点"四种基本方法，其中勾是用笔过程中最为基本的表现技法。

（1）勾：勾是运用干、湿、浓、淡的墨来勾勒物象的轮廓线，塑造形象和物象的体感质感，这是水墨画最基本的技法之一（见图8-2-12）。

（2）皴：皴是在勾的基础上用或浓或淡的墨色以长、短、宽、窄的线条来描绘出形象内部的皱纹以及明暗、空间的关系。皴是画山水和花卉的主要技法，常用于表现树干或石头中间的皱纹（见图8-2-13）。

（3）染：染在"勾"或"皴"的基础上进行，是用淡墨和色彩渲染、烘染的意思。若多次使用染法，可加强空间、明暗的感觉（见图8-2-14）。

（4）点：点可用于山水或花鸟画上，多用浓墨为之。点的用笔随着笔锋的不同变化，其表现效果也不同。点可以表示山石梅花的苔点，也可以作为水珠存在（见图8-2-15）。

图8-2-12　勾
作者：王景浩

图8-2-13　皴
作者：王景浩

图8-2-14　染
作者：苏丽

图8-2-15　点
作者：王景浩

3. 常用的墨法

墨在中国画中占有极其重要的地位，在传统绘画里，无论是画人物画、山水画、花鸟画，还是白描、水墨浅绛、重彩，都离不开"墨"。墨是中国画的主要色彩，"墨分五色"是指墨色的深浅，可分为焦、浓、重、淡、清（见图8-2-16）。

（1）积墨法：积墨法即层层加墨，分为干积和湿积两种。这种墨法一般由淡开始，待第一次墨迹稍干，由浅入深层层积染，可以反复皴擦点染。积墨法会使物象具有苍辣厚重的立体感与质感（见图8-2-17）。

（2）泼墨法：泼墨法是以大片润泽的墨色来表现物象，常与大写意联系在一起。常见的有两种方法：其一是将水墨直接泼洒于纸上或绢上，根据渗晕的效果和作画意图，加以调整；其二是饱蘸墨水快捷大胆地挥毫点就（见图8-2-18）。

图8-2-16　墨分五色
作者：苏丽

图8-2-17　积墨法
作者：张广洋

图8-2-18　泼墨法
作者：张广洋

（3）破墨法：破墨法即趁淡墨和浓墨未干时以浓墨或淡墨破入其中，使墨色变化层次更为丰富，从而产生水墨浓淡相互渗透掩映的效果。破墨法是常用的墨法，可分为淡破浓、浓破淡、色破墨或墨破色、干破湿、湿破干等方法（见图8-2-19）。

（4）浓淡法：用干净的笔先蘸浓墨或淡墨至笔腹，笔尖再蘸淡墨或浓墨，侧锋用笔画于纸上，一笔有浓淡的渐变效果。用墨最主要是能够产生浓淡而有层次的趣味，能烘托起整幅作品的气氛。避免笔墨分离不相融、墨色单调、滞板不化的毛病（见图8-2-20）。

图8-2-19　破墨法
作者：苏丽

4. 用水与用纸

（1）用水。无论是水墨画还是彩墨画，用水也是重要技法之一。一笔中往往有浓有淡，要使墨色先浓后淡，可把蘸有浓墨的笔，在调色盘上刮去笔尖上的浓墨，笔尖再蘸清水。在画带有颜色的花和鸟及叶时，要表现出画面的活泼、淋漓、浑厚饱满，都是靠用水，至于用多用少，要看需要而定。古人有"用墨之妙全在用水"之说。在用水方面，也在不断地发展，如现在有用胶水、盐水、矾水、茶水、洗涤剂水、洗衣粉水等来表现，很有趣味。

（2）用纸。纸的品种多样，有单宣、夹宣、熟宣、半生熟宣、仿古宣、净皮宣、贵州皮纸、高丽纸等。作画时应充分利用其特点，用水多少要以纸的生熟来定，特别是生宣，当含着水墨的笔接触纸的那一刹那，水墨的变化是多种多样的，有一种出人意料的效果。因此，在实践中要注意练习如何来控制并掌握这些变化，才能达到熟练掌握并运用自如。

图 8-2-20　浓淡法
作者：苏丽

三、任务实践

任务内容：练习国画——小鸡。

任务要求：（1）结构准确，构图和谐。（2）熟练掌握水墨画基本技法。（3）绘画精细、画面协调。

完成时间：2课时。

优秀作品参考：参考图8-2-21和图8-2-22。

实例：黄色小鸡画法（见图8-2-23）

（1）用大白云调藤黄，蘸成笔尖浓、笔根淡的藤黄画头。

（2）接着画两翅。

（3）小白云笔浓墨画嘴、肚、腿、脚、羽翅。

请你根据本次课情况填写作品评价表和课中评价表（见表8-2-3和表8-2-4）。

图 8-2-21　《小鸡》

图 8-2-22　《雏鸡图》

图 8-2-23　黄色小鸡画法组图

表 8-2-3　作品评价表

评价内容	自评（分）	小组评（分）	教师评（分）	备注
主题突出（30分）				
构图和谐（20分）				
造型准确（20分）				
色彩和谐（10分）				
创意新颖（10分）				
整体效果（10分）				
总　　分				
备　　注				

美工基础

表 8-2-4　课中评价表

评价项目	评价要点	自我评价 A 优秀（85—100分） B 良好（75—84分） C 合格（60—74分）	小组评价 A 优秀（85—100分） B 良好（75—84分） C 合格（60—74分）	教师评价 A 优秀（85—100分） B 良好（75—84分） C 合格（60—74分）
职业素养 （10分）	认真、主动完成任务，有克服困难的勇气和毅力			
	在活动中勤于动手、善于思考、勇于实践			
知识技能 （40分）	在活动中掌握完成项目任务的基本方法和技巧			
	获得较多体验和感受，获得更多解决问题方法和实践知识			
能力 （20分）	有分析整理信息数据和独立思考的能力			
	有动手实践和团结协作的能力，能清晰地表达个人观点			
情感 （20分）	具有团队精神，善于沟通合作			
	乐于分享活动中的创意和作品			
综合 （10分）	分组评比，评比过程中论据充分，有自己的观点			
组长评价	由组长完成			
小结				

环节三　课　后

一、课后反思

学习完本课后，请你反思学习的效果，列出不足之处，并思考改进的办法。

学习效果	不　足	改进办法

二、课后拓展

请练习飞鸟、站鸟的画法。

三、思考与实践

（1）除了基本的运笔方式外，还有什么方法可以丰富笔墨的表现力？
（2）如何灵活运用表现技法表现对象？

任务小结

请根据本次任务的教学目标达成情况，结合岗位需求进行拓展总结。

☆ 请运用书后评价表进行任务评价。

任务三　儿童水墨画创作之水墨画果蔬画法

任务发布

阳光幼儿园种植区的瓜果蔬菜生长繁茂，大部分已经成熟，幼儿园的老师们组织小朋友去种植园观赏，与大自然亲密接触，认识瓜果蔬菜，体验丰收的喜悦。如何将这种认识与体验用中国传统的水墨画表现出来？请你用水墨画表现幼儿园种植区的瓜果蔬菜，并在幼儿园举办一个水墨画展。

请根据本任务学习内容进行自主规划并填写学习计划表（见表8-3-1）。

表8-3-1　学生学习计划表

任务三		儿童水墨画创作之水墨画果蔬画法
课前预习	预习时间	
	预习结果	1. 难易程度 ◎偏易（即读即懂）　◎适中（需要思考）　◎偏难（需查资料）　◎难（不明白） 2. 问题总结
课后复习	复习时间	
	复习结果	1. 掌握程度 ◎了解　　◎熟悉　　◎掌握　　◎精通 2. 疑点难点归纳

任务实施

环节一　课前

一、预习

认识和了解日常生活中所见的瓜果蔬菜，收集大量瓜果蔬菜的图片资料，欣赏优秀的瓜果蔬菜水墨画的图片。思考：常见的瓜果蔬菜有哪些？形体有什么特点？水墨画表现瓜果蔬菜的常用表现技法有哪些？

请完成课前评价表（见表8-3-2）。

二、材料准备

教师准备：（1）多媒体课件、瓜果蔬菜水墨画名作的图片及资料。（2）水墨画常用工具材料。

学生准备：墨、各种型号的毛笔、宣纸、中国画颜料、笔洗、小白碟、毛毡。

表 8-3-2　课前评价表

内　容	分　值	小组评价	教师评价	备　注
信息收集	10			
材料准备	10			
知识掌握	60			
自主合作	15			
职业素养	5			

环节二　课　中

一、案例导入

阳光幼儿园的种植区非常热闹，小朋友们叽叽喳喳的，这究竟是怎么回事呢？原来柠檬老师正带领着小朋友们在参观种植园，园里长满了瓜果蔬菜，小朋友们非常兴奋："老师，我看到了玉米！""老师这是秋葵，还有青瓜！""白菜、丝瓜，它们长得真可爱！"老师："那你们想不想把它们画下来啊？""想！""那我们今天就用水墨画的形式来表现它们，好吗？"你知道如何用水墨画表现儿童生活中的事物吗？

二、新知讲解

在儿童水墨画的笔墨造型中，点和线是其造型的基本元素，若笔墨是一栋建筑，那么点、线、面便是它的柱和梁，它们是对美的一种概括和总结。

1. 点

点是儿童水墨画的基点。点，作为一个独立的符号，它是静止的，但如果形成诸多疏密、大小、浓淡有节律的形态时，则变成有灵魂的造型语言。不同的点在画面中的作用是不同的，它既可以作为画面中不可缺少的一部分，也可在画面中起到烘托主题的作用，点不可过多，多点少点，点在哪里，都有讲究，关键是要做到"错落有致，不多不少"的韵致，"大珠小珠落玉盘"的墨趣。具体用点的方法也很讲究，水墨画有其变化多端的墨，丰富多彩的色，无穷的水墨渗化。例如画树叶时，笔头先晕淡墨，再蘸浓墨，即先淡后浓，要有浓有淡，外浓里淡。点在纸上时就是先浓后淡，由于在宣纸上墨色之间的自然过渡，也显柔和。创作时灵活运用墨点之妙，调控好点与点的密不相冲、疏而不离的疏密关系。

2. 线

线是儿童水墨画的根本。线在绘画中最富表现力，并带有很强的情感倾向，线条是构成美术作品的重要载体。绘画的线条，是经过艺术家对自然形象进行抽象概括后提炼出来的一种造型元素。如表现梅花，关键是画好枝干的穿插，也就是突出线条运动变化产生的节奏与律动，不同的线会产生不同的意境。通过线的曲直刚柔的变化所产生的张力表现不同物体的量感，通过线条的浓淡干湿、穿插重叠等表现画面的空间感。有一位叫克利的画家说，画画就是"拉根线条去散步"。线条在浓淡、干湿、曲直、粗细的变化中，可以更为变化多端，奇幻莫测。老师和孩子都可以自由假设"散步"的情境，让孩子自由地用笔墨来抒发"散步"的情感。

3. 面

面是儿童水墨画的延伸。面，是点与线的集中表现，相对点、线来说，它的内涵和容量要大得多。一般在画面中表现形象面积较大的被称为一个面。"石分三面"在朱耷的绘画作品《石头》中就有体现，开始画一大片墨点时，谁也想不到会画出一块石头，画面中的不同形状产生不同的效果。面在画中很显眼，有分量感，故在面的处理上一定要把握好形状、大小、浓淡、虚实的变化及点、线、面的组合。虚实、大小、疏密等对比实际上就是点、线、面的交互、重叠、排列组合及墨的浓淡等所构成的。

三、基本技法演练

点、线是水墨画的主要表现手段，是勾勒物象的关键。因此，学习水墨画时首先要加强直线、斜线、交叉线、曲线、弧线、穿插线以及由点到线、面的练习。

1. 线的练习

先由一条线到多条线，由平行线到垂直线，再由斜线到交叉线，由曲线到弧线进行练习（见图8-3-1）。

2. 由线到面的练习

面其实是点和线扩展而成，一般在画面中表现形象面积较大的被称为一个面。面的表现要把握好形状、大小、浓淡、虚实的变化及面中点和线的组合（见图8-3-2）。

3. 点、线、面综合练习

用点、线、面的丰富组合，构成美妙的画面（见图8-3-3）。

图8-3-1 线

图8-3-2 线到面

图8-3-3 点、线、面综合练习

四、任务实践

任务内容：在幼儿园的主题墙上展示一组中国风的瓜果蔬菜水墨画作品。

任务要求：（1）表现题材符合幼儿的认知水平。（2）主题突出，构图和谐。（3）尺寸：根据实际需求。

任务完成时间：2课时。

优秀作品参考：见图8-3-4组图。

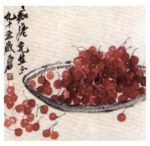     

图8-3-4 优秀作品组图

实例一：樱桃

步骤一：先用毛笔调匀曙红，再用笔尖蘸胭脂，中锋行笔，下笔时笔间先着纸，边行笔边往下压，画出樱桃的左半部分（见图8-3-5）。

步骤二：用同样的方法画出右边的另一半，在左右两半边樱桃中间留出一个空白，作为高光点（见图8-3-6）。

步骤三：用小狼毫笔或小号毛笔调浓墨，以中锋行笔，画出樱桃的果柄和脐。柄细长而有弹性，笔头上要有顿笔，不要画得太直，要略有弧度（见图8-3-7）。

步骤四：一组樱桃果实画在一起，要有疏密、前后、虚实的变化（见图8-3-8）。

微课：樱桃示例

图8-3-5 步骤一
作者：张广洋

图8-3-6 步骤二
作者：张广洋

图8-3-7 步骤三
作者：张广洋

图8-3-8 步骤四
作者：张广洋

实例二：丝瓜

步骤一：画丝瓜叶可先用笔将花青色和藤黄色调成深绿色，稍加点淡墨（也可直接用墨色画叶子），以三笔侧锋把丝瓜叶整体画出，待稍干后，用蘸有浓墨的干笔勾画叶脉（见图8-3-9）。

步骤二：丝瓜形状有长的、短的、直的、弯的，用淡绿色两笔画出丝瓜的形状，趁丝瓜颜色未干时，画上丝瓜的条纹，然后蘸上黄色以三四笔画出丝瓜末端的

微课：丝瓜示例　　微课：白菜示例

小黄花，以墨色中锋勾出花脉（见图8-3-10）。

步骤三：瓜藤较干，用笔时水分要少，运笔时以中锋为主，也可用侧锋画。丝瓜、藤条、叶子的画法顺序没有固定的模式，先画哪一部分都可以（见图8-3-11）。

图8-3-9　步骤一　　　　　图8-3-10　步骤二　　　　　　　图8-3-11　步骤三组图
作者：张广洋　　　　　　作者：张广洋　　　　　　　　作者：张广洋

请你根据本次课情况填写作品评价表和课中评价表（见表8-3-3和表8-3-4）。

表8-3-3　作品评价表

评价内容	自评（分）	小组评（分）	教师评（分）	备　注
主题突出（30分）				
构图和谐（20分）				
造型准确（20分）				
色彩和谐（10分）				
创意新颖（10分）				
整体效果（10分）				
总　　分				
备　　注				

表8-3-4　课中评价表

评价项目	评价要点	自我评价 A 优秀（85—100分） B 良好（75—84分） C 合格（60—74分）	小组评价 A 优秀（85—100分） B 良好（75—84分） C 合格（60—74分）	教师评价 A 优秀（85—100分） B 良好（75—84分） C 合格（60—74分）
职业素养 （10分）	认真、主动完成任务，有克服困难的勇气和毅力			
	在活动中勤于动手、善于思考、勇于实践			
知识技能 （40分）	在活动中掌握完成项目任务的基本方法和技巧			
	获得较多体验和感受，获得更多解决问题方法和实践知识			
能力 （20分）	有分析整理信息数据和独立思考的能力			
	有动手实践和团结协作的能力，能清晰地表达个人观点			

（续表）

评价项目	评价要点	自我评价 A 优秀（85—100 分） B 良好（75—84 分） C 合格（60—74 分）	小组评价 A 优秀（85—100 分） B 良好（75—84 分） C 合格（60—74 分）	教师评价 A 优秀（85—100 分） B 良好（75—84 分） C 合格（60—74 分）
情感 （20 分）	具有团队精神，善于沟通合作			
	乐于分享活动中的创意和作品			
综合 （10 分）	分组评比，评比过程中论据充分，有自己的观点			
组长评价	由组长完成			
小结				

环节三 课后

一、课后反思

学习完本课后，请你反思学习的效果，列出不足之处，并思考改进的办法。

学习效果	不足	改进办法

二、课后拓展

请你完成多种蔬果组合的水墨画练习。

三、思考与实践

（1）不同的瓜果蔬菜的水墨画法中的用笔、用墨、用色有什么不同？
（2）如何指导幼儿画瓜果蔬菜水墨画的活动？

任务小结

请根据本次任务的教学目标达成情况，结合岗位需求进行拓展总结。

☆ 请运用书后评价表进行任务评价。

知识拓展
水墨画花鸟

视频
微课：水墨画花鸟

任务四　综合材料绘画创作

任务发布

春天是万物复苏的季节，幼儿园组织了各式各样的春季主题活动。请小朋友带来放大镜观察大自然，比如树皮上的纹路，叶子上的叶脉，还有急行军的小蚂蚁。通过观察和思考，小朋友可以学习蚂蚁的生活习性，并尝试通过综合材料创意美术的形式来表现。综合绘画与普通绘画的不同在于，综合应用各种画法，形式更加丰富，不仅可以增强幼儿对绘画的兴趣，也能增强综合的创作能力，在创作过程中加强观察和思考的能力。为方便幼儿了解动物的生活习性，请你设计制作主题为"蚂蚁的秘密——蚂蚁搬家"的综合绘画创作作品，场景设计可以用淡彩结合写实法，动物形象的设计与色彩的搭配符合幼儿的心理特点，活泼明亮。

请根据本任务学习内容进行自主规划并填写学习计划表（见表8-4-1）。

表8-4-1　学生学习计划表

任务四		综合材料绘画创作
课前预习	预习时间	
	预习结果	1. 难易程度 ◎偏易（即读即懂）　◎适中（需要思考）　◎偏难（需查资料）　◎难（不明白） 2. 问题总结
课后复习	复习时间	
	复习结果	1. 掌握程度 ◎了解　　◎熟悉　　◎掌握　　◎精通 2. 疑点难点归纳

任务实施

环节一　课前

一、预习

了解综合材料绘画创作的相关知识，观察蚂蚁的基本特征和生活习性并观看视频，准备好相关材料。思考：综合绘画创作的特点有哪些？你喜欢使用什么绘画材料？蚂蚁的基本特征和生活习性是什么？

综合绘画制作案例导入

二、材料准备

教师准备：（1）多媒体课件、综合材料绘画创作的图片及资料。（2）综合材料绘画创作的工具、综合材料绘画创作实物。

学生准备：（1）水彩、油画棒、黑色勾线笔、铅笔、剪刀、水彩笔、酒精、喷壶、胶棒、黑色卡纸、水彩纸、牛皮纸、透明塑料纸、模板等（见图8-4-1）。（2）收集综合材料绘画创作的相关资料。

请完成课前评价表（见表8-4-2）。

图8-4-1　学生材料

表 8-4-2　课前评价表

内　容	分　值	小组评价	教师评价	备　注
信息收集	10			
材料准备	10			
知识掌握	60			
自主合作	15			
职业素养	5			

环节二　课　中

一、案例导入

春天来了，花园里花草树木应有尽有，在一棵大松树下，孩子们发现了排列整齐的蚂蚁像"大力士"一样把食物搬到自己的"城堡"里。蚂蚁的身体都非常小，它是由头、胸和腹部组成，有六个足，还有细细的触角，成群结队地在一起，它们的家是在洞穴里。蚂蚁的家是什么样子的呢？请你引导幼儿把蚂蚁的家画出来吧。

二、新知讲解

（一）综合材料绘画的概念

综合材料绘画是以材料作为媒介运用于绘画中，通过材料的特殊性能和材质美，让画面具有特殊的肌理、纹理，用新的技法来表现情感，具有特殊性、多样性、丰富性、实践性和创新性的特点。

综合材料绘画独有的一些特点将绘画变成了一种不同于传统绘画的特殊体验，使其不仅对儿童极具吸引力，而且可以在儿童参与过程中实现丰富的教育功能。

综合材料绘画已渐渐发展成为一种创新艺术思维而存在。创新性是打破孩子思维定式的重要方法。孩子们利用生活中不常使用的"废品"，变废为宝。一个个色彩缤纷、童趣十足的幼儿作品，表达了孩子们对于美的独特理解。

（二）综合材料绘画的工具

1．常见工具材料

（1）油画棒。颜色鲜艳，质地柔软，涂色细腻，能够很好地表现过渡色，油性不大，需要用力涂色（见图 8-4-2）。

（2）重彩棒。色彩鲜艳，覆盖力较强，不仅能画出漂亮的过渡色，还可以轻松地画出油水分离的效果（见图 8-4-3）。

（3）勾线笔。勾线笔可轻松上色，能够清晰地画出线条和轮廓，提升画面效果（见图 8-4-4 和图 8-4-5）。

（4）水彩颜料。水彩颜料的质地细腻透明，色彩重叠时，下面的颜色会透过来。色彩鲜艳度不如彩色墨水，但着色较深，即使长期保存也不易变色（见图 8-4-6 和图 8-4-7）。

（5）水粉颜料。水粉颜料色彩鲜艳，覆盖力强，容易上色，操作性强，可用于画、涂、点、拓印、滴墨等，是常见的绘画材料（见图 8-4-8）。

（6）色粉笔。色粉以矿物质色料为主要原料，所以色彩稳定性好，明亮饱和，经久不褪色，它兼有油画和水彩的艺术效果，具有独特的艺术魅力。在塑造和晕染方面有独到之处，且色彩变化丰富、绚丽、典雅，它最宜表现变幻细腻的物体（见图 8-4-9 和图 8-4-10）。

图 8-4-2　油画棒

图 8-4-3　重彩棒

图 8-4-4　勾线笔　　图 8-4-5　勾线笔作品

图 8-4-6　水彩颜料

图 8-4-7 固体水彩

图 8-4-8 水粉作品

图 8-4-9 色粉笔

图 8-4-10 色粉画作品

2. 辅助材料

包括彩色卡纸、皱纹纸、吹塑纸、水粉笔、调色盘、剪刀、双面胶、白乳胶、素描纸等（见图 8-4-11）。

图 8-4-11 辅助材料组图

（三）综合绘画的常见方法

1. 过渡色

过渡色就是一个颜色由深到浅或由浅到深的变化，或者由一个颜色慢慢变成另一个颜色，中间衔接处的融合过渡要均匀（见图 8-4-12）。

2. 渲染

使用水性颜料在浸湿的纸上自然渗透，产生丰富的层次、虚实的变化（见图 8-4-12）。

3. 吹彩

在纸面上滴上颜料，然后用嘴含吸管吹动它，使其自然产生有方向流动的痕迹（见图 8-4-13）。

4. 点彩

点彩能够增强画面的层次感和灵动性，避免画面单一。方法有多种，如勾线笔点彩、水粉点彩、手指点彩等，也可以把水粉颜料调得稀一些，用敲或甩的手法做出点彩效果（见图 8-4-13）。

5. 油水分离

油画棒和重彩棒含油性，与水性颜料结合使用，可以达到油水分离效果（见图 8-4-14）。

6. 撕贴

撕贴也是画创意画的常用技法，手撕出的边缘自然、多变，画面效果有趣且更具艺术感（见图 8-4-15）。

7. 拓印

拓印手法多使用于装饰背景或者点缀画面，任何有肌理的东西都可以进行拓印，如树枝、树叶、花朵、羽毛等，此外还有拓印海绵棒、拓印肌理棒等（见图 8-4-16）。

8. 揉搓

揉搓是把纸张揉皱后，用油画棒平涂再展开而得到的绘画效果（见图 8-4-14）。

图 8-4-12 过渡色与渲染效果　　图 8-4-13 吹彩与点彩效果　　图 8-4-14 油水分离和揉搓效果　　图 8-4-15 撕贴　　图 8-4-16 拓印

9. 其他技法

为了让画面更加真实、出彩，还有一些技法，比如：擦印、漏印、喷洒、吸附、烟熏、浮雕、压印、吹塑等（见图8-4-17）。

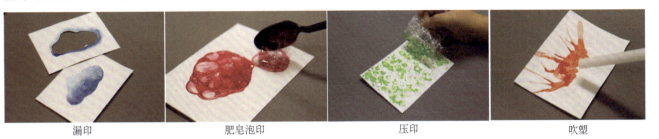

| 漏印 | 肥皂泡印 | 压印 | 吹塑 |

图8-4-17 其他技法组图

三、任务实践

任务内容：为方便幼儿了解动物的生活习性，设计制作主题为"蚂蚁的秘密——蚂蚁搬家"的综合绘画。

任务要求：（1）构图和谐，主题突出；（2）表现工具、材料、技法丰富；（3）画面和谐、统一。

完成时间：2课时。

注意事项：使用水彩作画时，利用酒精与水的特性制作泥土的松软效果，需要注意的是喷洒酒精要在水彩湿润的时候进行，如水彩过干，酒精将不起作用。

优秀作品参考：实例参考图8-4-18，学生作品参考图8-4-19。

实例：综合材料绘画创作

视频

"蚂蚁的秘密"实例微课

步骤一 构图　　步骤二 油水分离　　步骤三 填涂水彩背景　　步骤四 背景完成　　步骤五 喷洒酒精制作泥土松软效果

步骤六 植物漏印　　步骤七 描边勾线　　步骤八 添加细节　　步骤九 点彩增加细节　　步骤十 手撕蚂蚁

步骤十一 粘贴蚂蚁　　步骤十二 添加蚂蚁触角　　步骤十三 制作放大镜1　　步骤十四 制作放大镜2　　步骤十五 完成

图8-4-18 综合材料绘画创作组图

图8-4-19 学生作品组图

请你根据本次课情况填写作品评价表和课中评价表（见表 8-4-3 和表 8-4-4）。

表 8-4-3　作品评价表

评价内容	自评（分）	小组评（分）	教师评（分）	备注
主题突出（30分）				
构图和谐（10分）				
造型准确（10分）				
色彩和谐（10分）				
制作精细（20分）				
创意新颖（10分）				
整体效果（10分）				
总　　分				
备　　注				

表 8-4-4　课中评价表

评价项目	评价要点	自我评价 A 优秀（85—100分） B 良好（75—84分） C 合格（60—74分）	小组评价 A 优秀（85—100分） B 良好（75—84分） C 合格（60—74分）	教师评价 A 优秀（85—100分） B 良好（75—84分） C 合格（60—74分）
职业素养 （10分）	认真、主动完成任务，有克服困难的勇气和毅力			
	在活动中勤于动手、善于思考、勇于实践			
知识技能 （40分）	在活动中掌握完成项目任务的基本方法和技巧			
	获得较多体验和感受，获得更多解决问题方法和实践知识			
能力 （20分）	有分析整理信息数据和独立思考的能力			
	有动手实践和团结协作的能力，能清晰地表达个人观点			
情感 （20分）	具有团队精神，善于沟通合作			
	乐于分享活动中的创意和作品			
综合 （10分）	分组评比，评比过程中论据充分，有自己的观点			
组长评价	由组长完成			
小结				

环节三　课　　后

一、课后反思

学习完本课后，请你反思学习的效果，列出不足之处，并思考改进的办法。

学习效果	不　足	改进办法

二、课后拓展

请你拓展综合材料在幼儿园主题活动中的运用，也可到幼儿园进行实践调研。

三、思考与实践

（1）在应用综合材料制作创意美术作品时，请思考：可以用什么材料来表达场景中的哪些元素、模仿出它们的形态特征？选用什么材料会有趣生动，能抓住且符合幼儿心理特点？

（2）针对不同年龄段的幼儿，在综合材料创意画的选材上有何不同？如何因材施教？如何引导幼儿参与综合材料的收集和创作活动？

（3）请设计并制作幼儿园走廊宣传画，主题为"蝴蝶的秘密"。

请根据本次任务的教学目标达成情况，结合岗位需求进行拓展总结。

☆ 请运用书后评价表进行任务评价。

模块小结

本模块需要掌握的知识点包括版画的制作方法、步骤与发展，儿童水墨画的表现技法与创作方法，不同种类的综合材料的绘画创作方法等。通过学习可以使学生在进行版画、水墨画、综合材料绘画创作时，熟练掌握表现技法和创作方法，表现不同绘画风格的作品。

本模块学习注重儿童美术作品创作的构图与布局，构图造型的夸张可以让儿童美术作品更具趣味性。要善于找素材，可以通过线上线下各类平台寻找优质的儿童美术创作的素材。

模块九　纸艺

本模块课件

模块导读

纸艺是中国传统艺术表现形式之一，具有悠久的历史及丰富的文化内涵。纸艺具有较高安全性，色彩丰富，装饰效果好，常用于幼儿园的环境创设和美术教学创作活动中，深受幼儿喜爱。本模块根据幼儿保育岗位的需求引入任务，通过对纸艺剪、折、撕、刻、拼、叠、编织、压印等基本技法的学习，用不同质地的纸进行平面和立体造型，在幼儿园进行美术教学活动和环境创设活动。

思政要求

在此模块教学中注重德技并修，通过教学中融入传统纸艺造型与制作文化，培养学生对传统纸艺文化的热爱，增强文化自信。在完成纸艺的实践任务中，融入细心、耐心的职业精神和精益求精的工匠精神，并以小组探究合作学习培养学生解决问题的能力，增强团队协作意识。

岗位能力

通过对本模块的学习，培养良好的纸艺制作表现技能和纸艺创作能力，具备根据幼儿园需求组织幼儿开展纸艺造型活动的能力及运用纸艺进行幼儿园环境创设的能力。

模块目标

1. 知识目标：了解剪纸、折纸、纸雕、纸艺小品等纸艺制作的基本方法与技巧。
2. 技能目标：具备各式纸艺制作的能力，正确组织和引导幼儿的纸艺制作的实践能力，具备根据幼儿园需求利用纸艺制作创设幼儿园环境的能力。
3. 素养目标：通过完成创作任务，培养岗位实操能力和创新能力；进一步感受中国民间艺术的多样性和纸艺文化的丰富内涵。

任务一　剪　纸

任务发布

春节即将到来，为了让幼儿了解我国传统文化，体验我国传统技艺，班级围绕"欢欢喜喜过新年"进行春节主题环创布置。请运用中国风窗花剪纸的表现形式以"欢欢喜喜过新年"为主题进行创作，为幼儿园创设具有浓厚春节氛围的环境。可以运用拟人或夸张的表现手法体现春节的吉祥寓意以及民俗习惯，在剪纸的设计与色彩的搭配上符合幼儿的心理特点以及中国风审美。

请根据本任务学习内容进行自主规划并填写学习计划表（见表9-1-1）。

表9-1-1　学生学习计划表

任务一		剪　　纸
课前预习	预习时间	
	预习结果	1. 难易程度 ◎偏易（即读即懂）　◎适中（需要思考）　◎偏难（需查资料）　◎难（不明白） 2. 问题总结
课后复习	复习时间	
	复习结果	1. 掌握程度 ◎了解　　◎熟悉　　◎掌握　　◎精通 2. 疑点难点归纳

环节一　课　　前

一、预习

了解剪纸的相关知识，收集喜欢的中国风剪纸图案，准备好相关材料。思考：剪纸的起源你了解吗？它是从什么朝代开始发展起来的？剪纸的技法有哪些？你知道哪些著名的剪纸作品？

请完成课前评价表（见表9-1-2）。

二、材料准备

教师准备：（1）多媒体课件、窗花剪纸的图片及资料。（2）剪纸的工具及材料、已经剪好的窗花实物。

学生准备：（1）彩色手工纸或蜡光纸、剪刀、图稿纸、铅笔、固体胶、展示拉卡等。（2）收集中国剪纸制作的相关资料。

表9-1-2　课前评价表

内　　容	分　　值	小组评价	教师评价	备　　注
信息收集	10			
材料准备	10			
知识掌握	60			
自主合作	15			
职业素养	5			

环节二　课　　中

一、案例导入

在岭南和园佛山剪纸艺术馆里，正展出着一幅幅精彩绝美的剪纸作品，一张普通的彩纸，一把普通的剪刀，竟把一幅幅剪纸作品刻画得惟妙惟肖，栩栩如生。那质朴、生动、有趣的艺术造型，散发着独特的艺术魅力。剪纸是我国古老的传统民间艺术，是我国民间艺术中的瑰宝，它历史悠久，风格独特，深受国内外人民喜爱。剪纸艺术作为一种镂空艺术能给人以视觉上的透空和艺术上的享受，如窗花、门、墙花、顶棚花、灯花等。如果把这样具有东方传统艺术色彩的作品带进幼儿园环境创设，更能触发孩子们对中国传统艺术美的感受与探索。你知道该如何在幼儿园环境创设和教学过程中融入剪纸吗？

二、新知讲解

（一）初识剪纸

剪纸是一种用剪刀或刻刀在纸上剪刻花纹，用于装点生活或配合其他民俗活动的民间艺术。在中国，剪纸具有广泛的群众基础，交融于各族人民的社会生活，是各种民俗活动的重要组成部分。其传承赓续的视觉形象和造型形式，蕴涵了丰富的文化历史信息，表达了广大民众的社会认知、道德观念、实践经验、生活理想和审美情趣，具有认知、教化、表意、抒情、娱乐、交往等多重社会价值。2006年5月20日，剪纸艺术遗产经国务院批准列入第一批国家级非物质文化遗产名录。

（二）剪纸的特点

剪纸主要有以下几个特点：构图以单层次、两度空间平面处理为主；造型删繁就简，没有过多细节；花纹与色彩的整体色调和谐统一；色彩丰富鲜艳，剪贴的边线明朗整洁，有木刻版画的刀木特点。

（三）制作剪纸的基本要求

制作剪纸的基本要求包括：主题突出、主次分明；整体感强、构思独特、细节精细；制作精良、画面协调。

（四）基本技法

1. 剪纸的基本步骤

（1）构思。① 将平时收集的中国风窗花图样资料加以整合、改造，挑选适合做剪纸的图样。可选择的题材有：人物系列、动物系列、静物系列、风景系列、民俗系列、装饰造型系列等。② 通过对生活、事物、大自然、民俗风情等的观察和理解，形成对美的积累与沉淀，经过反复思考，创作出体现作者艺术思想和审美趣味的剪纸底稿。

（2）画稿。在画纸上设计图案，用笔画出底图的结构、形状，然后丰富其细节，将阴刻和阳刻的地方标识出来。

（3）固定。将画稿与剪纸用纸用订书机固定。

（4）剪、刻。用剪刀沿着线条剪制刻制，注意控制力度。

2. 剪纸的基本剪法

（1）剪影法。剪影法是剪纸的初级技法，即只需剪出物体的外部形状即可（见图9-1-1）。

图9-1-1　剪影法

（2）阴剪法。在剪影法的基础上，将内部镂空出线条结构，类似篆刻中的阴刻法，即剪去少量线条，留下剪纸的大部分（见图9-1-2）。

图9-1-2　阴剪法

（3）阳剪法。与阴剪法正好相反，阳剪法是镂空掉纸张的大部分，留下线条结构，类似于篆刻中的阳刻法（见图9-1-3）。

图9-1-3　阳剪法

（4）阴阳剪法。阴剪法剪纸平淡厚重，浑然一体，但是处理不好容易显得沉闷板结；阳剪法剪纸明朗清晰，玲珑剔透，但是剪得太精巧了容易显得单薄轻飘。若二者结合，则可取长补短，疏密相宜，有实有虚，重点突出（见图9-1-4）。

图9-1-4　阴阳剪法

三、任务实践

任务内容：请你选择你喜欢的中国风剪纸元素，使用剪影法、阴剪法、阳剪法、阴阳剪法、平铺剪法、折剪法等不同剪纸方法，围绕"欢欢喜喜过新年"的主题，为幼儿园创设具有浓厚春节氛围的环境。

任务要求：（1）主题突出、层次分明、构图和谐。（2）色调统一、整体感强、色彩和谐。（3）制作精良、做工精细、画面协调。（4）根据场地实际尺寸。

任务完成时间：3个课时（单色剪纸、刻纸、复色剪纸）。

优秀作品参考：请参考实例一至实例三。

实例一：平铺剪法《平安是福》

步骤一：铅笔构图，黑色签字笔描图（见图9-1-5）。

步骤二：将红色纸重叠于线稿之后，用订书机将四角固定（见图9-1-6）。

步骤三：从小细节处开始镂空。用剪刀尖小心戳破需要镂空的部位，然后将剪刃稍微伸入，小心掏剪。注意先剪内部细节再剪外框（见图9-1-7）。

实例二：折剪法、直立式《福禄》

（1）铅笔构图，黑色签字笔将画好的对称图样的一半描边（图9-1-8）。

（2）将红色纸重叠于线稿之后对折，用订书机将对折后的图样四角固定（见图9-1-9）。

（3）从小细节处开始镂空。用剪刀尖小心戳破需要镂空的部位，然后将剪刃稍微伸入，小心掏剪。注意先剪内部细节再剪外框（见图9-1-10）。

图9-1-5　构图　　图9-1-6　固定稿　　图9-1-7　镂空　　图9-1-8　构图　图9-1-9　固定稿　图9-1-10　镂空

实例三：折剪法、团花式《喜上梅稍》

（1）将方形纸按四次对称、五次对称或六次对称的样式分成相应的等份折叠好（见图9-1-11）。

（2）用铅笔在折好的纸上构图，从不能打开的一面绘制，注意处理好边缘的连接点不要剪断（见图9-1-12）。

（3）从小细节处开始镂空，小心掏剪。注意先剪内部细节再剪外框（见图9-1-13）。

请你根据本次课情况填写作品评价表和课中评价表（见表9-1-3和表9-1-4）。

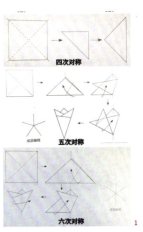

图9-1-12　折叠

图9-1-11　构图　　图9-1-13　掏剪

知识拓展

套色剪纸法与复色剪纸法

表9-1-3　作品评价表

评价内容	自评（分）	小组评（分）	教师评（分）	备注
主题突出（30分）				
构图和谐（10分）				
造型准确（10分）				
色彩和谐（10分）				
制作精细（20分）				
创意新颖（10分）				
整体效果（10分）				
总　　分				
备　　注				

表 9-1-4　课中评价表

评价项目	评价要点	自我评价 A 优秀（85—100分） B 良好（75—84分） C 合格（60—74分）	小组评价 A 优秀（85—100分） B 良好（75—84分） C 合格（60—74分）	教师评价 A 优秀（85—100分） B 良好（75—84分） C 合格（60—74分）
职业素养 （10分）	认真、主动完成任务，有克服困难的勇气和毅力			
	在活动中勤于动手、善于思考、勇于实践			
知识技能 （40分）	在活动中掌握完成项目任务的基本方法和技巧			
	获得较多体验和感受，获得更多解决问题方法和实践知识			
能力 （20分）	有分析整理信息数据和独立思考的能力			
	有动手实践和团结协作的能力，能清晰地表达个人观点			
情感 （20分）	具有团队精神，善于沟通合作			
	乐于分享活动中的创意和作品			
综合 （10分）	分组评比，评比过程中论据充分，有自己的观点			
组长评价	由组长完成			
小结				

环节三　课　后

一、课后反思

学习完本课后，请你反思学习的效果，列出不足之处，并思考改进的办法。

学习效果	不　足	改进办法

二、课后拓展

（1）进一步了解剪纸的种类，如刻纸等剪纸方法，根据作品的难易程度制作不同种类的剪纸作品。

（2）拓展剪纸在幼儿园环创中的运用，也可到幼儿园进行实践调研，在了解幼儿发展水平的基础上思考剪纸作品的运用和幼儿剪纸活动的指导策略。

三、思考与实践

（1）使用折剪法剪团花式时如何设计边缘连接点，才能做到千剪不断，万剪相连？

（2）针对不同年龄段的班级，在剪纸的题材选择上有何不同？如何指导幼儿参与剪纸活动？

（3）请设计制作幼儿园班级剪纸环创，主题为"欢欢喜喜过新年"。

请根据本次任务的教学目标达成情况，结合岗位需求进行拓展总结。

☆ 请运用书后评价表进行任务评价。

任务二 折 纸

任务发布

在开展园本课程的过程中,班级的整体环境需要根据主题课程内容进行创设。请以幼儿园课程"动物世界"为主题,运用手工折纸的表现形式进行创作。要求选择2~3种幼儿常见的动物,纸材可以运用不同大小的尺寸,颜色自由搭配。

请根据本任务学习内容进行自主规划并填写学习计划表(见表9-2-1)。

表9-2-1 学生学习计划表

任务二		折 纸
课前预习	预习时间	
	预习结果	1. 难易程度 ◎偏易(即读即懂) ◎适中(需要思考) ◎偏难(需查资料) ◎难(不明白) 2. 问题总结
课后复习	复习时间	
	复习结果	1. 掌握程度 ◎了解 ◎熟悉 ◎掌握 ◎精通 2. 疑点难点归纳

任务实施

环节一 课 前

一、预习

了解折纸的相关知识,了解动物的基本特征及形态,准备好相关材料。思考:什么是折纸?它有哪些折法?常见的动物都有哪些?它们的基本特征及形态是什么样的?

请完成课前评价表(见表9-2-2)。

二、材料准备

教师准备:(1)多媒体课件、折纸图片及资料。(2)折纸制作的工具、动物折纸成品图。

学生准备:(1)彩纸、彩色卡纸、剪刀、双面胶、胶水、活动手工小眼睛、铅笔、尺子、马克笔等。
(2)收集折纸制作的相关资料。

表 9-2-2　课前评价表

内　容	分　值	小组评价	教师评价	备　注
信息收集	10			
材料准备	10			
知识掌握	60			
自主合作	15			
职业素养	5			

环节二　课　中

一、案例导入

折纸是一项深受孩子们喜欢的手工活动，取材方便，操作简单，生动形象，常用于环境布置、教育教学、手工制作等方面。幼儿通过折纸活动，可以锻炼注意力和动手能力，在折纸活动中获得成功和满足。华华老师在幼儿园实习，她发现班级在开展主题活动时，孩子们对折纸很感兴趣，喜欢拿着折纸探索，研究折纸的玩法。看到这一现象，华华抓住幼儿的兴趣点，结合当月的主题活动"动物世界"展开折纸创作。你知道如何运用折纸开展幼儿教学活动吗？

二、新知讲解

（一）折纸的概念

折纸是利用纸的可折性，把原本平面的纸张经过反复折叠，创造出生动的立体形象。折纸的过程是将点、角、线等反复重合，构成三角形、正方形、菱形等各种形状。利用折纸能够很好地装饰环境，增添温馨舒适的感觉，折纸能让人们真正地感受到手工制作的快乐。

（二）折纸的基本折法

（1）对边折。将正方形或长方形纸两边相对折叠，成为两个长方形。

（2）对角折。用正方形纸，将两角相对折叠，形成两个直三角形。

（3）向中心折。正方形相对的两角向中心折。

（4）集中一角折。在正方形的对角上，将相邻的两边相对折叠。

（5）集中一边折。在正方形或长方形的中线上，将相邻的两边相对折叠。

（6）四角向心折。将正方形纸先折两条对角形，找出中心点，然后将四个角向中心点折。

（7）双正方形折。用正方形纸，先对边折，再根据中线一边向前，一边向后折，从中间撑开并压平。

（8）双三角形折。用正方形纸，先对角折，再根据分角一边向前，一边向后折，从中间撑开，压平。

（9）双菱形。按照双三角形折法折好后，将一角拉起，两边向中间压折。

（三）折纸基本步骤

（1）资料收集。收集与主题相关的优秀作品进行参考，并了解作品的具体折法。

（2）构思。确定折纸主题，根据主题设计出折纸构思。

（3）材料准备。选取合适的手工折纸材料，在准备时应考虑折纸的材质、大小、颜色是否能更好地呈现作品并符合该作品的需求。

（4）创作。根据折纸示意图，按顺序一步步操作，完成手工折纸作品。可根据作品的需求适当地进行添画，达到最好的效果。

三、任务实践

任务内容：以"动物世界"为主题，利用手工折纸的技法进行创作。

任务要求：（1）主题突出、层次分明、构图和谐。（2）色调统一、整体感强、色彩和谐。（3）制作精良、做工精细、画面协调。（4）尺寸：根据作品实际尺寸。

任务完成时间：2个课时（儿童动物及手偶折纸、装饰性折纸）。

实例一：金鱼（见图 9-2-1～图 9-2-3）

图 9-2-1　金鱼 1

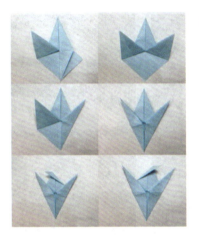
图 9-2-2　金鱼 2

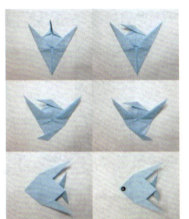
图 9-2-3　金鱼 3

微课：金鱼折纸示例

实例二：鲸鱼（见图 9-2-4 和图 9-2-5）

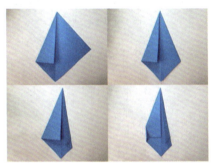
图 9-2-4　鲸鱼 1

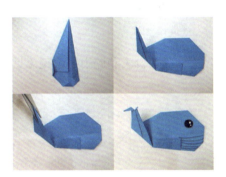
图 9-2-5　鲸鱼 2

微课：鲸鱼折纸示例

实例三：螃蟹（见图 9-2-6～图 9-2-8）

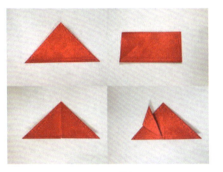
图 9-2-6　螃蟹 1

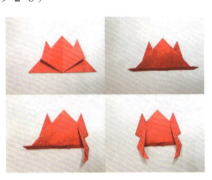
图 9-2-7　螃蟹 2

图 9-2-8　螃蟹 3

微课：螃蟹折纸示例

实例四：鸭子（见图 9-2-9）

图 9-2-9　鸭子

实例五：玫瑰花（见图 9-2-10 和图 9-2-11）

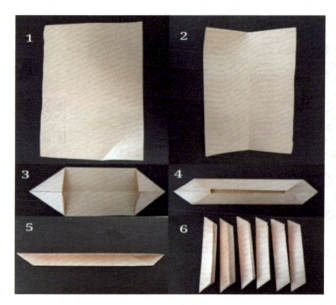

图 9-2-10　玫瑰花 1

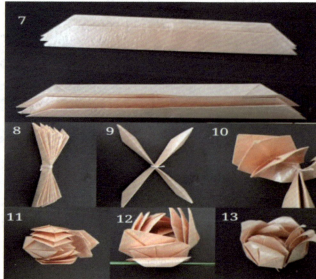

图 9-2-11　玫瑰花 2

请你根据本次课情况填写作品评价表和课中评价表（见表 9-2-3 和表 9-2-4）。

表 9-2-3　作品评价表

评价内容	自评（分）	小组评（分）	教师评（分）	备　注
主题突出（30分）				
构图和谐（10分）				
造型准确（10分）				
色彩和谐（10分）				
制作精细（20分）				
创意新颖（10分）				
整体效果（10分）				
总　　分				
备　　注				

表 9-2-4　课中评价表

评价项目	评价要点	自我评价 A 优秀（85—100分） B 良好（75—84分） C 合格（60—74分）	小组评价 A 优秀（85—100分） B 良好（75—84分） C 合格（60—74分）	教师评价 A 优秀（85—100分） B 良好（75—84分） C 合格（60—74分）
职业素养 （10分）	认真、主动完成任务，有克服困难的勇气和毅力			
	在活动中勤于动手、善于思考、勇于实践			
知识技能 （40分）	在活动中掌握完成项目任务的基本方法和技巧			
	获得较多体验和感受，获得更多解决问题方法和实践知识			

（续表）

评价项目	评价要点	自我评价 A 优秀（85—100分） B 良好（75—84分） C 合格（60—74分）	小组评价 A 优秀（85—100分） B 良好（75—84分） C 合格（60—74分）	教师评价 A 优秀（85—100分） B 良好（75—84分） C 合格（60—74分）
能力 （20分）	有分析整理信息数据和独立思考的能力			
	有动手实践和团结协作的能力，能清晰地表达个人观点			
情感 （20分）	具有团队精神，善于沟通合作			
	乐于分享活动中的创意和作品			
综合 （10分）	分组评比，评比过程中论据充分，有自己的观点			
组长评价	由组长完成			
小结				

环节三 课 后

一、课后反思

学习完本课后，请你反思学习的效果，列出不足之处，并思考改进的办法。

学习效果	不　足	改进办法

二、课后拓展

（1）进一步拓展指偶折纸、手偶折纸等折纸方法的运用，熟悉各种动物折纸的方法。
（2）思考折纸材料在幼儿园区域材料中的运用，也可以到幼儿园进行实践调研。

三、思考与实践

（1）在折纸作品中，如何使作品更加形象、生动有趣？对于单一的折纸作品应该如何丰富？
（2）根据不同年龄阶段的幼儿，如何让幼儿更好地理解及掌握折纸技能？
（3）设计并创设幼儿园班级主题墙装饰"动物世界"。

知识拓展

染纸

任务小结

请根据本次任务的教学目标达成情况，结合岗位需求进行拓展总结。

☆ 请运用书后评价表进行任务评价。

任务三　纸　雕

纸雕艺术多变、有趣、立体，形式独特，雕刻作品一般都会裱在相框中并挂在墙上，有一种古典和时尚相结合的感觉，在幼儿园的环境布置中经常用到纸雕拼贴艺术来进行装饰。纸雕拼贴可以锻炼幼儿立体造型的能力、对形象的概括能力、创新能力和艺术表现能力。利用纸雕作品表现幼儿喜欢的童话故事，在让幼儿感受纸雕作品的立体空间的同时，可以感受纸雕作品的唯美和逼真。在幼儿园中可以运用纸雕作品进行故事的讲述和操作。请选择你喜欢的儿童故事，设计一个能表现故事内容的纸雕作品。

请根据本任务学习内容进行自主规划并填写学习计划表（见表9-3-1）。

表 9-3-1　学生学习计划表

任务三		纸　雕	
课前预习	预习时间		
	预习结果	1. 难易程度 ◎偏易（即读即懂）　◎适中（需要思考）　◎偏难（需查资料）　◎难（不明白） 2. 问题总结	
课后复习	复习时间		
	复习结果	1. 掌握程度 ◎了解　　◎熟悉　　◎掌握　　◎精通 2. 疑点难点归纳	

环节一　课　前

一、预习

了解纸雕拼贴和纸雕立构的相关知识，收集喜欢的故事图案，准备好相关材料，并思考：纸雕有什么特点？纸雕有哪些表现方法？你身边有哪些纸雕作品？

请完成课前评价表（见表9-3-2）。

二、材料准备

教师准备：（1）多媒体课件、纸雕拼贴画及纸雕立构的图片及资料。（2）纸雕制作的工具、纸雕作品范例。

学生准备：（1）白卡纸、剪刀、刻刀、胶水、图稿纸、铅笔纸板、复写纸、蓬松棉等。（2）收集纸雕制作的相关资料。

表 9-3-2　课前评价表

内　容	分　值	小组评价	教师评价	备　注
信息收集	10			
材料准备	10			
知识掌握	60			
自主合作	15			
职业素养	5			

环节二 课中

一、案例导入

手工基础课课间休息时，玥童同学正在整理上周去幼儿园实习时调研的环境创设的资料。突然，她若有所思地站起来向在讲台上暂时休息的老师走去，并向老师提问："老师，我在一些展览厅和陈列馆的墙上看到一些纸艺作品，这些作品都是用纸制作成的，镶在相框里非常漂亮。"她展示了一幅在幼儿园拍到的主题装饰画，兴奋地对老师说："幼儿园老师用纸雕拼贴的主题画太漂亮了，既实用又美观，老师，我们也想制作生动美丽的纸艺作品，我觉得这些艺术品可以挂在幼儿园的显眼位置啊。"教室里的同学们也纷纷上来围观，表示："想不到一张简简单单的纸经过雕刻组合，竟然能把环境装饰得这么漂亮！我们也想体验制作纸雕拼贴画作品。"那么，如何制作纸雕呢？

二、新知讲解

（一）纸雕的起源与发展

纸雕，又叫纸浮雕。它的起源可以追溯到在中国汉代纸的发明及16世纪德国对纸的改良成果。其中民间韵味浓厚的纸雕彩灯在借鉴宫灯艺术造型的基础上，开创了中国纸雕艺术的经典篇章。到了18世纪中叶，欧洲的艺术家们打开了一个特殊艺术世界的大门，他们用简单的工具和不同的纸，制作了许多主题纸雕，这是纸雕的繁荣时代。

接着纸雕的类型渐渐明确，目前主要有三大流派：立体主义、实验派和刻板纸雕。20世纪人们制造了类似的纸替代品，这种纸不仅软，价格也相当低，所以制作纸浮雕的材料便产生了。

纸雕虽然像是一个整体，但它其实是由一张张普通的纸制作而成的。现在的纸雕作品呈现出了不断创新、不断与其他艺术形式交融和发展的趋势。看过创意立体纸雕的人，都会为它的精美而折服，它不仅让人惊叹纸的魅力和制作者的高超技艺，还能令人沉浸在艺术欣赏的海洋中。

（二）纸雕的特点

纸浮雕是一种以纸为素材、以刀为辅助工具创作的工艺。构图以多层次、三维空间营造为主；造型形象生动，富有动感，有较强的艺术感；画面设计灵活多变，具有趣味性。

（三）制作纸雕拼贴画的基本要求

（1）造型：形象要简练、概括，可适当地夸张、变形，图形外部轮廓要清晰、简洁。

（2）构图：主次图形注意疏密、前后层次的变化，让画面呈现一种错落有致、和谐统一的美感。

（3）色彩：拼贴画的色彩可以遵循实际，也可以自由想象，主色和底色放在一起和谐、漂亮即可。

（四）纸雕的制作步骤

（1）构思。将图形进行三维的效果设计，注意分析画面的层次感。

（2）设计立体空间和层次。选择合适的材料，设计立体元素和各元素之间的层次，做好底板的空间预设。

（3）图案处理。对每个元素设计进行剪裁，并运用纸雕技法进行处理。

（4）组合。将每个元素进行造型组合，按照设计的位置进行摆放、粘连。

（五）纸雕的制作技法

纸雕的技法具有灵活性、多变性，可归纳为：直线压折法、切割法、卷曲法、编插法及边缘卷曲法等。

1. 直线压折法

根据设计需求，利用不同的折线方法折出直线、曲线，使纸张更具有立体感，会产生不同的结构关系和凹凸变化，折的过程中尽量简化，是一种可以制作树叶、花卉、头饰等折线的制作技法（见图9-3-1）。

2. 切割法

平面切口，然后沿切开的地方重叠折曲为立体形态（见图9-3-2）。

3. 卷曲法

根据作品需要，往往要将纸塑制作成立体或半立体形状。此时，需要使用粗细不同的笔杆或小圆棍将纸压卷成型。在制作过程中，要通过笔杆或小圆棍均匀地在纸片上滑动成弧状、波浪状等形态（见图9-3-3）。

图9-3-1 直线压折法

图9-3-2 切割法

图9-3-3 卷曲法

4. 编插法

根据制作需要，将纸切割成条状的平面纸条，互相编织在一起，用不同颜色的纸条编在一起，会产生立体感和层次感，具有很漂亮的装饰效果（见图9-3-4）。

图9-3-4 编插法

三、任务实践

任务内容：选择你喜欢的儿童故事设计一个纸雕作品。

任务要求：（1）主题突出、层次分明、构图和谐。（2）色调统一、整体感强、色彩和谐。（3）制作精良、做工精细、画面协调。

任务完成时间：2个课时（纸雕拼贴、纸雕立构）。

优秀作品参考：详见实例一至实例四。

实例一： 纸雕拼贴画《小红帽》（见图9-3-5）

步骤一 定稿　　步骤二 制作边框　　步骤三 开始雕刻　　步骤四 雕刻成型的画面　　步骤五 拼贴完成作品

图9-3-5 《小红帽》步骤组图

实例二： 纸雕拼贴画制作《丑小鸭》（见图9-3-6）

  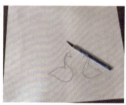  

步骤一 定稿　　步骤二 制作边框　　步骤三 雕刻　　步骤四 雕刻成型的画面　　步骤五 拼贴完成作品

图9-3-6 《丑小鸭》步骤组图

实例三： 纸雕拼贴画制作《森林之王》（见图9-3-7）

步骤一 选择材料、画稿　　步骤二 制作框架和底板　　步骤三 剪取各个元素　　步骤四 各元素处理　　步骤五 部分粘贴　　步骤六 组合整理

图9-3-7 《森林之王》步骤组图

实例四： 纸雕立构制作《蝴蝶》（见图9-3-8）

步骤一 设计立体元素（对折之后获得对称的图形）　　步骤二 切割雕刻立体元素

步骤三　设计立体元素之间的机关　　　　　　步骤四　组合元素（将对称的元素对折，粘贴在对应的三角处）

步骤五　组合完成，检查贺卡的开合情况

图 9-3-8 《蝴蝶》组图

请你根据本次课情况填写作品评价表和课中评价表（见表 9-3-3 和表 9-3-4）。

表 9-3-3　作品评价表

评价内容	自评（分）	小组评（分）	教师评（分）	备　注
主题突出（30分）				
构图和谐（10分）				
造型准确（10分）				
色彩和谐（10分）				
制作精细（20分）				
创意新颖（10分）				
整体效果（10分）				
总　　分				
备　　注				

表 9-3-4　课中评价表

评价项目	评价要点	自我评价 A 优秀（85—100分） B 良好（75—84分） C 合格（60—74分）	小组评价 A 优秀（85—100分） B 良好（75—84分） C 合格（60—74分）	教师评价 A 优秀（85—100分） B 良好（75—84分） C 合格（60—74分）
职业素养 （10分）	认真、主动完成任务，有克服困难的勇气和毅力			
	在活动中勤于动手、善于思考、勇于实践			
知识技能 （40分）	在活动中掌握完成项目任务的基本方法和技巧			
	获得较多体验和感受，获得更多解决问题方法和实践知识			

（续表）

评价项目	评价要点	自我评价 A 优秀（85—100 分） B 良好（75—84 分） C 合格（60—74 分）	小组评价 A 优秀（85—100 分） B 良好（75—84 分） C 合格（60—74 分）	教师评价 A 优秀（85—100 分） B 良好（75—84 分） C 合格（60—74 分）
能力 （20 分）	有分析整理信息数据和独立思考的能力			
	有动手实践和团结协作的能力，能清晰地表达个人观点			
情感 （20 分）	具有团队精神，善于沟通合作			
	乐于分享活动中的创意和作品			
综合 （10 分）	分组评比，评比过程中论据充分，有自己的观点			
组长评价	由组长完成			
小结				

环节三　课　后

一、课后反思

学习完本课后，请你反思学习的效果，列出不足之处，并思考改进的办法。

学习效果	不　足	改进办法

二、课后拓展

请拓展纸雕拼贴画在幼儿园环创的运用，并思考纸雕还可以运用在哪些方面。也可到幼儿园进行实践调研。

知识拓展

纸藤花

三、思考与实践

（1）纸雕拼贴画中，背景造型时应该注意哪些问题，才能营造出符合幼儿年龄需求的场景？
（2）针对不同年龄段的幼儿，在纸雕拼贴画选材上有何不同？如何指导幼儿参与纸雕拼贴画活动？
（3）为儿童故事设计一个可匹配的主题背景。

任务小结

请根据本次任务的教学目标达成情况，结合岗位需求进行拓展总结。

☆ 请运用书后评价表进行任务评价。

任务四　纸艺小品

任务发布

各种各样的纸是幼儿园环境布置中经常用到的材料，纸张质地柔软、质量轻，可塑性强，色彩丰富且安全无毒，没有过于复杂的制作过程，原材料也是随处可见，非常适合用来制作装饰品进行环境布置。纸艺作品颜色鲜艳，有立体的效果，在幼儿园的环境布置中也经常用到。幼儿园要对全园的环境进行创设更新，请选择一种题材进行纸艺小品创作，为幼儿园环境创设制作装饰品。要求运用撕纸拼贴画、纸浆造型、瓦楞纸创作的表现形式进行创作。创作的装饰品可以独特夸张、大小不一，设计与色彩的搭配要符合幼儿的心理特点。

请根据本任务学习内容进行自主规划并填写学习计划表（见表9-4-1）。

表9-4-1　学生学习计划表

任务四		纸艺小品
课前预习	预习时间	
	预习结果	1. 难易程度 ◎偏易（即读即懂）　◎适中（需要思考）　◎偏难（需查资料）　◎难（不明白） 2. 问题总结
课后复习	复习时间	
	复习结果	1. 掌握程度 ◎了解　　◎熟悉　　◎掌握　　◎精通 2. 疑点难点归纳

任务实施

一、预习

了解纸艺小品制作的相关知识，收集喜欢的纸艺作品，了解纸艺小品制作的相关技能技巧，准备好相关材料。思考：你喜欢的纸艺小品有哪些？了解纸艺小品中的撕纸拼贴画、纸浆造型、瓦楞纸创作的工艺特点。纸艺小品撕纸拼贴画、纸浆造型、瓦楞纸创作有什么基本技巧技法和艺术表现形式？

请完成课前评价表（见表9-4-2）。

二、材料准备

教师准备：（1）多媒体课件、纸艺小品撕纸拼贴画、纸浆造型、瓦楞纸创作的图片及相关资料。（2）纸艺小品撕纸拼贴画、纸浆造型、瓦楞纸创作的相关纸张和工具。

学生准备：（1）纸：压纹纸、手工彩纸、卡纸、废旧纸张、面巾纸、硫酸纸等。（2）工具：胶水、铅笔、橡皮、美工刀、棉签等。（3）纸艺小品撕纸拼贴画、纸浆造型、瓦楞纸创作的相关资料。

表 9-4-2　课前评价表

内　容	分　值	小组评价	教师评价	备　注
信息收集	10			
材料准备	10			
知识掌握	60			
自主合作	15			
职业素养	5			

环节二　课　中

一、案例导入

雨欣同学正在和她的朋友整理班级中的废旧物品，看到满地的瓦楞纸、压纹纸和硫酸纸，突然想到了之前在参观幼儿园时看到过的一些纸艺手工作品，她掏出手机看了看记录下来的照片，并向一旁的同学说道："晓晓，你看！之前我们参观的幼儿园在主题墙、区角柜、走廊以及楼梯间等很多地方都是用各种纸来进行装饰的。我们生活中常见的纸其实也可以用作环境布置和手工创作呢！"说着她把手中的照片逐一展示给了晓晓看。教室里的其他同学听到后也凑了过来，说："哇！这些环境布置真不错，没想到纸还可以这样用，还能变成那么可爱、有趣的手工作品。我们也好想尝试自己来进行纸艺小品的手工创作啊！"雨欣开心地说："嗯！我也好想呢，我们一起去向老师请教，尝试用各种纸来制作手工作品吧！"纸艺作品如何在幼儿园环境创设中运用呢？

二、新知讲解

（一）撕纸拼贴画

1．撕纸拼贴画的概念

撕裂一张纸而造成形状的改变，在一个有太多经验和规矩的成人眼里，那是一种"破坏"行为，但会让一个充满好奇心的孩子感到快乐，因为这是出于天赋的最原始的改造冲动。我们甚至以为，人类最初的各种艺术行为大多产生于这种和孩子一样的改造冲动。

撕纸拼贴画，顾名思义便是撕出大小、形状和色彩均不同的纸片，通过粘贴而组合成画面。小纸片即小色块，大纸片则为大色块。纸片就像油画中的"笔触"，油画的色彩可以调和，纸片的色块却独立而不可调和。色块的不可调和性，一方面对撕贴艺术的表现造成一定的局限，另一方面却也造就了它与众不同的特点，它因此而轻快、跳跃，富有装饰性。

2．撕纸拼贴画的特点

（1）材料简单，立体感强，装饰性强。

（2）撕纸拼贴画具有不可复制、题材广泛、自由写意等特点。

（3）整体色调和谐统一，块面与块面交接处的颜色对比强烈。

3．制作撕纸拼贴画的基本要求

（1）主题突出、层次分明。

（2）色调统一、整体感强。

（3）立体感强、装饰性强。

（4）构思独特、细节精细。

4．撕纸拼贴画的基本步骤和技法

（1）撕纸拼贴画制作的基本步骤。① 艺术欣赏与艺术构思。拥有一双发现美的眼睛和创作美的意识，欣赏优秀的撕纸拼贴画，学习其构图和创意。寻找适合自己的艺术题材进行创作。② 绘制模板。在撕较为复杂的造型时，在纸张上可以先画出所要撕作的纸片的轮廓线，作为撕纸时的辅助。③ 选纸。选择适合画面的纸张。④ 撕纸。把纸撕成适当大小的纸块。⑤ 拼贴与粘贴。用白乳胶或固体胶把纸粘贴在画面上，注意整体色调和谐统一，块面与块面交接处的颜色对比强烈。可用棉签或牙签辅助粘贴。

（2）撕纸拼贴画的基本技法。

① 绘，在撕较为复杂的造型时，可以在纸张上先绘出所要撕作纸片的轮廓线，作为撕纸时的辅助（见图9-4-1）。

② 折，在纸片需要直线形的边缘时，可以先折一下纸张，然后沿着折痕撕纸，这样撕出的线条更为规整（见图9-4-2）。

③ 撕，用双手的拇指和食指固定住纸张，然后撕开，使其露出横截面。通常撕开之后纸片的边缘都较为粗糙（见图9-4-3）。

④ 揭，揭开纸张的表面，以体现纸张内部的纤维质感。常与"撕"一起使用，以获得纸片边缘处的纤维感，实现某些艺术效果（见图9-4-4）。

⑤ 揉，将纸张附在手掌上，然后握拳将纸张揉成团，使纸张产生随性、自然的痕迹，并在此基础上进行造型（见图9-4-5）。

⑥ 捏，用食指和大拇指在纸张上捏出所需要的线条，使平面的纸张产生立体感，常与"揉"一同使用（见图9-4-6）。

⑦ 叠，将一张纸片叠加到另一张纸片上，使纸片产生相互交叠的视觉效果，让作品更具层次感和立体感（见图9-4-7）。

⑧ 整，对所添加的纸片或者整幅作品进行调整，以达到自己要表达的视觉效果。所有撕贴作品都是在不断调整中实现更好的艺术效果的（见图9-4-8）。

⑨ 贴，画面完成调整之后，用固体胶水将撕出的纸片粘贴到底板或其他纸片上。在粘贴时，尽量少用胶水，以保证画面的整洁（见图9-4-9）。

图9-4-1 绘　　　　图9-4-2 折

图9-4-3 撕　　　　图9-4-4 揭

图9-4-5 揉　　　　图9-4-6 捏

图9-4-7 叠　　　　图9-4-8 整

图9-4-9 贴

（二）纸浆造型

1. 什么是纸浆

纸浆是以植物纤维为原料，经不同加工方法制得的纤维状物质，属于天然可再生资源，是造纸工业的主要原材料。纸浆包括木浆、非木浆和废纸浆。具体分类如图9-4-10。

2. 什么是纸浆造型

那么我们常用的纸张是什么浆造的呢？不同纸浆种类常用于不同行业。比如，木浆主要用于生产文化用纸、生活用纸、包装用纸等，因为木浆具有纤维长、拉伸强度好等特点，所以制成的纸张具有耐折耐破的特性；而非木浆（如竹浆）的原材料在中国更容易获得，能用于生产生活用纸、文化用纸、手工纸等；废纸浆在工业上常用于生产新闻纸、包装纸等，如瓦楞原纸或箱纸板。纸浆造型是对这些废弃的报纸手工纸等进行二次利用，将这些物品利用水和白乳胶固定，做成某个形状。

3. 纸浆造型的特点

（1）构图以单层次、两度空间平面、立体处理为主。

（2）造型删繁就简，没有过多细节。

（3）花纹与整体色调和谐统一。

4. 纸浆造型的基本要求

（1）主题突出、层次分明。

（2）色调统一、整体感强。

（3）构思独特、细节精细。

（4）制作精良、画面协调。

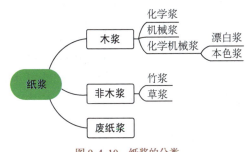

图9-4-10 纸浆的分类

5. 纸浆造型的基本步骤

（1）构思。① 收集图片资料，可选择的题材有人物系列、动物系列、静物系列等。② 通过对人物、动物、大自然静物等的观察和理解，形成对美的积累与沉淀，经过反复思考，创作出体现作者艺术思想和审美趣味的动物造型。

（2）创作前期准备。准备好报纸、废旧作业纸等废旧纸、白乳胶、胶布和装白乳胶的容器、辅助性材料小木棒。

（3）纸浆造型。选择动物造型，将废旧纸捣烂均匀地涂到气球上，大小随意。然后再制作出小动物的眼睛、尾巴等部位。

（4）组合。把小动物的各个部位组合起来。组合时可以先将主要的部位进行拼接，最后才是次要部位的拼接。比如说动物的身体、眼睛、尾巴等。

（5）上色。根据小动物造型，用颜料给它涂上适当的颜色。

（三）瓦楞纸创作

1. 瓦楞纸的发明与发展

瓦楞纸的发明是在1856年，英国的爱德华两兄弟将纸加压成波纹瓦楞，用作帽子内衬，具有透气吸汗的特点。1871年，美国人阿尔伯特·琼斯发明了单面瓦楞纸板，经过不断改良发明，使得瓦楞纸在包装运输行业中获得日益推广，直至今天长久不衰。

目前，瓦楞纸一般分为单瓦楞纸和双瓦楞纸两类，具有质量轻、加工易、强度大的特性，还能根据自己的需要随意剪裁。这就使得瓦楞纸也成为了非常不错的纸艺材料。运用瓦楞纸进行的手工创作丰富多样（见图9-4-11）。

图9-4-11　瓦楞纸作品组图

2. 瓦楞纸手工作品的特点

（1）作品主题鲜明突出，符合目标、要求。

（2）作品造型生动活泼，富有设计意义。

（3）作品细节部位与整体色调和谐统一。

（4）作品色彩丰富，切割的边线明朗、整洁。

3. 瓦楞纸手工制作的基本要求

（1）主题鲜明突出。

（2）整体和谐统一。

（3）造型独特多变。

（4）制作精细整洁。

4. 瓦楞纸手工制作的基本步骤

（1）设计构思图。① 把收集到的图片资料加以整理、分类，在构思作品时作为参考，如人物造型、动物造型、静物造型等。② 在日常生活中多观察身边的各种事物，反复学习与思考，设计出富有艺术性的瓦楞纸手工作品构思图。

（2）裁剪瓦楞纸。选择颜色合适的瓦楞纸，将瓦楞纸按照设计需要裁剪成不同大小、不同样式的部件（见图9-4-12）。

（3）组合各部件。按照构思图将剪裁的各部件组合起来。组合时可以先将主体部分进行黏合，然后丰富细节部分（见图9-4-13）。

5. 瓦楞纸手工制作的常见方法

（1）剪贴法。将设计好的构思图拓描在需要的瓦楞纸上，按勾画的轮廓裁剪出作品各部件，再把各部件组合粘贴起来（见图9-4-14）。

（2）拼插组合法。先将需要的瓦楞纸作品各部件按照一定方法裁剪出来，然后把各部件按设计切割出用于拼插的空隙，最后进行拼插组合（见图9-4-15）。

（3）卷推黏合法。裁剪出需要的瓦楞纸条，按照设计的构思图把纸条卷起来，然后稍稍外推定型，最后把各部件黏合起来（见图9-4-16）。

图9-4-12 瓦楞纸部件

图9-4-13 部件组合

图9-4-14 剪贴法

图9-4-15 拼插组合法

图9-4-16 卷推黏合法

三、任务实践

任务内容：利用撕纸拼贴画、纸浆造型、瓦楞纸创作等艺术表现形式进行纸艺小品的创作，制作纸艺装饰品为幼儿园布置环境。

任务要求：（1）主题突出、层次分明、构图和谐。（2）色调统一、整体感强、色彩和谐。（3）制作精良、细节精细、画面协调。（4）根据环创需要设定创作尺寸。

任务完成时间：3个课时（撕纸拼贴、瓦楞纸、纸浆造型）。

优秀作品参考：见图9-4-17。

图9-4-17 作品参考组图

实例一：撕纸拼贴画《戴珍珠耳环的少女》（见图9-4-18）

实例二：双层国旗蛋糕（见图9-4-19）

步骤一 临摹画作，绘制轮廓线　　步骤二 选择适当的纸，撕成纸块　　步骤三 粘贴纸块，注意颜色搭配

图9-4-18 实例一操作步骤

步骤一 构思、裁剪纸条　　步骤二 塑形、组合　　步骤三 完成效果

图9-4-19 实例二操作步骤

实例三：水果切件蛋糕（见图9-4-20）

实例四：小型纸浆动物创作（见图9-4-21）

实例五：大型纸浆动物创作（见图9-4-22）

 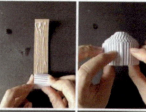  

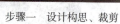

步骤一　设计构思、裁剪　　步骤二　塑形　　步骤三　组合　　步骤四　完成效果

图 9-4-20　实例三操作步骤

 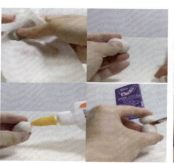  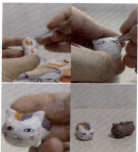

步骤一　将废纸打碎，把水榨干，将它搓成球　　步骤二　各个部位组合　　步骤三　覆盖白色的纸巾　　步骤四　添画、上色

图 9-4-21　实例四操作步骤

步骤一　用水将废纸打碎　　步骤二　用树枝组合　　步骤三　覆盖上报纸　　步骤四　再覆盖一层白纸　　步骤五　涂上颜料或用轻黏土装饰　　步骤六　完成作品

图 9-4-22　实例五操作步骤

请你根据本次课情况填写作品评价表和课中评价表（见表 9-4-3 和表 9-4-4）。

表 9-4-3　作品评价表

评价内容	自评（分）	小组评（分）	教师评（分）	备注
主题突出（30分）				
构图和谐（10分）				
造型准确（10分）				
色彩和谐（10分）				
制作精细（20分）				
创意新颖（10分）				
整体效果（10分）				
总　　分				
备　　注				

表 9-4-4　课中评价表

评价项目	评价要点	自我评价 A 优秀（85—100分） B 良好（75—84分） C 合格（60—74分）	小组评价 A 优秀（85—100分） B 良好（75—84分） C 合格（60—74分）	教师评价 A 优秀（85—100分） B 良好（75—84分） C 合格（60—74分）
职业素养 （10分）	认真、主动完成任务，有克服困难的勇气和毅力			
	在活动中勤于动手、善于思考、勇于实践			
知识技能 （40分）	在活动中掌握完成项目任务的基本方法和技巧			
	获得较多体验和感受，获得更多解决问题方法和实践知识			
能力 （20分）	有分析整理信息数据和独立思考的能力			
	有动手实践和团结协作的能力，能清晰地表达个人观点			
情感 （20分）	具有团队精神，善于沟通合作			
	乐于分享活动中的创意和作品			
综合 （10分）	分组评比，评比过程中论据充分，有自己的观点			
组长评价	由组长完成			
小结				

环节三　课　后

一、课后反思

学习完本课后，请你反思学习的效果，列出不足之处，并思考改进的办法。

学习效果	不　足	改进办法

二、课后拓展

拓展纸艺小品在幼儿园环境创设中的运用，尝试制作不同风格的纸艺小品，也可自行构思创作作品。可到幼儿园进行实践调研，为不同年龄段的幼儿上一节纸艺小品的创作课，根据幼儿的年龄特点设计活动教案。

三、思考与实践

（1）在纸艺小品创作中，如何合理地进行色彩的搭配？
（2）针对不同年龄段的幼儿，在纸艺小品的选材上有何不同？如何指导幼儿参与纸艺小品的创作活动？
（3）设计制作形式各样的纸艺小品，装饰幼儿园环境。

任务小结

请根据本次任务的教学目标达成情况，结合岗位需求进行拓展总结。

☆ 请运用书后评价表进行任务评价。

模块小结

　　纸艺活动是美术活动的一部分，也是学生非常喜欢的艺术活动。本模块通过让学生掌握纸艺的表现技法、表现形式与纸艺的创作方法等知识点，表现不同风格的纸艺作品。通过折纸活动，能锻炼手的触感和动作的准确性，培养幼儿的注意力；通过纸张的千变万化，可以培养幼儿的创造性思维能力。

模块十 泥工

本模块课件

模块导读

泥工是利用胶泥、橡皮泥、超轻黏土等可塑材料，运用团、揉、压、捏、搓等技能塑造形象的造型活动，是幼儿教育中常见的一种手工活动形式，深受幼儿喜爱，对培养幼儿动手能力、思维能力有着重要意义。泥工活动具有形象性、可操作性以及富有变化性的特点，本模块根据幼儿保育岗位的需求引入任务，指导学生根据幼儿的生理、心理特点开展相关的泥塑创作活动。

思政要求

教学中通过学习泥艺的知识，感受璀璨的泥工文化给我们带来的文化自信和民族自豪感，体会工匠精神。在任务实践过程中培养学生细心、耐心的职业精神，以小组探究合作学习培养学生解决问题的能力，增强团队协作意识。

岗位能力

通过对本模块的学习，培养良好的泥工表现技能和泥工创作能力，具备根据幼儿园需求组织幼儿开展泥工造型活动的能力及运用超轻黏土进行幼儿园环境创设的能力。

模块目标

知识目标：了解泥工基本造型方法与技巧。
技能目标：具备泥工制作的塑形能力和满足幼儿园需求的手工能力。
素养目标：通过完成真实任务，培养岗位能力；通过设计和创作，培养学生创新能力和动手能力；通过对泥塑文化的了解，培养学生的工匠精神，增强文化自信。

任务一 超轻黏土立体画

任务发布

春天到了，幼儿园可以组织春游研学活动，带领小朋友们感受春天的变化，参观动物园，喂养小动物，集体野餐并开展游戏活动。通过观察、接触真实的动物，了解不同动物的特征，可以运用超轻黏土以平面泥

美工基础

塑的形式,制作有场景的动物泥工作品。请为幼儿园教室的区角设计制作主题为"春天的动物园"的超轻黏土立体画,要求动物和植物的形象塑造和色彩的搭配符合幼儿的心理特点,可以选取幼儿喜欢的动画片中的动物卡通形象进行创作,造型设计要圆润、可爱。

请根据本任务学习内容进行自主规划并填写学习计划表(见表10-1-1)。

表10-1-1　学生学习计划表

任务一		超轻黏土立体画
课前预习	预习时间	
	预习结果	1. 难易程度 ◎偏易(即读即懂)　◎适中(需要思考)　◎偏难(需查资料)　◎难(不明白) 2. 问题总结
课后复习	复习时间	
	复习结果	1. 掌握程度 ◎了解　　◎熟悉　　◎掌握　　◎精通 2. 疑点难点归纳

环节一　课　前

一、预习

选取几种动物,了解它们的外形特征,收集动物的真实照片和卡通造型图片,准备好相关材料。思考:长颈鹿、考拉、狐狸和绵羊等动物的外形特征是什么样的?小朋友喜欢什么动物?它们都有什么特点?爱吃什么东西?小动物们住在哪里?森林里有什么植物?

请完成课前评价表(见表10-1-2)。

二、材料准备

教师准备:(1)多媒体课件、动物的照片、动物卡通造型视频和平面资料。(2)超轻黏土泥艺制作的工具、超轻黏土平面场景画、实物范画。

学生准备:(1)多种颜色的超轻黏土、剪刀、竹片、牙签、图稿纸、相框等。(2)收集泥艺制作技法的相关资料。

表10-1-2　课前评价表

内　容	分　值	小组评价	教师评价	备　注
信息收集	10			
材料准备	10			
知识掌握	60			
自主合作	15			
职业素养	5			

环节二　课　中

一、案例导入

幼儿园上周组织了小朋友们参加春游户外研学活动,带领小朋友们感受春天的变化,参观动物园,在工作人员的指导下近距离接触和喂养小动物，并开展了集体野餐和游戏活动。回到幼儿园，老师在第二天的晨会上做活动总结，表扬了冬冬小朋友很勇敢又爱思考。冬冬平时非常喜欢小动物，在小区里也经常会带食物喂养流浪猫。这次春游安排参观动物园，他非常兴奋，来到长颈鹿园区，他第一个举手要拿饲养员叔叔提供的嫩树叶喂养长颈鹿。冬冬分享了他的喂养经历和学习到的动物知识：长颈鹿脖子很长，高高的长颈鹿会低下头吃树叶。冬冬问了饲养员叔叔一个问题："长颈鹿的脖子为什么这么长？"饲养员叔叔告诉他："长颈鹿爱动脑筋，当它看到地面上的灌木嫩叶都要被其他动物吃完了，它想到自己可以伸长脖子吃树上的嫩叶，就不会因为吃不饱饿死了。所以经过很多年的锻炼和进化，长颈鹿的脖子就变得越来越长了！"其他小朋友都认真地听："原来是这样，我们也要像长颈鹿一样爱动脑筋、爱思考！"老师接着引导小朋友们一起观看了动物的视频资料，组织小朋友们运用超轻黏土以平面泥艺的形式，制作了一幅有场景的动物泥艺作品。你知道如何带领幼儿进行泥艺手工作品创作吗？

泥艺材料是什么

二、新知讲解

（一）儿童泥艺材料

1. 橡皮泥

自从1956年问世以来，橡皮泥就成了孩子们最喜爱的玩具。最开始的橡皮泥只有灰白一种颜色，但随后的几年里橡皮泥有了各种各样的颜色和香味（见图10-1-1）。

橡皮泥的发明者是Kutol Products公司，最初设计目的是作为清洁产品，它第一次进入市场的形象是作为肮脏壁纸的清洁物。这一发现拯救了即将破产的Kutol Products公司，这并不是因为它的清洁效果有多么好，而是因为小学生们开始用它制作圣诞节装饰物。发明者对清洁剂进行改造，去掉其中的清洁剂成分，加入颜料和好闻的香味，于是最开始灰白色的清洁剂摇身一变，变成五颜六色、气味各异的橡皮泥，也成为世界上最受欢迎的玩具之一。尽管没有实际用途，但橡皮泥作为一种有趣的玩具，丰富了孩子们的生活。

图10-1-1　橡皮泥和工具

橡皮泥发展到现在，无论是材质还是工艺，都有了很大的提升。以前的橡皮泥不仅硬邦邦的不容易捏，而且不能混色、不能重复利用。如今，经过升级后的橡皮泥——"彩泥"（见图10-1-2）完全克服了上述问题，更高端的还有"超轻黏土"（见图10-1-3）。

图10-1-2　彩泥和工具

2. 超轻黏土

超轻黏土最早诞生于德国并逐渐传遍整个欧洲，后经日本、韩国、中国台湾传至中国大陆。超轻黏土主要是运用高分子材料发泡粉（真空微球）进行发泡，再与聚乙醇、胶黏剂、甘油、颜料等材料按照一定的比例物理混合制成。

该材料可塑性强、色彩艳丽，手工者可自由揉捏、随意创作，是一种集陶土、纸黏土、雕塑油泥、橡皮泥等优点于一身的最新手工创作材料。它可与木头、金属片、亮片、玻璃等材质完美结合使用，由超轻黏土制作的作品不需要烧烤，在24～48小时内可自然风干且有弹性、不碎裂，可以永久保存。

图10-1-3　超轻黏土

（1）超轻黏土平面装饰画的特点包括以下四点：① 构图以多层次、叠加空间的平面处理为主，有贴纸画的特点。② 提炼造型，去繁从简。③ 块面与色彩的整体色调和谐统一。④ 色彩明亮鲜艳，可塑造纹理。

（2）超轻黏土装饰画制作的基本要求有：① 主题元素突出、画面层次分明。② 色调统一、整体视觉感强。③ 构思明确、刻画细节、有立体感。④ 画面协调。

（二）基本技法

泥艺的制作离不开手部的揉搓和工具的塑造，主要方法见图10-1-4。

（三）制作步骤

（1）设计构思阶段，绘制《春天的动物园》超轻黏土装饰画草图（见图10-1-5）。
（2）在背景板涂上胶水（见图10-1-6）。
（3）背景制作（见图10-1-7）。
（4）表现主题（见图10-1-8）。

微课：《春天的动物园》制作示例

（5）添加细节，完成作品（见图10-1-9）。

揉　　　　　　　　捏　　　　　　　　搓　　　　　　　　拍　　　　　　　　连　　　　　　　　扭
黏土置于手心，揉压，使其表面光滑　　用拇指和食指挤压黏土，捏出所需形状　　黏土置于手心前后来回搓动，使其呈条状　　黏土置于手心，用手指拍打出所需形状　　用绳子或竹签将两个黏土连接到一起　　将两根或三根黏土像拧麻花一样拧在一起

粘　　　　　　　　压划　　　　　　　　卷　　　　　　　　他物包裹　　　　　　　　剪　　　　　　　　异色绞揉
将两块独立的黏土粘在一起　　用手或工具将黏土压出凹坑或划出线痕　　将泥条或泥片进行卷制，形成螺旋状　　可将泡沫球或纸张等置于黏土中帮助支撑　　用剪刀在黏土上剪出所需的图案造型　　将两种以上颜色的黏土绞揉在一起，通过拉伸再折叠，反复几次形成条纹状

图10-1-4　超轻黏土基本技法

图10-1-5　草图　　　　　　图10-1-6　涂胶水

图10-1-7　背景制作

图10-1-8　表现主题　　　　　　图10-1-9　添加细节，完成作品

三、任务实践

任务内容：运用超轻黏土为幼儿园小班制作植物和动物的教具。

任务要求：（1）结构造型准确。（2）色彩搭配和谐。（3）制作精细。

任务完成时间：1课时。

优秀作品参考见图10-1-10，实例制作见图10-1-11～图10-1-14，作品参考见图10-1-15。

图 10-1-10　超轻黏土作品参考

实例一：植物叶片制作 1

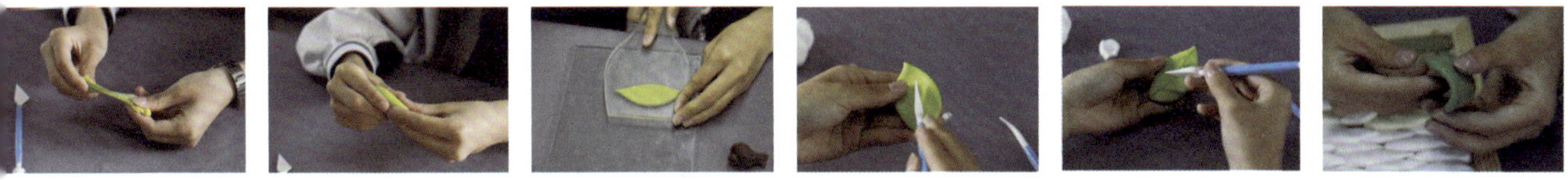

步骤一　两种颜色揉泥调色　　步骤二　搓成水滴状　　步骤三　压平修形　　步骤四　刻画叶脉 1　　步骤五　刻画叶脉 2　　步骤六　弯曲叶子方向

图 10-1-11　植物叶片制作 1

实例二：植物叶片制作 2

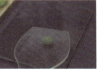

步骤一　利用工具搓成小球状　　步骤二　搓成长条状　　步骤三　搓成细长条状　　步骤四　搓出小球　　步骤五　按叶子造型一次摆放　　步骤六　利用工具压出造型

图 10-1-12　植物叶片制作 2

实例三：长颈鹿制作

步骤一　取两个泥团按压成一大一小椭圆形　　步骤二　粘贴压片　　步骤三　利用工具压出造型　　步骤四　取等量黑色搓成黑色小球粘贴 1　　步骤五　取等量黑色搓成黑色小球粘贴 2　　步骤六　完成

图 10-1-13　长颈鹿制作

实例四：绵羊制作

步骤一　取等量大小粉色搓成粉色小球 1　　步骤二　取等量大小粉色搓成粉色小球 2　　步骤三　围绕椭圆形粘贴　　步骤四　刻画五官　　步骤五　安装眼睛　　步骤六　完成

图 10-1-14　绵羊制作

图 10-1-15　作品参考

美工基础

请你根据本次课情况填写作品评价表和课中评价表（见表 10-1-3 和表 10-1-4）。

表 10-1-3　作品评价表

评价内容	自评（分）	小组评（分）	教师评（分）	备注
主题突出（30分）				
构图和谐（10分）				
造型准确（10分）				
色彩和谐（10分）				
制作精细（20分）				
创意新颖（10分）				
整体效果（10分）				
总　分				
备　注				

表 10-1-4　课中评价表

评价项目	评价要点	自我评价 A 优秀（85—100分） B 良好（75—84分） C 合格（60—74分）	小组评价 A 优秀（85—100分） B 良好（75—84分） C 合格（60—74分）	教师评价 A 优秀（85—100分） B 良好（75—84分） C 合格（60—74分）
职业素养 （10分）	认真、主动完成任务，有克服困难的勇气和毅力			
	在活动中勤于动手、善于思考、勇于实践			
知识技能 （40分）	在活动中掌握完成项目任务的基本方法和技巧			
	获得较多体验和感受，获得更多解决问题方法和实践知识			
能力 （20分）	有分析整理信息数据和独立思考的能力			
	有动手实践和团结协作的能力，能清晰地表达个人观点			
情感 （20分）	具有团队精神，善于沟通合作			
	乐于分享活动中的创意和作品			
综合 （10分）	分组评比，评比过程中论据充分，有自己的观点			
组长评价	由组长完成			
小结				

环节三　课　后

一、课后反思

学习完本课后，请你反思学习的效果，列出不足之处，并思考改进的办法。

学习效果	不　足	改进办法

二、课后拓展

请你拓展超轻黏土在幼儿园教具中的运用，也可到幼儿园进行实践调研。

三、思考与实践

（1）超轻黏土的课题设计和教学指导要选取什么素材作为创作主题，才能营造出符合幼儿心理需求的场景？

（2）针对不同年龄段的幼儿，如何指导幼儿参与超轻黏土泥艺的手工制作活动？

（3）设计制作幼儿园走廊墙面泥艺宣传画，主题为"垃圾分类小标兵"。

任务小结

请根据本次任务的教学目标达成情况，结合岗位需求进行拓展总结。

☆ 请运用书后评价表进行任务评价。

任务二　超轻黏土立体场景

任务发布

幼儿园组织小朋友们观看视频：北京时间 2022 年 4 月 16 日 09 时 56 分，神舟十三号载人飞船返回舱在东风着陆场成功着陆，翟志刚、王亚平、叶光富三名航天员胜利凯旋！引导幼儿关注中国航天事业，可以运用超轻黏土以立体泥艺的形式，制作表现太空主题的陶艺作品。超轻黏土比起传统陶泥，颜色丰富多彩，材料更加轻巧，方便操作，易于保存且无毒无害。在幼儿园的环境布置中经常用到超轻黏土来装饰和制作小饰品。通过学习超轻黏土的制作技法，运用简单的工具，在教师的指导下制作出有功能性的装饰画或立体作品，可以在未来运用到生活中和工作中。

宇航员和月球星体的制作，可以运用卡通形象的设计并搭配色彩，符合幼儿的心理特点。请为幼儿园教室的区角设计制作主题为"飞天梦——探索太空"的超轻黏土立体场景，根据本任务学习内容进行自主规划并填写学习计划表（见表 10-2-1）。

表 10-2-1　学生学习计划表

任务二		超轻黏土立体场景
课前预习	预习时间	
	预习结果	1. 难易程度 ◎偏易（即读即懂）　◎适中（需要思考）　◎偏难（需查资料）　◎难（不明白） 2. 问题总结
课后复习	复习时间	
	复习结果	1. 掌握程度 ◎了解　　◎熟悉　　◎掌握　　◎精通 2. 疑点难点归纳

环节一　课　前

一、预习

了解太空知识和中国载人飞船的相关知识，收集宇航员的形象照片，准备好相关材料。思考：宇宙星球的地貌有什么特点？你喜欢太空的什么元素？宇航员的服装有什么特点？

请完成课前评价表（见表10-2-2）。

二、材料准备

教师准备：（1）多媒体课件、宇宙太空的环境和宇航员的图片及资料。（2）泥艺制作的工具、超轻黏土立体场景画实物。

学生准备：（1）超轻黏土、剪刀、竹片、牙签、图稿纸、KT板等。（2）收集泥艺制作技法的相关资料。

表 10-2-2　课前评价表

内　容	分　值	小组评价	教师评价	备　注
信息收集	10			
材料准备	10			
知识掌握	60			
自主合作	15			
职业素养	5			

环节二　课　中

一、案例导入

课间休息时，超超同学在教室走廊玩耍，发现宣传栏上的花边装饰、相框装饰和班牌都有精美的卡通立体图案，他带着疑问向老师提问："老师，我注意到幼儿园教室的区角、走廊、楼梯间还有功能室有很多地方都用超轻黏土材料进行了装饰。这些是老师们制作的吗？我们大二班的班牌上装饰了几个小朋友可爱的笑脸，又有趣又好看，而且还是立体的，颜色特别漂亮！"老师回答道："超超真细心呀，想不想自己来尝试用黏土来做一幅立体画呢？"超超兴奋地说："可以吗？太好了，老师你快教我们怎么做吧。"

二、新知讲解

（一）超轻黏土立体场景

在制作场景过程中除使用超轻黏土以外还可以选择其他材料进行搭配或者借助他物造型，呈现出不同的效果。可以运用超轻黏土塑造幼儿喜爱的各种立体物象，组合出活灵活现的立体场景，如童话故事或卡通场景。

（二）超轻黏土立体场景的特点

超轻黏土立体场景的特点主要有：（1）主题物塑造完整、情感气氛突出。（2）立体造型形式丰富，组合多样。（3）场景具有空间感、立体感。（4）立体场景和透视刚好相反，近小远大。

（三）超轻黏土立体场景制作的基本要求

场景制作的基本要求主要有：（1）主题元素突出、具有故事性和趣味性。（2）造型准确，组合形式多样。（3）色彩明快，充满童趣。（4）结合空间打造高低层次，立体感强。

图 10-2-1　参考图 1

图 10-2-2　参考图 2

三、任务实践

任务内容：为幼儿园教室的区角设计制作主题为"飞天梦——探索太空"的超轻黏土立体场景。

任务要求：（1）造型设计新颖，协调。（2）色彩搭配和谐，符合幼儿心理特点。（3）制作精细，注重细节。（4）尺寸：底面不小于 30 cm × 30 cm。

立体黏土场景更具空间感，制作时可以分成两个部分，即主体部分和衬托部分。主体形象是造型的重点，可先将各部分形象单独制作出来，再按照构图依次黏合在空间背景内；衬托部分则是对主体形象的呼应，为突出主体，可从形象的大小、色彩、位置等关系进行处理，局部也可使用半浮雕技法增加场景的层次感（见图 10-2-1 和图 10-2-2）。

任务完成时间：4 课时

实例：飞天梦——探索太空

（1）设计、构思阶段，绘制草图（见图 10-2-3）。

（2）制作步骤（见图 10-2-4）。

图 10-2-3　草图

微课：《飞天梦——探索太空》制作示例

步骤一　涂胶水

步骤二　背景制作

步骤三　底板制作

步骤四　底板上色

步骤五　组件制作 1

步骤六　组件制作 2

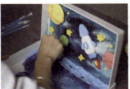

步骤七　背景底板组合

步骤八　星球组件安装

步骤九　立体安装

步骤十　完成

图 10-2-4　制作步骤

请你根据本次课情况填写作品评价表和课中评价表（见表10-2-3和表10-2-4）。

表10-2-3　作品评价表

评价内容	自评（分）	小组评（分）	教师评（分）	备注
主题突出（30分）				
构图和谐（10分）				
造型准确（10分）				
色彩和谐（10分）				
制作精细（20分）				
创意新颖（10分）				
整体效果（10分）				
总　　分				
备　　注				

表10-2-4　课中评价表

评价项目	评价要点	自我评价 A优秀（85—100分） B良好（75—84分） C合格（60—74分）	小组评价 A优秀（85—100分） B良好（75—84分） C合格（60—74分）	教师评价 A优秀（85—100分） B良好（75—84分） C合格（60—74分）
职业素养（10分）	认真、主动完成任务，完成任务中有克服困难的勇气和毅力			
	在活动中勤于动手、善于思考、勇于实践			
知识技能（40分）	在活动中掌握完成项目任务基本方法和技巧。			
	获得较多体验和感受，获得更多解决问题方法和实践知识。			
能力（20分）	分析整理信息数据的能力、独立思考能力			
	动手实践能力、团结协作能力、清晰地表达个人观点			
情感（20分）	具有团队精神，善于沟通合作			
	乐于分享活动中的创意和作品			
综合（10分）	分组评比，评比过程中论据充分，有自己的观点			
组长评价	由组长完成			
小结				

环节三　课　后

一、课后反思

学习完本课后，请你反思学习的效果，列出不足之处，并思考改进的办法。

学习效果	不　足	改进办法

二、课后拓展

拓展超轻黏土在幼儿园教学中的运用，也可到幼儿园进行实践调研。

三、思考与实践

（1）超轻黏土材料有很多种，还有彩泥、面团、软陶，它们有什么优缺点，哪种更适合幼儿在幼儿园使用？

（2）针对不同年龄段的幼儿，在立体场景黏土制作中增加空间的层次的方法有哪些？

（3）设计制作幼儿美术手工活动，主题为"海洋世界"。

任务小结

请根据本次任务的教学目标达成情况，结合岗位需求进行拓展总结。

☆ 请运用书后评价表进行任务评价。

模块小结

本模块的学习需具备一定的观察能力、空间想象能力和基本造型能力，应掌握基本的美学原则和形式，以及要素表现方法，并能理解幼儿泥艺制作的指导要领。一方面，注意泥艺作品制作时泥量的分配不当会造成材料浪费，影响整体造型质量，教师需在课前采用等量分泥法准备材料。另一方面，在使用竹签、剪刀等工具时注意学生间保持距离，安全使用以免戳伤，禁止在教室中嬉戏。

模块十一 布艺

本模块课件

📖 模块导读

布艺是中国传统艺术表现形式之一，具有悠久的历史及丰富的文化内涵。布艺具有安全性高、色彩丰富、装饰效果好等优点，常用于幼儿园的环境创设和美术教学创作活动中，深受幼儿喜爱。本模块根据幼儿保育岗位的需求引入任务，通过对布艺基本针法、布艺平面造型及立体造型基本技法的学习，帮助学生掌握布艺创作的基本方法，在幼儿园能进行美术教学活动和环境创设活动。

🔍 思政要求

在此模块教学中注重德技并修，通过教学中融入传统布艺造型与制作文化，培养学生对传统布艺文化的热爱，增强文化自信。通过完成布艺的实践任务，融入细心、耐心的职业精神和精益求精的工匠精神，并以小组探究合作学习培养学生解决问题的能力，增强团队协作意识。

📄 岗位能力

通过对本模块的学习，培养良好的布艺制作表现技能和布艺创作能力，具备根据幼儿园需求组织幼儿开展布艺造型活动的能力及运用布艺进行幼儿园环境创设的能力。

📚 模块目标

1. 知识目标：了解布艺剪贴画、不织布教玩具、不织布相框等布艺制作的基本方法与技巧。
2. 技能目标：具备各式布艺制作的能力，以及正确组织和引导幼儿开展布艺制作的实践能力，具备根据幼儿园需求利用布艺制作创设幼儿园环境的能力。
3. 素养目标：通过完成任务，培养岗位能力；通过小组设计和创作，培养团队能力和创新能力；通过对传统手工艺的了解，树立劳动意识，增强文化自信。

任务一　不织布剪贴画

🟠 任务发布

不织布颜色丰富多彩，材料安全，剪裁制作方便、易掌握，是幼儿园的环境布置中经常使用的一种表现形式。通过学习不织布剪贴技法，运用简单的工具，在教师的指导下制作出美丽的不织布剪贴画，可以装饰幼儿园的环境、制作游戏玩具等。新学期开始了，幼儿园的楼梯间转角的墙面需要进行装饰，幼儿园要求运用不织布剪贴形式来表现。剪贴制作的动物形象可以运用拟人或夸张的表现手法，动物形象的设计与色彩的搭配应符合幼儿的心理特点。请为幼儿园的楼梯墙面设计制作主题为"我最喜欢的动物"的不织布剪贴画，根据本任务学习内容进行自主规划并填写学习计划表（见表11-1-1）。

表 11-1-1　学生学习计划表

任务一		不织布剪贴画
课前预习	预习时间	
	预习结果	1. 难易程度 ◎偏易（即读即懂）　◎适中（需要思考）　◎偏难（需查资料）　◎难（不明白） 2. 问题总结
课后复习	复习时间	
	复习结果	1. 掌握程度 ◎了解　　◎熟悉　　◎掌握　　◎精通 2. 疑点难点归纳

环节一　课　前

一、预习

了解布艺剪贴画的相关知识，收集喜欢的动物图案，准备好相关材料。思考：布艺剪贴画有什么特点？你喜欢的动物有什么特征？你的家乡有哪些国家级保护动物？

请完成课前评价表（见表11-1-2）。

二、材料准备

教师准备：（1）多媒体课件、布艺剪贴画的图片及资料。（2）布艺制作的工具、布艺剪贴画实物。

学生准备：（1）布料、剪刀、胶水、白乳胶、图稿纸、铅笔、纸板、复写纸、蓬松棉等。（2）收集布艺剪贴画制作的相关资料。

表 11-1-2　课前评价表

内　容	分　值	小组评价	教师评价	备　注
信息收集	10			
材料准备	10			
知识掌握	60			
自主合作	15			
职业素养	5			

环节二　课　中

一、案例导入

幼儿园实习刚刚结束，美玲正在整理去幼儿园实习时调研的环境创设的资料（见图11-1-1）。她发现这次去实习的幼儿园大量采用了不织布这种材料对幼儿园的环境进行了布置，实习班级的区角、教室外的走

图 11-1-1　幼儿园环境

廊，还有公告栏都利用不织布进行了布置与装饰。美玲向手工课老师提议："老师，不织布这种材料既实用又美观而且很安全，我们也想运用不织布这种材料体验制作不织布剪贴画作品。"她的提议得到了全班同学的赞同。如何用不织布作品布置幼儿园呢？

二、新知讲解

（一）布贴画的起源与发展

布贴画原名宫廷补绣，俗称布贴画，又叫布堆画、布贴花、布摞花，还叫拨花。是我国最古老的、民间常见的手工艺术之一。

布贴画起源可追溯到距今约1 500年的南北朝，繁盛于唐朝。布贴画原本是宫廷艺术，是宫中嫔妃及宫女们无所事事，当作游戏、打发时间而做，久而久之变成了一种独特艺术。到清朝时最为盛行，广泛流传于民间。布贴画是纯手工完成的艺术作品，极具民族特色，它以其艺术美感和丰富的寓意、多姿的造型、斑斓的色彩和高雅的文化内涵而深受人们喜爱。经过数千年来不断地创新和发展，布贴画已成为中国传统艺术品中独具魅力的手工艺品，是我国手工艺术品之一绝。常见的布贴画主要有延川布贴画、阳新布贴画和现代布贴画。

1. 延川布贴画

陕西延川县被中国文化部命名为"全国现代民间美术画乡"。延川人民在当地民间传统剪纸、刺绣、壁画、布贴工艺的基础上，从生活出发，就地取材，采用不同色彩、不同质地、不同形状的布块，通过布缝和补花布饰手工艺，创造出画面具有浮雕感的布贴画。延川人着装戴饰喜欢红、黄、蓝、绿，布贴画充分反映了当地民众的共同心理感受和对美好生活的追求。延川布贴画所表现的内容，有民间传说剧人物、民俗生活、动物、花卉和各种吉祥图案，追求沉着和浓烈的色彩，在大胆夸张的画面之中开拓新意，富有浓郁的地方特色。

2. 阳新布贴画

阳新布贴画至今有1 500余年历史，分布于湖北省东南部的许多地方，其艺术风格极具民间乡土风情，被称为"神奇的东方特有的艺术品"。阳新布贴画取材广泛、图案精美、内涵丰富，内容多来自传统民俗中的宗教、戏曲、神话传说、民间故事等，主题有飞禽走兽、花草树木、人物、动物、植物等，题材丰富多彩，如观音坐莲、凤戏牡丹、金鸡鲤鱼、桃榴茶兰等具有吉祥寓意的图案装饰纹样。阳新布贴画是在一块底布上构图设计，通过裁样、剪拼、粘贴、锁绣制作而成的、具有浅浮雕效果的民间实用工艺美术品。用于装饰衣服、鞋帽、披肩等穿戴物和帐沿、飘带、布枕及童玩等。阳新布贴画具有题材传统、造型稚拙古朴、色彩浓烈、构成浪漫、制作精良等特点。

3. 现代布贴画

现代布贴画是一种在古老技艺上发展起来的手工精贴的新型艺术品，工艺精美、自然流畅、情趣各异、风格独特，适合装饰不同居室、场所，它可作为室内装饰品和艺术礼品，备受人们的喜爱，具有一定的艺术价值、经济价值和社会价值。

现代布贴画的表现手法多样、形式新颖，趣味性强，在平面中显出不同效果的立体感。制作中，利用布料的颜色、纹理感，通过剪、撕、粘的方法，以夸张、变形和抽象造型手法表现形象。现代布贴画适用于许多环境和场所的装饰，尤其在幼儿园环境布置的具体设计制作中，可以通过布贴画、布嵌画、布包画、布制玩具、布饰物等的应用让幼儿有亲切温馨的居家感觉，促进幼儿园与孩子们之间的感情交流。在幼儿园开展布贴画的手工活动，可以通过折叠、剪贴、卷曲等技巧，教幼儿制作出一幅幅栩栩如生的布贴画，是培养幼儿手眼协调、锻炼幼儿手指灵活的有效途径，也是引发幼儿感受和创造美的过程。

（二）布贴画的特点

布贴画主要有以下四方面特点：

（1）构图以单层次、两度空间平面处理为主（见图11-1-2）。

（2）造型删繁就简，没有过多细节（见图11-1-3）。

（3）花纹与色彩的整体色调和谐统一（见图11-1-4）。
（4）色彩丰富鲜艳，剪贴的边线明朗整洁，有木刻版画的刀木特点（见图11-1-5）。

图11-1-2 狐狸

图11-1-3 海底世界

图11-1-4 斑点狗

图11-1-5 快乐海岛

（三）制作布贴画的基本要求

制作布贴画的基本要求包括：（1）主题突出、层次分明。（2）色调统一、整体感强。（3）构思独特、细节精细。（4）制作精良、画面协调。

（四）基本技法

1. 不织布剪贴画基本步骤

（1）构思。① 将收集的图片资料加以整合、改造，选择适合做布贴画的素材，可做适量添加。可选的题材有：人物系列、动物系列、静物系列、风景系列、民俗系列、装饰造型系列等。② 通过对生活、事物、大自然、民俗风情等的观察和理解，形成对美的积累与沉淀，经过反复思考，创作出体现作者艺术思想和审美趣味的布贴画底图。

（2）拓描。把复写纸垫在底图和纸板的中间，用笔画出底图的结构、形状，然后将其剪下来得到布贴画各部件的图样（见图11-1-6和图11-1-7）。

（3）裁剪布。选择颜色合适的不织布，将不织布按照剪好的各部件的图样剪裁下来（见图11-1-8和图11-1-9）。

图11-1-6 拓描动物

图11-1-7 拓描风景

图11-1-8 各部件图样剪裁1

图11-1-9 各部件图样剪裁2

（4）组合。① 按照底图将剪裁的各部分组合起来。组合时可以先将主要的部位进行拼接，最后才是次要部位的拼接（见图11-1-10）。② 准备一块底板，将组合好的整幅画粘在底板上。底板可用硬纸板、广告板或画框的背面，在底板上粘上一层底布，底布的颜色可根据画面的色调来搭配（见图11-1-11）。

（5）装裱。根据作品的内容、风格、色彩选定画框，配上精美画框（见图11-1-12～图11-1-14）。

图11-1-10 组合1

图11-1-11 组合2

图11-1-12 繁花

图11-1-13 向往

图11-1-14 山茶花

2. 不织布剪贴画的常见方法

（1）剪贴法。将画稿的反样拓描在不织布上，按勾画的轮廓直接剪出分割片，再粘贴在底板上组合成整幅画（见图11-1-15和图11-1-16）。

（2）塞棉缝合法。先将需要塞棉的分割片用针线缝合在底布上，缝合后留出一个小口，从这个小口塞棉进去填充，填充完毕后继续用针线将小口缝合。塞棉缝合法增加了画面的立体感、浮雕感（见图11-1-17和图11-1-18）。

（3）刺绣法。利用各种刺绣的针法表现形象的外部与内部结构，增加真实感，使画面产生立体的效果（见图11-1-19～图11-1-21）。

（4）编织法。因画面效果的需要，也可以将不织布剪成若干小条，按照经纬进行编织，编织表现方法可以增加色彩的表现层次（见图11-1-22）。

图11-1-15　剪贴画《礼物》

图11-1-16　剪贴画《捣米》

图11-1-17　剪贴画《海底世界》

图11-1-18　剪贴画《和平鸽》

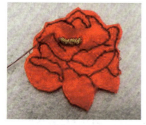
图11-1-19　剪贴画《红花》

图11-1-20　剪贴画《猫头鹰》

图11-1-21　剪贴画《眼》

图11-1-22　剪贴画《男孩与女孩》

三、任务实践

任务内容：为幼儿园的楼梯间墙面设计制作主题"我最喜欢的动物"不织布剪贴画。

任务要求：（1）主题突出、层次分明、构图和谐。（2）色调统一、整体感强、色彩和谐。（3）制作精良、做工精细、画面协调。（4）尺寸：根据场地实际尺寸。

任务完成时间：4个课时。

优秀作品参考：见图11-1-23～图11-1-29。

图11-1-23　花旦

图11-1-24　京剧脸谱

图11-1-25　牡丹

图11-1-26　舞狮

图11-1-27　共存

图11-1-28　春天

图11-1-29　喜鹊登梅

实例一：不织布剪贴画创作 1

步骤一　构思草图　　　　　　步骤二　剪裁　　　　　　步骤三　组合

图 11-1-30　实例一创作步骤 1

实例二：不织布剪贴画创作 2

步骤一　剪裁布　　步骤二　各部分剪裁　　步骤三　背景　　步骤四　组合　　步骤五　添加细节　　步骤六　完成

图 11-1-31　实例二创作步骤 2

请你根据本次课情况填写作品评价表和课中评价表（见表 11-1-3 和表 11-1-4）。

表 11-1-3　作品评价表

评价内容	自评（分）	小组评（分）	教师评（分）	备　注
主题突出（30分）				
构图和谐（10分）				
造型准确（10分）				
色彩和谐（10分）				
制作精细（20分）				
创意新颖（10分）				
整体效果（10分）				
总　　分				
备　　注				

表 11-1-4　课中作品评价表

评价项目	评价要点	自我评价 A 优秀（85—100分） B 良好（75—84分） C 合格（60—74分）	小组评价 A 优秀（85—100分） B 良好（75—84分） C 合格（60—74分）	教师评价 A 优秀（85—100分） B 良好（75—84分） C 合格（60—74分）
职业素养 （10分）	认真、主动完成任务，有克服困难的勇气和毅力			
	在活动中勤于动手、善于思考、勇于实践			

（续表）

评价项目	评价要点	自我评价 A 优秀（85—100 分） B 良好（75—84 分） C 合格（60—74 分）	小组评价 A 优秀（85—100 分） B 良好（75—84 分） C 合格（60—74 分）	教师评价 A 优秀（85—100 分） B 良好（75—84 分） C 合格（60—74 分）
知识技能 （40 分）	在活动中掌握完成项目任务的基本方法和技巧			
	获得较多体验和感受，获得更多解决问题方法和实践知识			
能力 （20 分）	有分析整理信息数据和独立思考的能力			
	有动手实践和团结协作的能力，能清晰地表达个人观点			
情感 （20 分）	具有团队精神，善于沟通合作			
	乐于分享活动中的创意和作品			
综合 （10 分）	分组评比，评比过程中论据充分，有自己的观点			
组长评价	由组长完成			
小结				

环节三　课　后

一、课后反思

学习完本课后，请你反思学习的效果，列出不足之处，并思考改进的办法。

学习效果	不　足	改进办法

二、课后拓展

请你设计制作完成幼儿园走廊墙面主题布贴画，主题为"动物世界"。

三、思考与实践

（1）不织布剪贴画中，单个造型在添加背景或组合时应该注意哪些问题，才能营造出符合幼儿心理需求的场景？

（2）针对不同年龄段的幼儿，在不织布剪贴画选材上有何不同？如何指导幼儿参与不织布剪贴画活动？

（3）拓展不织布剪贴画在幼儿园环创中的运用，也可到幼儿园进行实践调研。

请根据本次任务的教学目标达成情况，结合岗位需求进行拓展总结。

模块十一　布艺

☆ 请运用书后评价表进行任务评价。

任务二　不织布教玩具

教学活动中使用的教玩具要精致,以吸引幼儿的注意力,并且要便于操作,教师是在集体活动中边说边操作教具的,如设计得过于复杂会给操作者增加麻烦。特别注意的是集体教学中的教玩具还要特别结实,还能在区域活动中继续使用,这样幼儿在玩的时候可以巩固之前学到的知识。精致、结实、耐玩是教玩具必须具备的特点。为了丰富幼儿园的教玩具资源,同时为教师提供一个展示才华的舞台,增强教师的创新能力和锻炼教师动手能力,幼儿园将组织教师制作一批不织布教具,丰富幼儿园教师开展教学活动的形式。教具的造型设计和色彩搭配应符合教学活动设计的要求,具有实用性和美观性。请你根据幼儿园五大领域教学活动的需求,设计制作一款教具或玩具,并根据本任务学习内容进行自主规划并填写学习计划表(见表11-2-1)。

表 11-2-1　学生学习计划表

任务二		不织布教玩具
课前预习	预习时间	
	预习结果	1. 难易程度 ◎偏易(即读即懂)　◎适中(需要思考)　◎偏难(需查资料)　◎难(不明白) 2. 问题总结
课后复习	复习时间	
	复习结果	1. 掌握程度 ◎了解　◎熟悉　◎掌握　◎精通 2. 疑点难点归纳

环节一　课前

一、预习

了解布艺教玩具作品,收集制作布艺教玩具的资料,准备好相关材料。思考:布艺教玩具的特点有哪些?布艺教玩具有哪些造型设计?布艺家玩具需要哪些辅助材料?

请完成课前评价表(见表11-2-2)。

美工基础　209

二、材料准备

教师准备：（1）多媒体课件、布艺教玩具的图片及资料。（2）制作布艺教玩具的工具、布艺教玩具实物。

学生准备：剪刀、美工刀、软尺、铅笔、图稿纸、复写纸、不织布、针线、热熔枪等。各式辅料，如珠子、纽扣、蕾丝花边、PP棉等。

表11-2-2 课前评价表

内 容	分 值	小组评价	教师评价	备 注
信息收集	10			
材料准备	10			
知识掌握	60			
自主合作	15			
职业素养	5			

环节二 课 中

一、案例导入

小芳在幼儿园实习时，发现用布艺制作的沙包被广泛运用。沙包是一种传统的体育游戏材料，有各种各样的玩法，幼儿在户外活动时会玩得满头大汗。可是有一次，小芳在观察幼儿玩沙包时，发现有一个小男孩和小伙伴玩沙包时大家都不理他。原来他的沙包缝制时里面放的是黄豆，沙包很大，豆子又放得多，打在身上特别疼，小朋友就说他打人，不愿意跟他玩，小男孩感到特别委屈。征得小男孩同意后，小芳把沙包拆开，将黄豆换成了旧枕头里面的PP棉，六个面的沙包被撑得圆圆的，又很柔软，打在身上也不会疼，而且还是班上独有的，小朋友们特别喜欢这个沙包，都愿意跟他玩了。幼儿园为了安全起见，动员各班的老师为幼儿制作各式各样的沙包，大的沙包里面放PP棉，小的沙包里面放决明子，小朋友们非常喜欢。你知道如何用不织布制作沙包吗？

二、新知讲解

（一）不织布制作的基本针法

不织布缝合的基本针法有平针法、回针法、卷针法、藏针法、贴布缝针法、锁链针法等。这些常用的针法不仅适用于不织布缝制，同样也适用于其他任何一种布艺类作品的缝制。每一种针法的使用并没有严格的规定，主要看制作者的选择和个人习惯。

微课：不织布针法

1. 平针法

先从布的背后入针，再从布的表面入针，一上一下地向前缝制，这种针法主要用于拼合布块和各种收边（见图11-2-1）。

图11-2-1 平针法

2. 回针法

从布的背后入针，向前缝一针后再返回缝一针，缝成一条没有缝隙的线，这样能够很牢固地将两块布缝合。此缝法比较牢固紧密，适合缝制弹性大的袜子和织度松散的针织或布料（见图11-2-2）。

3. 卷针法

入针的位置都是同一个方向，始终往同一个方向环绕缝合，针距可依需求调整，从布的侧面可以一圈一圈地缝线，这种针法通常用于收边或将两块布缝合（见图11-2-3）。

模块十一 布艺

图11-2-2 回针法

图11-2-3 卷针法

4. 藏针法

藏针法也称作隐针或对针,将两块将要缝合的布各对折一部分,以免布的边缘不整齐,在对折后的两布之间以N字形穿插缝合,是一种将针迹隐藏起来的缝法,主要用于缺口的缝合以及玩偶肢体的组合接缝(见图11-2-4)。

图11-2-4 藏针法

5. 贴布缝针法

贴布缝针法又叫毛边缝,从上面那块布的里面入针穿出来,然后针从上面这块布的表面入针穿透两块布,入针时使缝线形成一个环状,将针头直接套入线环状内,让针从线洞中穿出来,反复这一动作。这种针法主要用于装饰花边或防止布片虚线散开(见图11-2-5)。

图11-2-5 贴布缝针法

(二)幼儿园教玩具

1. 布艺教玩具的概述

布艺教玩具的制作可以追溯到古代,人们用布缝制布偶给幼儿玩耍,在无意中对幼儿进行早期教育。我国有许多传统的布艺教玩具,如沙包、蹴鞠球等。由于选材方便,制作简单,布艺教玩具至今仍是学前教育中常见的教玩具。从民间美术的角度来说,布艺教玩具不仅是一种民间文化的传承,还是学习用色、布局、设计图案的好方法。制作布艺教玩具,不仅能培养幼儿教师的审美能力,还能培养其对民间文化的欣赏和学习能力。让幼儿教师掌握布艺制作的基本技能,可以培养幼儿教师耐心、细致的良好品质。

布艺教玩具一般分为布偶类教玩具和益智类布艺教玩具。益智类布艺教玩具与一般布艺玩具不同,要根据环保材料的原型特点,先构思教玩具的外形和用途,考虑适当的布料、制作方法,然后再进行制作。根据现代缝纫材料、技术条件,许多传统教玩具经过了改造,制作简便,更适合现代社会学前教育教玩具的功能需求,这类益智类教玩具被幼儿园和幼儿家庭广泛地制作和使用。我们在制作教玩具的过程中,要使其满足安全性、教育性、科学性、趣味性、创新性、简易性的要求,这样才是一件好的教玩具。

2. 幼儿园教玩具的分类

幼儿园教玩具的品种繁多,按不同的标准可对其进行不同的分类。按照原料和工艺的不同,可将其划分为金属教玩具、塑料教玩具、布绒教玩具、陶制教玩具、纸教玩具等;按照儿童年龄段的不同,可将其划分为0~3个月、4~6个月、7~9个月、10~12个月、1~2岁、3~4岁、5~6岁等不同年龄段的儿童教玩具;按照功能的不同,可将其划分为运动类教玩具、角色类教玩具、益智类教玩具、科学类教玩具、美劳类教玩具、建构类教玩具等；按照使用场所的不同，可将其划分为户外教玩具和户内教玩具；按照大小的不同，可将其划分为大型教玩具和小型教玩具。

（三）布艺教玩具制作的方法与步骤

通常设计制作手指偶、手偶、怀抱布偶的方法和步骤是基本相同的，都是采用先设计、绘制草图，再绘制裁剪图，裁剪并缝制，最后装饰的基本过程。下面将以一款怀抱布偶为例介绍布艺教玩具的制作方法与步骤。

步骤一，根据布偶的造型画出布偶的各个关节，并用纸剪出各个关节部分的形状，注意各个部门的比例关系（见图11-2-6）。

步骤二，依设计图稿分解造型，选择布料并将每个部分都裁剪下来（见图11-2-7）。

步骤三，加工缝制各局部。备好填充材料，充填缝制好，备用（见图11-2-8）。

步骤四，依据造型设计将各部位进行缝合（图11-2-9）。

步骤五，整体修饰，注意完善细节以及细节装饰（见图11-2-10）。

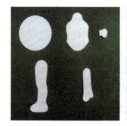    

图11-2-6 用纸剪出布偶各个关节　　图11-2-7 剪裁　　图11-2-8 填充　　图11-2-9 缝合　　图11-2-10 细节装饰

三、任务实践

任务内容：设计制作一款布艺教具或玩具。

任务要求：（1）造型设计新颖，合理。（2）色彩搭配和谐，符合幼儿心理特点。（3）满足安全性、教育性、科学性、趣味性、创新性、简易性。（4）尺寸：根据实际需求。

任务完成时间：4课时。

优秀作品参考：见图11-2-11～图11-2-18。学生作品可参考图11-2-19。

图11-2-11 教具　　图11-2-12 玩具　　图11-2-13 数字玩具　　图11-2-14 服饰搭配　　图11-2-15 玩偶熊　　图11-2-16 布娃娃　　图11-2-17 玩偶鹿　　图11-2-18 玩偶恐龙

图11-2-19 学生作品组图

实例一： 不织布鲨鱼手偶创作（见图 11-2-20）

步骤一　剪裁布　　步骤二　缝制鲨鱼身体　　步骤三　缝制鲨鱼鳍和尾　　步骤四　安装鲨鱼牙齿　　步骤五　完成作品

微课：不织布鲨鱼手偶创作

图 11-2-20　不织布鲨鱼手偶创作步骤

实例二： 不织布蛋糕玩具创作（见图 11-2-21）

步骤一　绘制草图　　步骤二　裁剪局部　　步骤三　裁剪各部分　　步骤四　组合　　步骤五　完成

图 11-2-21　不织布蛋糕玩具创作步骤

请你根据本次课情况填写作品评价表和课中评价表（见表 11-2-3 和表 11-2-4）。

表 11-2-3　作品评价表

评价内容	自评（分）	小组评（分）	教师评（分）	备　注
主题突出（30分）				
构图和谐（10分）				
造型准确（10分）				
色彩和谐（10分）				
制作精细（20分）				
创意新颖（10分）				
整体效果（10分）				
总　　分				
备　　注				

表 11-2-4　课中评价表

评价项目	评价要点	自我评价 A 优秀（85—100分） B 良好（75—84分） C 合格（60—74分）	小组评价 A 优秀（85—100分） B 良好（75—84分） C 合格（60—74分）	教师评价 A 优秀（85—100分） B 良好（75—84分） C 合格（60—74分）
职业素养（10分）	认真、主动完成任务，有克服困难的勇气和毅力			
	在活动中勤于动手、善于思考、勇于实践			

（续表）

评价项目	评价要点	自我评价 A 优秀（85—100分） B 良好（75—84分） C 合格（60—74分）	小组评价 A 优秀（85—100分） B 良好（75—84分） C 合格（60—74分）	教师评价 A 优秀（85—100分） B 良好（75—84分） C 合格（60—74分）
知识技能 （40分）	在活动中掌握完成项目任务的基本方法和技巧			
	获得较多体验和感受，获得更多解决问题方法和实践知识			
能力 （20分）	有分析整理信息数据和独立思考的能力			
	有动手实践和团结协作的能力，能清晰地表达个人观点			
情感 （20分）	具有团队精神，善于沟通合作			
	乐于分享活动中的创意和作品			
综合 （10分）	分组评比，评比过程中论据充分，有自己的观点			
组长评价	由组长完成			
小结				

环节三 课 后

一、课后反思

学习完本课后，请你反思学习的效果，列出不足之处，并思考改进的办法。

学习效果	不 足	改进办法

二、课后拓展

请制作一件不织布益智类教玩具。

三、思考与实践

（1）在制作教玩具过程中，怎样使教玩具的教育性、科学性与趣味性相融合？
（2）根据教学活动的实际需要，怎样设计制作既具有实用性又美观的教具？
（3）对幼儿园的教玩具进行一次系统的调研。

知识拓展

不织布相框制作

请根据本次任务的教学目标达成情况，结合岗位需求进行拓展总结。

☆ 请运用书后评价表进行任务评价。

模块小结

本模块通过布艺的学习，从幼儿保育专业课程设置出发，结合保育师岗位能力的需求，注重布艺制作基础知识、技能的学习，同时强调创新能力的培养。学习过程中应注意布艺作品的构图，主题突出，画面层次感强，色彩搭配和谐。此外，还要注意剪刀的使用安全，使用针线时注意学生间保持距离，切勿拿着剪刀、针线在教室嬉闹。

模块十二 综合材料造型

本模块课件

模块导读

在"节能降耗，绿色环保，创新求异"的要求下，幼儿园常常会利用废弃的综合材料进行美术教育活动和幼儿园的环境创设。综合材料的多样性、丰富性有助于激发学生的想象力、创造力和动手能力。本模块根据幼儿保育岗位的需求引入任务，通过学习综合材料平面造型及立体造型创意设计与步骤，帮助学生掌握综合材料造型的基本方法，能够根据幼儿的心理特点和认知水平开展综合材料造型的美术教学活动和环境创设活动。

思政要求

通过在教学中融入"节能降耗，绿色环保"的环保理念，培养和增强学生的环保意识。通过完成实践任务，融入细心、认真、耐心的职业精神和精益求精的工匠精神，并以小组探究合作学习培养学生解决问题的能力，增强团队协作意识。

岗位能力

通过对本模块的学习，培养良好的综合材料平面和立体造型的表现技能与创作能力，具备根据幼儿园需求和幼儿的心理特点、认知水平组织幼儿开展综合材料造型美术教育活动的能力，具有运用综合材料进行幼儿园环境创设的能力。

模块目标

1. 知识目标：探索生活中各种物质材料的特点。
2. 技能目标：通过对点、线、面等不同元素的把握，培养将各种物质材料融入其中进行创作的技能，并对幼儿园环境创设有基本了解，理解幼儿综合材料制作的指导要领。
3. 素养目标：培养审美能力、多元艺术表达能力和艺术创造力。

任务一　综合材料平面造型

任务发布

在幼儿园的环境布置中经常使用综合材料来进行装饰。教师应最大限度地利用各类材料的特点，结合幼儿园环境创设和教学实际需要，充分运用不同材料的特性，丰富幼儿园的环境创设。新学期开始了，幼儿园的美术功能室需要重新进行装饰，请为幼儿园的美术室墙面设计、制作主题装饰画作品。要求运用综合材料平面造型的形式，综合材料表现的造型形象可以运用写实、抽象或夸张的表现手法，形象的设计与色彩的搭配应符合幼儿的心理特点。

请根据本任务学习内容进行自主规划并填写学习计划表（见表12-1-1）。

表 12-1-1　学生学习计划表

任务一		综合材料平面造型
课前预习	预习时间	
	预习结果	1. 难易程度 ◎偏易（即读即懂）　◎适中（需要思考）　◎偏难（需查资料）　◎难（不明白） 2. 问题总结
课后复习	复习时间	
	复习结果	1. 掌握程度 ◎了解　　◎熟悉　　◎掌握　　◎精通 2. 疑点难点归纳

任务实施

环节一　课　前

一、预习

了解综合材料平面造型的相关知识，收集相关素材，准备好不同质地的相关材料。思考：综合材料平面造型有什么特点？你喜欢什么样的表现形式？不同质地的材料给了你哪些启示？

请完成课前评价表（见表12-1-2）。

二、材料准备

教师准备：多媒体课件、综合材料平面造型的作品图片及资料、不同质地材料的图片。

学生准备：剪刀、美工刀、胶水、白乳胶、电熔枪、泡沫胶、图稿纸、铅笔、质地不同的各类材料等。

表 12-1-2　课前评价表

内　容	分　值	小组评价	教师评价	备　注
信息收集	10			
材料准备	10			
知识掌握	60			
自主合作	15			
职业素养	5			

环节二 课 中

一、案例导入

幼儿园大班的豆豆在幼儿园走廊的美工区摆弄着各种手工制作的材料：塑料瓶、吸管、纸碟、酸奶瓶、扭扭棒、纽扣、毛线等。对于幼儿来说一根扭扭棒都是非常有趣的，豆豆一边玩着扭扭棒一边对另一个小朋友说："看看我的百变毛毛虫，它可以变身哦，一会儿变成小太阳，一会儿变成小鱼，游进大海。"说着，扭扭棒"游"进了纸碟里，原来她将纸碟想象成了大海。教师也可以利用各种材料的特性，透过生活经验，自由创作，感受各类材料平面造型带来的无限乐趣。

二、新知讲解

（一）概述

综合材料造型所涉及的范围极为广泛，制作材料、造型手段丰富，方法、形式多样。幼儿教师可以收集、利用生活中的一些废旧物品，充分利用各类物品的特点，通过对点、线、面等不同元素的把握，培养幼儿将各种物质材料融入其中进行创作的技能。

（二）制作综合材料平面造型作品的基本要求

基本要求主要包括：主题突出、层次分明。色调统一、整体感强。构思独特、做工精细。制作精良、画面协调。

（三）综合材料平面造型创意设计及作品制作的步骤

（1）联想命题。可以结合不同质地材料的大小、形状、色彩与相关的人物、动物、植物、卡通形象、交通工具、科技产品、生活用品或抽象的形象等造型产生联想，分析特征，参考动物造型图案、工艺品、神话故事等进行联想，抓住其特征进行平面的造型创作，与幼儿园的环境创设紧密联系起来。

（2）设计草图。分析所要表现的造型的结构特征，设计草图（见图12-1-1）。

（3）材料选择。根据设计的草图，选择适当的材料，充分考虑材料的特点（见图12-1-2～图12-1-4）。

微课：综合材料平面造型

图12-1-1 设计草图

图12-1-2 石英砂调和丙烯颜料

图12-1-3 麻绳

图12-1-4 超轻黏土

（4）制作粘贴。根据构思将形象的各个部位运用捏、剪、切、刻、粘贴、插接等方法完成制作（见图12-1-5～图12-1-8）。

（5）添加细节，制作完成（见图12-1-9～12-1-10）。

图12-1-5 刷底色

图12-1-6 捏人物五官

图12-1-7 组合脸部

图12-1-8 添加头发与衣服

图12-1-9 添加细节

图12-1-10 添加背景，完成

三、任务实践

任务内容：为幼儿园的美术室墙面设计、制作主题装饰作品。

任务要求：（1）主题突出，构图和谐。（2）色彩搭配和谐，符合幼儿心理特点。（3）表现材料丰富，制作精细。（4）尺寸：根据墙面实际尺寸。

任务完成时间：4课时。

优秀作品参考：见图12-1-11～图12-1-16的作品。示例可见图12-1-17。学生优秀作品可见图12-1-18～图12-1-23。

图12-1-11 城市风景　　图12-1-12 新年快乐　　图12-1-13 太空　　图12-1-14 鳄鱼的快乐　　图12-1-15 枫林　　图12-1-16 科学实验

实例：喝牛奶的人

步骤一　在油画布上铺底色　　步骤二　用纸皮和不织布等材料剪裁主题　　步骤三　用麻绳制作人物的头发　　步骤四　添加细节，完成

图12-1-17 《喝牛奶的人》步骤

图12-1-18 跳跃的色块　　图12-1-19 猫　　图12-1-20 森林　　图12-1-21 风景　　图12-1-22 脸谱　　图12-1-23 猫头鹰

请你根据本次课情况填写作品评价表和课中评价表（见表12-1-3和表12-1-4）。

表12-1-3　作品评价表

评价内容	自评（分）	小组评（分）	教师评（分）	备注
主题突出（30分）				
构图和谐（10分）				
造型准确（10分）				
色彩和谐（10分）				

（续表）

评价内容	自评（分）	小组评（分）	教师评（分）	备注
制作精细（20分）				
创意新颖（10分）				
整体效果（10分）				
总　　分				
备　　注				

表 12-1-4　课中评价表

评价项目	评价要点	自我评价 A 优秀（85—100分） B 良好（75—84分） C 合格（60—74分）	小组评价 A 优秀（85—100分） B 良好（75—84分） C 合格（60—74分）	教师评价 A 优秀（85—100分） B 良好（75—84分） C 合格（60—74分）
职业素养（10分）	认真、主动完成任务，有克服困难的勇气和毅力			
	在活动中勤于动手、善于思考、勇于实践			
知识技能（40分）	在活动中掌握完成项目任务的基本方法和技巧			
	获得较多体验和感受，获得更多解决问题方法和实践知识			
能力（20分）	有分析整理信息数据和独立思考的能力			
	有动手实践和团结协作的能力，能清晰地表达个人观点			
情感（20分）	具有团队精神，善于沟通合作			
	乐于分享活动中的创意和作品			
综合（10分）	分组评比，评比过程中论据充分，有自己的观点			
组长评价	由组长完成			
小结				

环节三　课　后

一、课后反思

学习完本课后，请你反思学习的效果，列出不足之处，并思考改进的办法。

学习效果	不　足	改进办法

二、课后拓展

请你设计制作幼儿园楼梯转角的墙面设计主题装饰画作品。

三、思考与实践

（1）教师应如何更为巧妙地将综合材料平面造型作品运用到幼儿园环境布置中去？

（2）教师应如何将各种形状材料的归纳过程传达给幼儿？怎样培养幼儿一双善于发现素材的眼睛？

（3）请拓展综合材料在幼儿园环境创设中的运用，也可到幼儿园进行实践调研。

请根据本次任务的教学目标达成情况，结合岗位需求进行拓展总结。

☆ 请运用书后评价表进行任务评价。

任务二　综合材料立体造型

任务发布

陶行知先生说过："处处是创造之地，时时是创造之时，人人是创造之人。"生活中存在着各式各样的废弃物品，把它们扔掉既浪费又不环保，如果善于动脑，多多留意，用灵巧的双手去积极创造，废品也可以被再次利用，变身为富有创意的艺术品。回收再造的特点就是取材容易、方便、经济。通过废旧综合材料的立体造型，可以让幼儿感受到废品的可再利用，培养幼儿环保的意识。很多幼儿园举办过环保创意亲子活动。活动中，纸箱、蛋糕盒、吸管、雪糕棒、纸杯等废品材料，经过家长们的匠心巧手，转眼间变成了孩子们喜爱的玩具和装饰物。通过这样的亲子活动，既培养了幼儿、家长、教师发现美、感受美、创造美的能力，也增强了环保意识，将环保理念深入人心。请与家长合作，利用废旧物品材料创作幼儿园区域角的微缩景观，并根据本任务学习内容进行自主规划并填写学习计划表（见表12-2-1）。

表12-2-1　学生学习计划表

任务二		综合材料立体造型
课前预习	预习时间	
	预习结果	1. 难易程度 ◎偏易（即读即懂）　◎适中（需要思考）　◎偏难（需查资料）　◎难（不明白） 2. 问题总结
课后复习	复习时间	
	复习结果	1. 掌握程度 ◎了解　　◎熟悉　　◎掌握　　◎精通 2. 疑点难点归纳

环节一 课 前

一、预习

了解综合材料立体造型的相关知识,收集相关素材,准备好不同质地的相关材料。思考:综合材料立体造型有什么特点?幼儿园教玩具有哪些种类?制作综合材料立体造型的教玩具需要注意什么?

请完成课前评价表(见表12-2-2)。

二、材料准备

教师准备:多媒体课件、综合材料立体造型的作品图片及资料、不同质地材料的图片。

学生准备:剪刀、美工刀、锯子、胶水、白乳胶、电熔枪、泡沫胶、图稿纸、铅笔、质地不同的各类材料等。

表12-2-2 课前评价表

内　容	分　值	小组评价	教师评价	备　注
信息收集	10			
材料准备	10			
知识掌握	60			
自主合作	15			
职业素养	5			

环节二 课 中

一、案例导入

大班的幼儿在美工室的材料区看见了堆放在那儿的纸箱,他们欢快地跑过去,有的钻进去玩起捉迷藏的游戏,有的推着纸箱跑来跑去,有的则将纸箱叠起来搭积木,纸箱显然成了孩子们的玩具。生活中这些废旧的材料可以通过改造和再次加工制作,变成幼儿园的教玩具并丰富幼儿园的环境创设。请你思考,如何利用废旧材料制作幼儿园的教玩具呢?

二、新知讲解

(一)概述

废旧综合材料的再利用是幼儿美术教育的重要组成部分,通过学习可以提高学生的动手实践能力,培养学生的创新思维和环保意识。循环利用日常生活中可再利用的废弃物,开动脑筋,通过不同的艺术手法和巧妙的设计构思,可以制作出精美、简洁、实用、有趣的幼儿园的教玩具、手工艺品,装点生活,美化环境,并在潜移默化中培养幼儿的环保意识。

本任务主要通过对碟、杯、碗、瓶、罐、纸盒等的创意改造,以及对其他生活废物和工业废品的创意造型,学习旧物环保再造的基础知识,掌握综合材料立体造型的基本方法,合理利用废旧物品,培养学生的环保意识和创新能力。

(二)综合材料立体造型创意设计的步骤

主要有以下四个步骤:

(1)构思,设计图稿。

(2)考虑材料特点及选用。

(3)选择恰当的制作方法和加工手段,根据构思将立体造型的各个部位运用剪、切、刻、粘贴、插接等方法完成制作,制作中注意发挥材料自身的质地、色彩、肌理等特性,以增强作品的表现力和艺术性。

(4)修整装饰,细节调整。

（三）常见的制作方法

1. 添加制作法

这种方法把纸质或塑料的杯、碗、碟、瓶、罐改造成物品的主要组成部分，在此基础上，用辅助材料制作相关零部件，并以粘贴、插接的方法将其添加到主要部位上（见图12-2-1～图12-2-4）。

2. 剪切、拼接制作法

剪切、拼接法是以纸质或塑料的杯、碗、碟、盆子、瓶子等作为主体进行设计，剪掉主体材料的局部来作为造型的一部分，或将主体材料的某一部分切割、拼接，使原来的体积减小或增大来完成造型设计（见图12-2-5～图12-2-7）。

3. 弯卷制作法

这种方法根据设计造型的实际需要，可以把人物的头发、裙摆、植物的花瓣作卷曲处理，达到形象、生动、传神的效果（见图12-2-8～图12-2-10）。

图12-2-1 面具

图12-2-2 风扇

图12-2-3 雄狮

图12-2-4 彩妆物品

图12-2-5 龙

图12-2-6 母鸡与小鸡

图12-2-7 机器人

图12-2-8 女孩

图12-2-9 休息区

图12-2-10 照相机

4. 折叠制作法

为了更形象生动地表现物体造型，这种方法可以对局部造型进行折叠处理，再固定成型（见图12-2-11～图12-2-13）。

5. 综合制作方法

为了更好地表现设计造型，这种方法在设计制作过程中经常综合使用添加、剪切、拼接、插接、折叠等方法（见图12-2-14～图12-2-16）。

图12-2-11 民族服饰

图12-2-12 手工区

图12-2-13 灯笼城市

图12-2-14 隆都文化

图12-2-15 醉龙

图12-2-16 三乡茶果

（四）制作步骤

（1）设计构思阶段，绘制草图（见图12-2-17）。
（2）选择合适的材料（见图12-2-18）。
（3）按照结构与比例，裁剪各部分（见图12-2-19）。
（4）根据需要，对各部分材料进行上色（见图12-2-20和图12-2-21）。
（5）将各部分进行组装（见图12-2-22和图5-2-23）。
（6）添加细节，完成作品（见图12-2-24和图5-2-25）。

微课：综合材料立体造型

图 12-2-17 绘制吉他草图　　图 12-2-18 选材料　　图 12-2-19 剪裁各部分　　图 12-2-20 上色

图 12-2-21 完成各部分上色　　图 12-2-22 组装　　图 12-2-23 修饰边缘　　图 12-2-24 添加细节　　图 12-2-25 完成作品

三、任务实践

任务内容：利用废旧物品材料为幼儿园区域角创设微缩景观环境。

任务要求：（1）主题突出，选材合适。（2）色彩搭配和谐，符合幼儿心理特点。（3）制作精细，整体效果好。（4）尺寸：根据实际需求定尺寸。

任务完成时间：4 课时。

优秀作品参考：见图 12-2-26～图 12-2-31 作品。示例可见图 12-2-32。学生优秀作品可见图 12-2-33～图 12-2-38。

图 12-2-26 黄圃飘色　　图 12-2-27 娃娃家　　图 12-2-28 阅读区　　图 12-2-29 跳舞的女孩　　图 12-2-30 扑克牌的世界　　图 12-2-31 暖冬

实例：微缩景观

步骤一 选材料　　步骤二 裁出桥的部件　　步骤三 拼出亭子底部　　步骤四 拼出亭子顶部　　步骤五 组装亭子

步骤六 组装亭子与回廊　　步骤七 刷底色、做山丘　　步骤八 做荷叶　　步骤九 组装完成

图 12-2-32 《微缩景观》步骤

模块十二　综合材料造型

图 12-2-33
狮子

图 12-2-34
升旗

图 12-2-35
飞舞的蝴蝶

图 12-2-36　坦克

图 12-2-37　飞机

图 12-2-38　钢琴家

请你根据本次课情况填写作品评价表和课中评价表（见表 12-2-3 和表 12-2-4）。

表 12-2-3　作品评价表

评价内容	自评（分）	小组评（分）	教师评（分）	备　注
主题突出（30分）				
构图和谐（10分）				
造型准确（10分）				
色彩和谐（10分）				
制作精细（20分）				
创意新颖（10分）				
整体效果（10分）				
总　　分				
备　　注				

表 12-2-4　课中评价表

评价项目	评价要点	自我评价 A 优秀（85—100分） B 良好（75—84分） C 合格（60—74分）	小组评价 A 优秀（85—100分） B 良好（75—84分） C 合格（60—74分）	教师评价 A 优秀（85—100分） B 良好（75—84分） C 合格（60—74分）
职业素养 （10分）	认真、主动完成任务，有克服困难的勇气和毅力			
	在活动中勤于动手、善于思考、勇于实践			
知识技能 （40分）	在活动中掌握完成项目任务的基本方法和技巧			
	获得较多体验和感受，获得更多解决问题方法和实践知识			
能力 （20分）	有分析整理信息数据和独立思考的能力			
	有动手实践和团结协作的能力，能清晰地表达个人观点			
情感 （20分）	具有团队精神，善于沟通合作			
	乐于分享活动中的创意和作品			
综合 （10分）	分组评比，评比过程中论据充分，有自己的观点			

（续表）

评价项目	评价要点	自我评价 A 优秀（85—100 分） B 良好（75—84 分） C 合格（60—74 分）	小组评价 A 优秀（85—100 分） B 良好（75—84 分） C 合格（60—74 分）	教师评价 A 优秀（85—100 分） B 良好（75—84 分） C 合格（60—74 分）
组长评价	由组长完成			
小结				

环节三 课后

一、课后反思

学习完本课后，请你反思学习的效果，列出不足之处，并思考改进的办法。

学习效果	不足	改进办法

二、课后拓展

请利用废旧物品材料设计布置幼儿园的区域角。

三、思考与实践

（1）利用综合材料立体造型组织幼儿布置环境的教育活动有哪些？活动中应注意哪些问题？
（2）怎样让幼儿参与活动室的环境创设？

任务小结

请根据本次任务的教学目标达成情况，结合岗位需求进行拓展总结。

☆ 请运用书后评价表进行任务评价。

模块小结

本模块要求学生熟练掌握一定的手工制作规律和技能，了解、熟悉点、线、面材料的基本特点，灵活应用。在课程过程中，应注意以下两点：综合材料造型作品的材料运用合理，主题突出，层次感强，色彩搭配和谐；制作工具使用注意安全，作品完成过程中注意保持安全距离，切勿拿着剪刀、电熔枪等工具在教室嬉闹。

附 录

课后评价表及评分比例

评分内容	评价目标	评分标准	评价方式	评价权重
出勤	养成良好的工作习惯	100 分	以 100 分为基础，按小组评价 30 分、校企教师评价 50 分、学生自评 20 分评定成绩	占课程总分值 10%
学习或实践表现	参与工作的态度与能力	100 分		占课程总分值 30%
回答问题的表现	掌握知识与技能的程度	100 分		占课程总分值 20%
团队合作情况	小组团队合作情况	100 分		占课程总分值 10%
任务完成及汇报情况	小组任务完成及汇报情况	100 分		占课程总分值 30%
创造性学习（附加分）	考核创新意识，主要包括：申请专利、发表作品、参展参赛、幼儿园采用并转化为产品等	10 分	教师以 10 分为上限，奖励课程中有突出表现和特色做法的学生	加分项

学习成绩 = 出勤状况 ×10% + 学习及实践表现 ×30% + 知识及技能掌握 ×20% + 团队合作情况 ×10% + 任务完成情况 ×30% + 创造性学习

图书在版编目(CIP)数据

美工基础/曾惕惕,黄威主编. —上海：复旦大学出版社,2023.7
ISBN 978-7-309-16213-4

Ⅰ.①美… Ⅱ.①曾… ②黄… Ⅲ.①学前教育-美术课-中等专业学校-教材 Ⅳ.①G613.6

中国版本图书馆 CIP 数据核字(2022)第 095175 号

美工基础
曾惕惕　黄　威　主编
责任编辑/夏梦雪

复旦大学出版社有限公司出版发行
上海市国权路 579 号　邮编：200433
网址：fupnet@fudanpress.com　http://www.fudanpress.com
门市零售：86-21-65102580　团体订购：86-21-65104505
出版部电话：86-21-65642845
上海新艺印刷有限公司

开本 890×1240　1/16　印张 15　字数 553 千
2023 年 7 月第 1 版
2023 年 7 月第 1 版第 1 次印刷

ISBN 978-7-309-16213-4/G·2369
定价：59.80 元

如有印装质量问题,请向复旦大学出版社有限公司出版部调换。
版权所有　侵权必究